中国劳动和社会保障科学研究院资助

THE
ACTIVE POLICIES OF
UNEMPLOYMENT INSURANCE
IN CHINA

田大洲 ● 著

中国积极的
失业保险政策

社会科学文献出版社
SOCIAL SCIENCES ACADEMIC PRESS(CHINA)

序 言

我国失业保险制度自建立到发展，一直与我国的经济社会发展紧密相连，在历次重大经济社会变革中发挥了重要作用。一是1986年建立待业保险制度保障下岗失业职工基本生活并促进其再就业，为建立市场化能进能出的劳动用工制度奠定了坚实基础。二是1998年按照中央提出的"三三制"原则，失业保险基金确保了国有企业近3000万下岗职工向社会平稳过渡，为经济结构调整和国有企业深化改革提供了扎实保障。三是2008年四川省汶川地震灾后，采取失业保险应急措施，通过下调受灾企业失业保险费率，预发失业保险金、创业补助金等措施，支持灾后重建，稳定人心。四是为应对2008年国际金融危机，在实施的"五缓四减三补贴"政策中，负责"一缓一减三补贴"，即缓减企业失业保险费，支付企业的社保补贴、岗位补贴和培训补贴，稳定了职工队伍，救活了企业，救活了就业。五是从2015年开始连续三次降低失业保险费率，将总费率由《失业保险条例》规定的3%降至1%，降低了企业成本，促进实体经济发展，助推了供给侧结构性改革。失业保险在历史上发挥的五次重要而独特的作用，是失业保险事业发展中的大事件，关系我国市场经济体制的大变革，关系国计民生和社会稳定的大环境，关系我国经济结构的大调整，为巩固和发展稳定大局做出了积极贡献。

从失业保险制度建立至今，失业保险功能定位不断完善，逐步走向成熟。这从30多年来我国失业保险相关法律法规的变化可以印证。1986年颁布的《国营企业职工待业保险暂行规定》，确立了失业保险保生活和促进再就业的双重功能；1993年颁布的《国有企业职工待业保险规定》，进一步强化了失业保险与促就业工作的紧密结合；1999年颁布的《失业保险条例》，再次强调了保生活和促进再就业的功能；2007年颁布的《就业促进法》，首次明确了失业保险具有保生活、防失业、促就业三位一体功能；2010年颁布的《社会保险法》，从社会保险的角度深化了保生活功能；2012年，党的十八大报告明确提出要增强失业保险对促进就业的作用；2013年，党的十八届三中全会提出要增强失业保险制度预防失业、促进就业功能；2017年党的十九大报告明确提出要完善失业保险制度。这些规定和要求，反映了失业保险功能的深化，由生活保障向就业保障拓展，由事后救济向事前预防拓展，由失业人员向在职人员拓展，由解决失业增量向稳定就业存量拓展。这种拓展随着我国30年经济社会大发展，经济体量不断增大，经济增速逐步放缓，经济结构不断调整而转变；随着我国就业矛盾逐步从以总量矛盾为主向就业总量与结构性矛盾并存转变而转变，这种转变是主动的、积极的，符合失业保险制度发展的方向，符合各阶段我国经济社会发展要求。

  失业保险是社会保险，但相比于其他险种具有特殊性。一是失业保险横跨社会保险和就业两大领域，与人民群众的就业、收入、生活密切相关，也与就业失业形势、经济社会发展密切相关，这一方面决定了失业保险工作的责任重大，另一方面也决定了失业保险工作所面临环境的严峻性。二是失业保险业务的复杂性，既有体现权利义务相适应的社会保险业务，如参保登记、保费征缴、保险关系转迁、基金预决算管理等，也有体现公共政策属性的就业服务业务，如职业介绍、职业培训、稳岗补贴、技能提升补贴等，统筹平衡的要求非常高。我国的失业保险制度，具有世界各国失业保险制度的基本特征，更具有中国特色。我国的失业保险制度产生于计划经济体制向市场经济体制过渡的关键时期，发展于经济高速增长、经济规模不断扩大、经济结构不断调整、科技进步不断进步、就业形式不断创新的世纪之交，经过一代代失业保险人不懈努力，不断学习吸收国外先进的失业保险理念，将其内化于我国失业保险实际工作，先后推出了失业保险支持灾后重建的应急政策、应对国际金融危机的"五缓四减三补贴"政策、东7省（市）扩大基金支出范围试点政策、援企稳岗政策、技能提升补贴政策等，形成了具有中国特色的积极的失业保险制度。

  积极的失业保险制度，需要坚持"保生活是基础、防失业是重点、促就业是目标"的三位一体功能，而制度功能的发挥需要一系列失业保险政策的实施。包括失业保险参保政策、费率政策、保生活政策、防失业政策和促就业政策。这些政策并不是独立发挥作用，而是相互关联，必须协同推进才能有效发挥失业保险的三位一体功能。本书将其称为积极的失业保险政策。2017年《失业保险条例》的修订已基本完成，新修订的《失业保险条例》突出了失业保险制度的预防失业和促进就业功能，必将为下一阶段我国积极的失业保险政策的实施奠定制度基础。

我国失业保险事业的发展，打造了一支忍辱负重、敢于担当的失业保险队伍（桂桢，2017）。忍辱负重体现在这支队伍在我国失业保险发展过程中，始终坚持为民宗旨，不畏艰辛，克服困难，确保失业保险事业取得让人民群众满意的成绩；敢于担当体现在这支队伍在失业保险的历次变革过程中，始终坚持将失业保险基本理论与中国的实际相结合，勇于创新、敢于实践，探索出具有中国特色的积极的失业保险制度体系，为失业保险事业的发展做出了重要贡献。相信在全国失业保险系统全体同仁的共同努力下，我国积极的失业保险政策的实施必将取得辉煌成就，失业保险必能在经济社会发展大局中发挥积极作用，体现其强大的生命力，失业保险也必能为世界其他国家的失业保险发展提供成熟的"中国模式"。

是为序。

目 录

1 研究背景、意义及必要性 …………………………………… 001
　1.1 研究背景 ……………………………………………………… 001
　1.2 研究的关键问题与主要内容 ………………………………… 004
　1.3 基本概念 ……………………………………………………… 005

2 研究现状 …………………………………………………………… 007
　2.1 研究基本情况 ………………………………………………… 008
　2.2 关于失业保险制度的研究 …………………………………… 010
　2.3 关于失业保险政策的研究 …………………………………… 017

3 我国失业保险制度发展历史演变 ……………………………… 021
　3.1 制度演变 ……………………………………………………… 021
　3.2 失业保险事业取得的成就 …………………………………… 023
　3.3 对国民经济社会发展的贡献 ………………………………… 029
　3.4 失业保险制度运行存在的关键问题 ………………………… 030
　3.5 本章小结 ……………………………………………………… 039
　3.6 本章附录 ……………………………………………………… 040

4 积极的失业保险政策体系理论框架 …………………………… 043
　4.1 失业保险制度的二重性 ……………………………………… 043
　4.2 我国失业保险基本功能演进 ………………………………… 046

001

- 4.3 我国失业保险制度面临的形势 ………………………………… 051
- 4.4 三位一体功能的关系 …………………………………………… 056
- 4.5 积极的失业保险政策的基本构成及其相互关系 ……………… 060
- 4.6 积极的失业保险政策的发展方向：就业保险 ………………… 071
- 4.7 本章附录 ………………………………………………………… 076

5 各地失业保险政策的积极探索 …………………………………… 077
- 5.1 各地失业保险政策出台与演进情况 …………………………… 077
- 5.2 参保政策 ………………………………………………………… 082
- 5.3 费率政策 ………………………………………………………… 084
- 5.4 保生活政策 ……………………………………………………… 086
- 5.5 防失业政策 ……………………………………………………… 089
- 5.6 促就业政策 ……………………………………………………… 089
- 5.7 本章小结 ………………………………………………………… 091
- 5.8 本章附录 ………………………………………………………… 092

6 典型国家失业保险政策的发展 ……………………………………… 114
- 6.1 失业保险立法情况 ……………………………………………… 114
- 6.2 参保覆盖范围不断扩大 ………………………………………… 115
- 6.3 费率政策灵活充满弹性 ………………………………………… 118
- 6.4 失业保险待遇 …………………………………………………… 121
- 6.5 预防失业 ………………………………………………………… 126
- 6.6 促进就业 ………………………………………………………… 127
- 6.7 本章小结 ………………………………………………………… 129
- 6.8 本章附录 ………………………………………………………… 132

7 失业保险覆盖灵活就业人员研究 …………………………………… 150
- 7.1 研究背景、意义及必要性 ……………………………………… 150
- 7.2 研究的主要目的和内容 ………………………………………… 152
- 7.3 研究综述 ………………………………………………………… 152
- 7.4 国内外灵活就业人员参加失业保险情况 ……………………… 155

7.5　灵活就业人员参加失业保险的制度设计 …………………… 161
　　7.6　政策建议 …………………………………………………… 176

8　建设具有中国特色的积极的失业保险政策体系 ………………… 180
　　8.1　保生活政策 ………………………………………………… 180
　　8.2　防失业政策 ………………………………………………… 207
　　8.3　促就业政策 ………………………………………………… 220
　　8.4　参保政策 …………………………………………………… 228
　　8.5　费率政策 …………………………………………………… 236
　　8.6　本章附录 …………………………………………………… 251

9　主要结论和政策建议 ……………………………………………… 258
　　9.1　关于 2017 年《条例》修订后的实施建议 ………………… 258
　　9.2　关于完善失业保险政策的建议 …………………………… 261

10　附录　失业保险制度主要法规 …………………………………… 266
　　10.1　救济失业工人暂行办法（1950，已失效）……………… 266
　　10.2　国营企业职工待业保险暂行规定（1986，已失效）…… 272
　　10.3　国有企业职工待业保险规定（1993，已失效）………… 275
　　10.4　失业保险条例（1999）…………………………………… 279
　　10.5　失业保险条例（2017 修订稿）…………………………… 284

参考文献 …………………………………………………………………… 291

后　记 ……………………………………………………………………… 303

图目录

图 2-1　1986~2017年我国失业保险研究成果数量 ……………… 009
图 2-2　失业保险研究文献的关键词频次 ……………………………… 009
图 2-3　失业保险研究"关键词"的聚类分析 ……………………… 010
图 3-1　我国失业保险制度发展 …………………………………………… 021
图 3-2　全国失业保险参保人数 …………………………………………… 025
图 3-3　2016年失业保险基金支出情况 …………………………… 028
图 3-4　全国失业保险参保人数 …………………………………………… 031
图 3-5　失业保险对城镇非私营单位就业人员覆盖情况 ………… 032
图 3-6　我国失业保险参保人数及其覆盖率 …………………………… 032
图 3-7　失业保险参保人员对城镇就业人员的覆盖率 ………… 033
图 3-8　失业保险对城镇就业人员的覆盖率与GDP增速 ……… 034
图 3-9　失业保险对城镇就业人员覆盖率与GDP增速散点图 ……… 034
图 3-10　失业保险参保人员对经济活动人口的覆盖率 ………… 035
图 3-11　1999~2016年失业保险领金人数 ……………………… 037
图 3-12　失业保险待遇领金人数、城镇登记失业人数及
　　　　　受益率 …………………………………………………………… 037
图 3-13　2012年部分国家和地区失业保障受益率 ……………… 038
图 3-14　领金人员和失业人员对参保人员的覆盖率与
　　　　　失业保险受益率 ……………………………………………… 039
图 4-1　失业保险制度的基本功能 ………………………………………… 047

图目录

图 4-2	我国 GDP 增速	052
图 4-3	我国 GDP 三次产业结构	053
图 4-4	我国就业三次产业结构	053
图 4-5	我国法人单位数	054
图 4-6	失业保险制度的"三位一体"功能	057
图 4-7	积极的失业保险制度的内容	064
图 4-8	积极的失业保险政策框架	066
图 4-9	积极的失业保险政策的主要内容	068
图 7-1	研究思路与内容	153
图 7-2	灵活就业人员失业保险账户设计	172
图 8-1	我国失业保险参保人数和领金人数	182
图 8-2	GDP 增速和领金人数变化	183
图 8-3	2012~2016 年全国全年领金人数和 GDP 增速散点图	184
图 8-4	失业保险待遇受益率	185
图 8-5	英国求职津贴受益率	185
图 8-6	全国领金人数和领金水平情况	186
图 8-7	全国失业保险领金情况与基金支出	187
图 8-8	全国失业保险领金情况与基金运行	187
图 8-9	全国失业保险领金情况与基金备付期限	188
图 8-10	全国领金人数和领金水平情况	194
图 8-11	全国月平均失业保险金水平和增长率	195
图 8-12	我国各省份失业保险金水平差距	195
图 8-13	我国各省份失业保险金水平的离散系数	196
图 8-14	全国失业人员领取失业金的期限分布	201
图 8-15	各地领取失业保险金期限分布	201
图 8-16	领金期限的累计比重	202
图 8-17	领取失业保险金平均期限	203
图 8-18	我国援企稳岗政策的发展历程	207
图 8-19	失业保险参保主体的权利和义务	214

图8-20	2016年各地各类单位参保比重	218
图8-21	1988~1997年失业保险基金运行情况	241
图8-22	1988~1997年失业保险基金运行情况	241
图8-23	我国失业保险不同费率水平下的基金备付期限	242
图8-24	1998~2016年失业保险基金情况	245
图8-25	1998~2016年失业保险基金情况	245
图8-26	1987~2017年我国费率政策和GDP增速	246
图9-1	参保人数、参保增速与GDP增速	263

表目录

表 3-1	我国失业保险基金支出范围	027
表 3-2	不同收入水平国家失业保护计划的法定和实际覆盖率	035
表 3-3	不同收入水平国家失业保护计划的实际覆盖率	036
表 4-1	我国失业保险制度的变迁	048
表 4-2	《条例》实施后与失业保险相关的重要规定	050
表 4-3	失业保险、积极的失业保险与就业保险的比较	072
表 5-1	各地区现行失业保险政策的出台时间	078
表 5-2	《条例》规定的失业保险金领取期限	087
表 6-1	失业保障制度分类（2008~2009年）	114
表 6-2	主要发达国家失业保险制度覆盖范围情况	116
表 6-3	各国特殊人群失业保险覆盖情况	117
表 6-4	有关国家行业差别费率情况	118
表 6-5	部分国家失业保险费率统计	119
表 7-1	拉美地区失业保险账户制度比较	156
表 8-1	我国失业保险金标准的确定依据	192
表 8-2	各地失业保险金标准确定依据	193
表 8-3	失业保险金水平与其他指标比较	196
表 8-4	欧盟部分国家失业保险待遇标准	197
表 8-5	全国领取失业保险金平均期限估算	202
表 8-6	我国城镇失业人员的失业时间分布	204

表 8-7　我国失业人员的累计失业时间分布情况 ……………………… 205
表 8-8　我国失业人员的平均失业时间 …………………………………… 205
表 8-9　我国援企稳岗政策的发展 ………………………………………… 210
表 8-10　失业动态监测工作进展阶段 …………………………………… 219
表 8-11　东 7 省（市）政策的沿革 ……………………………………… 222
表 8-12　部分地区参照东 7 省（市）政策的做法 …………………… 226
表 8-13　我国失业保险制度覆盖范围演变历史 ……………………… 230
表 8-14　各地失业保险覆盖的特殊人群 ………………………………… 231
表 8-15　2014 年农民工参加"五险一金"的比例 …………………… 232
表 8-16　我国费率政策变动情况 ………………………………………… 237
表 8-17　不同费率水平下基金运行基本情况 ………………………… 239
表 8-18　2012~2016 年全国失业保险金支出结构 ………………… 244
表 8-19　1998~2015 年全国实行 2% 费率的政策模拟 …………… 249

1
研究背景、意义及必要性

1.1 研究背景

失业保险制度首创于欧洲，自1905年法国率先制定失业保险法至今，全世界已有82个国家建立了失业保险制度。在上百年的历史中，世界失业保险制度的发展也经历了由单纯保障失业者及其家庭的生活，到既保障基本生活、促进就业，又预防失业的发展演变趋势（王继远，2014）。我国失业保险制度起步于1950年的失业救济制度，初建于1986年，至今已有30多年历史。由于我国失业保险制度建立时间较晚，在建立之时就吸收了其他国家的经验，注重失业保险的促就业功能，并通过法律法规原则上规定了失业保险制度的保生活、防失业、促就业"三位一体"功能。党的十八大报告明确提出要增强失业保险对促进就业的作用。党的十八届三中全会提出要增强失业保险制度预防失业、促进就业功能。2014年《国务院关于进一步优化企业兼并重组市场环境的意见》（国发〔2014〕14号）提出稳岗补贴政策，2017年人力资源和社会保障部与财政部联合颁布的《关于失业保险支持参保职工提升职业技能有关问题的通知》（人社部发〔2017〕40号）规定企业职工可按规定享受技能提升补贴，进一步完善了预防失业功能。

目前，失业保险三位一体功能在国内已得到普遍认可，但人们对三位一体功能的理解还存在误区，而且在实践中确实存在有些功能发挥不到位的情况。一方面，在制度层面存在覆盖面较窄、受益面较窄、经办程序有待改进、促就业效果有待提高、促就业支出与就业补助资金职能重合等问题。归结起来就是：我国的失业保险政策与当前国情缺乏适应性。1999年颁布的《失业保险条例》（以下简称《条例》）第一条就规定要"保障失业人员失业期间的基本生活，促进其再就业"，这显示我国的失业保险政策在设计之初就带有"事后救济"特性，即政策着力点主要用于失业后的失业人员。但《条例》实施之后18年的历史表明，这一制度设计的主要初衷基本是落空的，从全年领取失业保险金人数（以下简称领金人数）看，2004年达到顶峰754万人，之后基本呈下降趋势，2012年下降至390万人，2016年缓慢回升到484万人，与2009年水平持平；从当月领金人数看，2016年底为230万人，而全国城镇登记失业人数为982万人，失业保险受益率（＝领金人数÷城镇登记失业人数×100%）仅为23.4%，也就是说还有约77%的失业人员没有领取失业保险金。另一方面，我国的就业和失业格局具有特殊性，体现在企业退出市场和人员失业的过程中，城镇职工在企业、行业和产业内部的转移往往大于其向外排放，这样就产生了大量的隐形失业问题。另外，大量的农民工没有被纳入失业保险覆盖范围，统计局调查显示，农民工参保率仅为10%左右，而且参保的农民工无法享受与城镇职工相同的失业保险待遇。这些问题是失业保险制度建立之初没有考虑到的，也是在制度执行过程中出现的焦点问题，需要重新考虑失业保险制度的理念定位，思考如何提高失业保险政策的瞄准性。在这一问题上，有发达国家的先行经验可以借鉴，即改变失业保险的理念，将其从事后救济向事前预防转变，这已经成为国际失业保险发展的主要趋势，同时与此配套的失业保险政策更为积极主动，以促进就业和预防失业为导向，在失业保险的覆盖范围、待遇给付、费率调整以及基金支付范围方面做大的、系统性调整，形成具有效力聚合性质的"失业保险政策束"，本书将这一"束"失业保险政策称为"积极的失业保险政策"。部分国家更进一步，改原有的失业保险制度为就业保险制度，如日本、加拿大，其理念是用社会保险的机制解决就业问题，这已是积极的失业保险政策的发展方向。其实，我国部分地区也进行了积极的失业保险政策的相关探索和试点，如从2006年开始的东部7省（市）扩大失业保险基金支付范围试点工作，以及其他省份参照东7省（市）政策制定的用失业保险基金促进就业和预防失业的办法措施，积累了大量的可参考案例，为我们研究制定全国范围的积极的失业保险政策提供了丰富的素材。本书就是在此背景下研究积极的失业保险政策的概念定义、固有性质、理论框架和政策体系，以此为基础构建适合中国国情的积极的失业保险政策，为我国的失业保险制度向就业保险（保障）制度演进提供理论和实证依据。

积极的失业保险政策不是新鲜产物，早在2008年劳科所专题研究小组就提出要建立积极的失业保险政策，并对失业保险制度的发展做了长期规划，其主要特征就是发挥失业保险保生活、防失业、促就业的三位一体功能，以此为基础调整各项政策。刘燕斌（2011）提出要构建积极的失业保险制度。但相比于2008年、2011年，我国的经济社会环境发生了重大变化，突出表现在经济体量不断增大，经济结构不断调整，科学技术不断进步，人民生活水平不断提高，同时我国就业矛盾逐步从以总量矛盾为主向就业总量与结构性矛盾并存转变，就业形势逐步向多元化、灵活性转变，这就要求我国的失业保险政策必须不断适应经济社会发展和就业形势变化的总要求，逐步调整政策方向、转变功能定位，变被动的基本生活保障为积极的就业保障，保险理念由事后救济失业向事前预防失业转变，政策目标人群由失业人员向在职职工、参保企业拓展，促进失业治理方式由解决失业增量向稳定就业存量拓展，由此逐步建立起具有中国特色的积极的失业保险政策。

需要明确的是，积极的失业保险政策，不是中国失业保险制度建设的最终目的，而是从失业保险向就业保障转变的过渡阶段，是《失业保险条例》向"就业保险法"、"就业保障法"演变的政策平台和孵化器。研究积极的失业保险政策，对于当前的失业保险制度调整具有直接的现实意义，对我国中长期失业保险的功能定位和发展方向有指导作用。目前，《条例》的修订已基本结束，涉及的关键和焦点问题包括功能定位、参保覆盖范围、领金资格、基金支出项目、业务经办等，较1999年的《条例》已有较大完善，但失业保险制度的完善不是一蹴而就的，在新修订的《条例》实施过程中，仍旧需要对相关问题进行研究，根据经济社会环境的变化以及政策对象人群的政策需求的变化而做调整，本书的研究也有助于为解决上述问题提供思路。

1.2 研究的关键问题与主要内容

本书研究的关键问题是，根据我国失业保险制度的功能定位，结合我国失业保险发展实际情况和今后一段时期内诸项工作对失业保险的要求，建立积极的失业保险政策体系。本书系国内首部专门论述积极的失业保险政策的著作，明确定义积极的失业保险政策的概念、特征和具体内容，提出积极的失业保险政策是失业保险向就业保障转变的政策平台，主要内容包括以下几部分。

第2章是研究现状综述，对当前研究失业保险制度和各类失业保险政策的文献进行综述，了解各界对失业保险制度的定位以及当前失业保险政策在推行过程中的关键问题。

第3章是对我国失业保险制度发展历史演变的回顾，总结失业保险事业取得的成就、对国民经济社会发展的贡献以及存在的关键问题。

第4章是构建积极的失业保险政策体系理论框架，从失业保险制度的二重性入手，结合我国失业保险制度的功能演变历史和面临的形势，提出要建立积极的失业保险制度，在制度理念上必须变消极被动的事后保险思维为积极主动的事前预防，制度功能上必须坚持"保生活、防失业、促就业"三位一体功能，而制度功能的发挥必须依靠积极的失业保险政策的实施，具体包括：与经济发展水平相适应的保生活政策、以稳定就业存量减少失业增量为目的防失业政策、以增加就业数量提高就业质量为目的的促就业政策、以覆盖全部职业人群为目标的参保政策、兼顾统一灵活充满弹性的失业保险费率政策。

第5章是各地失业保险政策的积极探索，对我国各地的参保政策、费率政策、失业保险待遇规定、防失业促就业试点等失业保险政策的实施情况和演进趋势进行综述，总结各地失业保险政策中的积极因素。

第6章是对典型发达国家的失业保险制度的积极因素进行提炼，通过综述各国失业保险制度发展历史，审读各国失业保险（就业保险）制度的法律条文的内容，提取适合我国积极的失业保险政策的经验。

第7章是分析当前我国失业保险覆盖范围纳入灵活就业人员的必要性和可行性，通过分析国内外相关领域的研究文献和实践做法，建立灵活就业人员失业保险体系的制度框架，包括制度设计的原则、灵活就业人员范围定义、参保费率与保险待遇的确定以及失业保险经办体系等，并对失业保险基金监管等做出原则性制度设计。

第8章是在上述研究的基础上，提出建设具有中国特色的积极的失业保险政策体系，就是要将失业保险的保生活政策、促就业政策、防失业政策和参保政策、费率政策统筹考虑，并与积极的劳动力市场政策、积极的就业政策协同推进，在保障失业人员基本生活、提升参保职工职业能力、降低企业成本增强企业活力、促进就业形势总体稳定方面发挥积极作用。

第9章是主要结论和政策建议，对本书进行总结并对《条例》修订和失业保险制度的完善提出政策建议。

1.3 基本概念

1.3.1 制度和政策

本书所指制度，是建立在一定社会生产力发展水平基础上，反映社会价值判断和价值取向，由国家或国家机关所建立的调整经济社会活动参与人以及社会关系的具有强制性的由正式规则和非正式规则组成的规范体系。任何制度都具有特定功能，如林毅夫（Lin Yifu，1989）认为制度具有安全功能和经济功能。新制度经济学家认为制度的功能包括：降低交易费用、减少不确定性、外部性内在化、提供信息、共担风险、提供便利、抑制人的机会主义行为、安全、帮助人们形成合理的预期和激励（瞿喜宝、袁庆明，2006）。为更好发挥制度功能，需要制定相应的政策予以推动，即制定可达到的目标路线、可操作性的行动方案和有针对性的保障措施予以推动，保障制度安排能够有效对制度框架内的参与主体施加影响，激励、引导、约束参与主体的行为。因此，本书所指政策是国家或国家机关为保障某项制度充分发挥特定功能而制定的目标路线、行动准则、工作方法、保障措施的集合，通常表现为一系列法律法规、工作措施和行动方案。

社会保障制度是国家通过立法而制定的社会保险、救助、补贴等一系列制度的总称（奚洁人，2007）。社会保障政策是指政府在某种社会价值理念指导下，为了达成一定的社会目标期望，而制定的关于社会保险、社会救济、社会福利、社会优抚等方面的一系列战略路线、法律法规、条例办法的总和。社会保险政策是国家和政府制定的旨在保障劳动者在年老、疾病、伤残、生育、失业等风险发生时，永久或暂时失去劳动能力，从而造成收入中断或减少的情况下，仍能享受基本生活权利的社会保障政策。

1.3.2 失业保障制度与政策

失业保障制度是指对于非自愿性失业人员在失业期间无法获得必要的维持基本生活的经济保障时，由国家和社会提供帮助的制度。失业保障制度建立的理论基础是，就业水平是由一个国家或地区的经济活动水平决定，过高的失业率会伴随许多社会问题，造成社会成员之间收入差距拉大，成为社会不稳定因素。此外，失业还涉及社会公平的问题。政府通过建立失业保障制度应对失业问题，最主要方式是失业保险和失业救济制度，使失业者能维持一定的生活水准，并通过制度设计引导他们积极地参与劳动力市场活动。失业保障制度的主要内容包括：一是确定失业保障制度的覆盖范围；二是确定失业保障资金的来源和筹集方式；三是确定失业保障方式、待遇享受条件、待遇水平和标准；四是建立失业保障体系的管理体制。

失业保险制度是指国家通过立法强制实行，由社会集中建立基金，对劳动年龄内有就业能力并有就业意愿，由于非本人原因失去工作而无法获得维持生活所需工资收入的劳动者，提供一定时期物质帮助及再就业服务的社会保险制度。而失业保险政策是国家和政府制定的旨在保障劳动者因失业造成收入发生中断、减少甚至丧失的情况下，仍能享有基本生活权利的社会保险政策。

2 研究现状

目前，国内外的许多专家、学者对失业保险制度的模式选择、功能定位、覆盖范围、基金筹资方式、支出项目范围、待遇享受条件、失业保险金的标准和给付期、失业保险制度改革等方面都进行过深入研究，尤其是针对20世纪80年代以来西方社会保障制度出现的过度福利化危机，以及如何改革完善失业保险制度进行了多角度研究，重新审视和评价失业保险制度的功能作用，主要是利用计量方法对涉及失业保险的相关因素进行实证分析，研究的角度包括：劳动力供给行为、失业持续时间、劳动力流动等与失业保险政策的关系，其中，关于失业保险影响失业率和失业持续期的研究占大多数。如莫滕森《工作搜寻、失业的持续时间与菲利普斯曲线》（1970）和《失业保险与工作搜寻决策》（1977）分析了失业保险对失业率的影响，其分析结果表明失业保险的影响效应比预想的更加复杂，如工人知晓失业后能领取失业保险金，但是没有领到的工人更可能选择低薪、高风险的工作。而Hamermesh（1982）认为，失业保险政策会增强劳动者参与劳动力市场的积极性。

国内失业保险的研究，主要方向之一是对西方发达国家社会保障制度发展的研究，如朱传一、杨祖功、周弘、穆怀中、吕学静等在世纪之交出版发行了一系列介绍社会保障和失业保险的专著和教程。还有学者出版了对社会保障进行整体思考的外国专家译著，比较有代表性的研究还有上海财经大学"211"项目社会保障制度丛书，选择了俄罗斯、法国、英国、印度、加拿大、智利、德国、美国、韩国、新加坡、日本、瑞典、埃及等十几个国家，研究各国社会保障制度的模式和区域特征，其中关于失业保险（保障）的论述体现了国际视角，为研究其他国家失业保险制度提供了有益参考。也有许多研究者对我国失业保险制度研究进行了深入研究，包括理论分析和实践综述，主题包括我国失业保险制度的功能定位、覆盖范围、基金支出范围、改革方向、《条例》修订、失业保险制度的管理与创新等。

2.1 研究基本情况

本部分应用中国知网（CNKI）《中国期刊全文数据库》作为统计源，借助知网自带的可视化分析技术对关于失业保险的研究成果进行统计分析，从文献计量学角度探寻失业保险领域研究现状，为研究和文献综述提供量化数据的背景材料。

考虑到我国失业保险制度初建于1986年，本书主要对1986~2017年（8月）我国失业保险领域的论文的年度分布、机构分布、期刊载文等相关情况进行统计分析，并使用可视化技术进行关键词共现分析，绘制知识图谱，分析这一领域的趋势、动向和演进历程。在文献数据库的选择上，主要以期刊为主进行跨库检索，检索范围包括期刊、硕博士学位论文和特色期刊，主要考虑是这些载体的研究成果研究较为规范，可信度较高，得到该领域研究的基本认可，属于"已鉴定过的知识"。检索方式是以"失业保险"为主题，对1986年以来的期刊论文和硕士博士学位论文进行检索，共检索10526条记录，其中综述类文献94篇，政策研究类文献3743篇，期刊类文献9432篇，硕士论文972篇，博士论文122篇；检索日期为2017年8月25日。

1986~2017年我国失业保险领域研究成果年度分布如图2-1所示，从图中可以看出，对围绕失业保险展开的研究文献的数量，随着失业保险制度的发展而逐步增加。我国失业保险制度大体经过了三个重要的发展阶段。一是1986年7月国务院批准发布《国营企业职工待业保险暂行规定》，标志着我国失业保险制度的正式建立，制度的主要作用是配合国有企业改革和劳动用工制度改革，为宣告破产企业的职工、濒临破产企业法定整顿期间被精简的职工，企业终止、解除劳动合同的职工和企业辞退的职工提供失业保险。1986~1992年，关于失业保险或待业保险的研究数量较少，每年不足60篇期刊论文。二是1993年4月国务院颁布《国有企业职工待业保

2 研究现状

险规定》，其主要功能是支持国有企业转换经营机制和用人自主权的改革。1993~1998年，关于失业保险的研究论文数量增幅较大，由1993年的60篇增加到1998年接近500篇。三是以1999年国务院颁布实施《条例》为标志，失业保险制度走向逐步完善的阶段。1999年之后，关于失业保险的研究论文每年都保持在400篇以上。

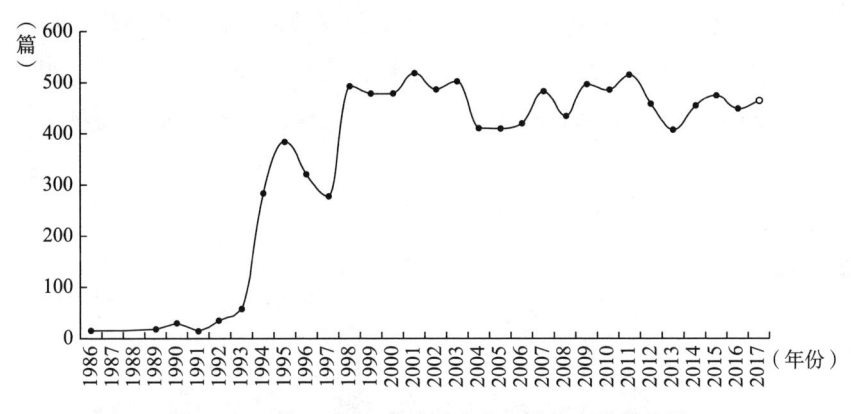

图2-1 1986~2017年我国失业保险研究成果数量

从这一时期失业保险研究文献的关键词频次看，排名前10位的关键词频次均高于100，其中"失业保险"频次最高，为632（见图2-2），其次是"社会保障"、"社会保险"和"农民工"，由此可以看出众多的研究文献还是从社会保障的角度研究失业保险问题；另外，以"失业保险制度"、

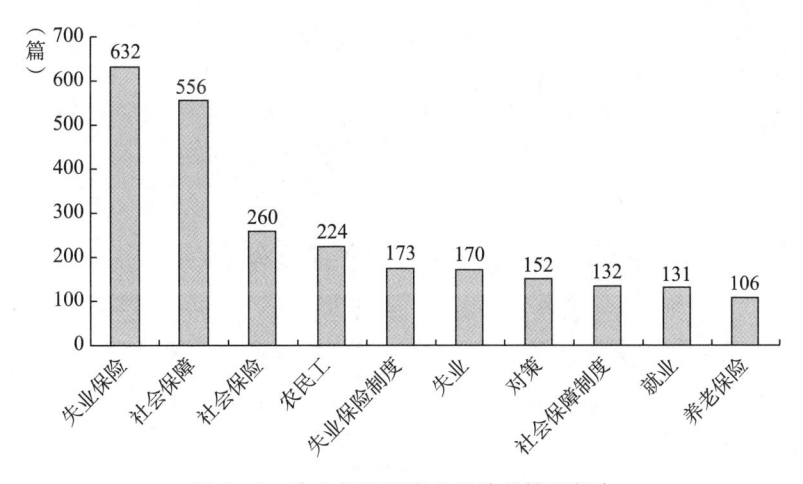

图2-2 失业保险研究文献的关键词频次

009

"失业"、"对策"和"就业"等为关键词研究失业保险的文献数量也较多，说明从"失业""就业"的角度研究失业保险问题也是重要方向。

从上述关键词的聚类分析结果也清晰地看出失业保险研究领域的不同角度（见图2-3），一是从"社会保障"、"社会保险"、"农民工"、"养老保险"等角度研究失业保险领域存在的"问题"和"对策"；二是从"失业"和"就业"的角度研究失业保险政策的完善问题。这也恰恰印证了失业保险制度的二重性，即失业保险既是社会保险的一个险种，也是积极的就业政策的重要部分。从长远来看，今后失业保险的研究重点还将集中于这两部分。

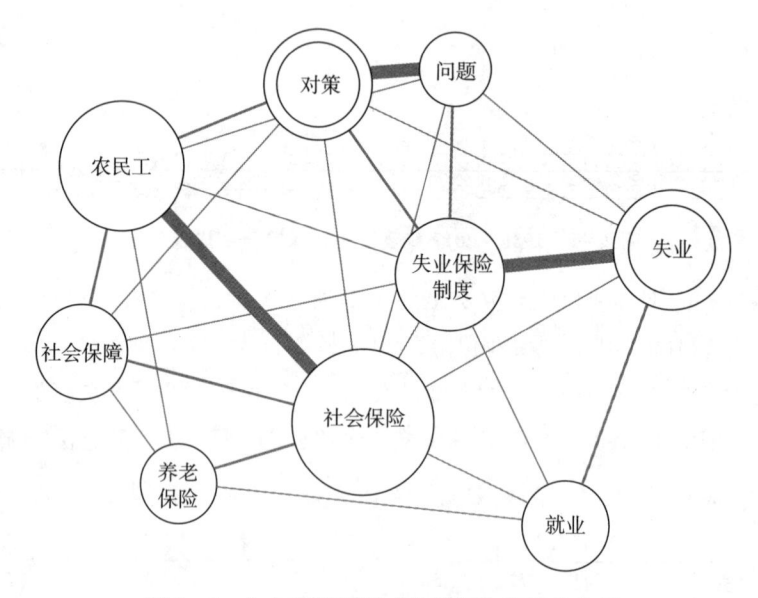

图2-3 失业保险研究"关键词"的聚类分析

2.2 关于失业保险制度的研究

我国失业保险制度从建立到完善，对于解决我国国有企业改革、经济体制转型和劳动力转移以及为失业者提供基本生活保障起到积极作用（谭金可、王全兴，2012）。关于我国失业保险制度的研究，也经历了不断发展完善的过程，本部分主要从五个方面进行综述，即失业保险制度的定位、存在的问题和改革方向、国外失业保险制度的研究、国内各地失业保险制度运行研究以及失业保险制度改革。

2.2.1 关于失业保险制度定位的研究

在《失业保险条例》出台之前，关于失业保险制度的看法主要侧重于要兼具保生活和促就业功能，如在1990年全国失业保险理论研讨会上，有专家提出我国的失业保险制度应该具有保障功能和促进就业功能，即要兼顾保护劳动者的利益和促进其就业（王爱文、张军，1990）。《条例》出台之后，这一研究思路得以延续。2007年《就业促进法》颁布之后，关于失业保险预防功能的研究逐渐增多，劳科所专题研究小组（2008）以失业保险制度设计存在的覆盖范围有限、待遇水平偏低、促就业功能不足、预防失业功能缺失等问题为切入点，提出改革失业保险制度，使其与实现社会就业比较充分和基本建立覆盖城乡居民的社保体系的目标相适应，到2020年建立一个法律法规完善、覆盖范围广泛、资金渠道稳定、保障水平合理、管理手段科学、衔接相关制度，集保障基本生活、促进就业和预防失业功能于一体的失业保险制度，为此要坚持五项原则：坚持保障失业人员基本生活、促进就业和稳定就业三位一体的原则，坚持适度扩大参保范围的原则，坚持取之参保缴费对象用之参保缴费对象的原则，坚持待遇水平随着经济社会发展不断提高的原则，坚持统一性与灵活性相结合的原则。2008年，为应对金融危机，我国失业保险采取一系列应急措施，白维军（2009）认为这凸显出失业保险制度保障功能的缺失，应通过制度升级与优化，使失业保险制度的功能从被动事后保障转向主动提前介入，定位应从"保生活"扩大到稳定就业、促进再就业和预防失业。吕学静（2010）则认为从2008年开始我国的失业保险制度在发挥稳定就业、促进就业上有很大突破，如在2008年汶川地震的灾后重建以及应对国际金融危机所创造性地实施的一系列稳定就业和促进就业的临时措施效果显著，需要将其制度化为长效机制，同时失业保险要从保障基本生活功能、促进就业功能和稳定就业预防失业功能三个方面进行改革与优化。郑功成（2012）认为从1986年以后，我国失业保险逐步实现了从制度象征到有效制度的转变，但是要有效发挥制度的全部功能，还需要实现三个转变，即从失业保险机制向促进就业机制转变，从《社会保险法》的失业保险向《就业促进法》的失业保险转变，从事后消极救济向事前进行预防和不断提升劳动者的技能素质转变，由此使失业保险变成一种防范性的、预防性的而且真正有利于就业的制度体系，在制度覆盖面、制度受益面、失业保险基金运作和支出结构都应进行根本性调整。徐悦、李志明（2011）认为，社会保险制度的改革与发展应以社会保险理论的精神内核为指导，重视被保险人的人力资本和社会资本积累，要充分认识到社会保险的风险预防和就业促进功能，因此我国失业保险应当更加重视制度的发展性功能，通过制度改革和调整，构建起促进再就业、预防失业与失业救济"三位一体"复合功能体系，实现从单一的失业保险制度向综合性就业保障机制转变。王继远（2014）认为，失业保险在功能定位上需要实现两个转变，一是从过去单纯协助失业者渡过经济困境的经济性功能转向社会与经济功能并重，二是从消极地只发放失业保险待遇转向促进就业。苟兴朝（2015）认为，随着经济社会的发展与进步，失业保险制度在继续发挥其原有保障功能的同时，日益扮演着反经济周期的稳定器功能，但我国失业保险制度存在覆盖面窄、待遇水平低、基金累计结余剧增、基金支出结构不合理、支付模式不当以及政策时滞较长等问题，阻碍反经济周期功能的发挥，为此需要不断扩大覆盖面、提高替代率、逐步优化支出结构、改革支付模式、提高政府相机抉择能力、增强决策的准确性和及时性。

从综述结果看，我国失业保险制度的基本功能定位是坚持"保障基本生活、预防失业、促进就业"的三位一体功能，这已经成为学术界的共识。在制度的基本理念上，要从事后消极救济向事前进行预防和不断提升劳动者的技能素质转变，使失业保险制度成为具有防范性的、预防性的制度体系，在整体功能上要有利于促进就业。

2.2.2 关于失业保险制度存在的问题

丁煜（2005）通过分析我国失业保险制度的演变过程，并从制度的适应性、有效性和可持续性三个方面对制度进行评估，认为我国失业保险制度是一个基本有效的制度，具有较强的合理性和适应性，但制度的有效性和可持续性还需进一步完善。关于失业保险制度存在的问题，主要有以下几个方面：失业保险制度覆盖面较窄（胡长静，2012）、覆盖人群失衡（郑秉文，2011）；失业保险资金筹集渠道单一，费率政策统一僵化；失业保险基金统筹层次不高，互济性差（史册、杨怀印，2013）；失业保险金水平低，给付期限固定，保障功能弱（孙洁、高博，2011）；基金支出规模较小，失业保险基金收支失衡，基金累计结余较多（陈天红，2016），巨额结余与保障功能弱化的不对称和失业保险供求失衡的结构性矛盾限制了失业保险制度功能的有效发挥（孙洁、高博，2011）；预防失业与就业促进功能不足（谭金可，2012），配套法律法规不健全，缺乏失业保险方面的立法等（张莉，2005）。孙洁（2006）认为我国在企业转制与经济转轨时期建立起来的失业保险制度所面对的经济社会形势已发生重大转变，以正规就业为基础、以城镇国有企业为主要覆盖范围的失业保险制度面临政策调整，应增强失业保险制度灵活性与保障性、有效发挥失业保险调控功能。

2.2.3 关于国外失业保险的研究

失业保险制度在西方建立已有上百年的历史，世界上已有70多个国家建立了失业保险制度。随着经济的发展，各国失业保险制度的功能也从最初的保障失业人员的基本生活水平，维护社会稳定发展到促进就业等方面（赵军、龚明，2009）。国外对失业保险制度的研究从经济学、制度改革、失业保险功能上的探索比较多，主要集中在三个方面：对失业保险的理论研究，对各国失业保险制度改革的研究，对失业保险制度功能的研究。杜选、高和荣（2015）考察了世界上失业保险制度的五种典型模式（瑞典斯堪的纳维亚保险模式、德国俾斯麦保险模式、英国贝弗里奇保险模式、日本雇佣保险模式和智利双账户保险模式）的改革过程，总结了各国在完善失业保险制度功能过程中的经验，即失业保险制度的功能设计要适应本国经济与劳动力市场情况，功能安排要明确政府的具体责任，功能发挥必须有完备的法律保障。吕学静（2000）所著的《各国失业保险与再就业》，对当时主要发达国家失业保障制度的功能定位、政策立法、覆盖范围、费率政策、基金管理、经办模式等进行了研究，成为研究各国失业保险政策的重要参考。其他学者，如杨体仁和蒋琢（1998）、胡颖（2006）、李文琦（2010）等对日本失业保险制度进行了研究，李莉（2005）、王丽华和许春淑（2007）对德国失业保险政策进行研究，李娟（2006）、黄涧秋（2012）、张敏（2015）、卢丹蕾（2016）研究美国的失业保险，杨勇（2006）、张新文和李修康（2011）分析中英失业保险制度的异同。从研究结果看，各国在失业保险功能的设置上逐渐摆脱了制度建立之初以保生活为主，转变为兼顾防失业和促就业，失业保险制度能够提供基本生活保障、预防失业和促进失业人员再就业，这三大功能目前已取得世界上绝大多数国家的认可。如日本失业保险是以生活保障为基本任务、以促进就业为根本目标的就业保障制度，突出了预防、保障、能力开发三大特点，发挥了强化就业、稳定生活、实现再就业三大功能。德国1927年颁布《失业介绍法和失业保险法》，2002年修订之后面对经济周期中出现的高失业率进行了一系列调整，将失业保险基金更多投向就业促进、降低失业保险给付水平、缩短失业保险给付期限、改变失业保险给付方式等，目的在于促进就业，其理论依据是人力资本、失业保险给付水平、给付期限和给付方式对再就业有重要影响（李莉，2005）。美国失业保险制度坚持以抑制失业、促进就业为立法理念，坚持有效抑制解雇行为，减少失业产生，坚持待遇给付强调权利与义务结合原则，与完备的就业培训与服务体系密切结合；而且美国失业保险制度在经验税率和保险金替代率等具体规则上，工作激励政策的实施效果较好。英国将原来的失业津贴改为求职津贴，体现了失业保险功能的转变。

王继远（2014）认为，世界失业保险经历了从自愿保险到强制保险、从失业保险到就业保险、从就业保险到社会救济体系的发展过程，总的趋势是兼顾失业保障和就业促进。马永堂（2015）认为，发达国家改革失业保险制度的根本目的是要根除失业者一味依赖失业保险金，不再积极寻找工作的依赖和懒惰行为，失业保险制度的发展与改革的总体方向和目标是：在适当确保失业人员基本生活的同时，更加注重促进失业人员的再就业，并预防因用人单位裁员而出现规模性失业。改革措施主要是改革制度设计，调整失业基金的使用范围和方向。

2.2.4 关于区域失业保险政策的研究

由于我国各地经济发展水平不同,经济结构差异性较大,就业和失业形势各不相同,失业保险的参保范围、费率水平、待遇支出范围等也存在差异,很多学者通过分析各地失业保险存在的问题,如李益民(2009)对河南、何灵(2010)对上海、安锦(2013)对内蒙古、马兆柱(2014)对浙江衢州、张瑾(2015)对天津、鄢圣文(2016)对北京的失业保险政策进行研究,提出改进我国失业保险制度的政策建议,包括:扩大失业保险参保缴费范围,将所有企业纳入失业保险征缴范围,并将社会团体、民办非企业单位、城镇个体工商户及与其形成劳动关系的员工纳入征缴范围;适当降低失业保险缴费比例,各地应结合基金情况确定合理费率水平;统一城乡失业保险制度,建立统一城乡职工失业保险缴费标准、失业登记制度、失业保险待遇、失业人员管理的失业保险制度;扩大失业保险基金支出范围,将符合产业转型升级条件的过剩产业企业稳岗补贴和职工转岗技能培训补贴纳入扩大失业保险基金支出范围,切实发挥失业保险基金预防失业、促进就业功能。

2.2.5 失业保险制度改革

持续推进我国社会保障体系建设,无论是立足当前解决突出矛盾,还是着眼长远谋求可持续发展,无论是深化理论研究,还是引领实践探索,都面对一个共同命题——如何将当下以保障功能为主转向未来更加积极的制度安排(古钺,2016)。针对失业保险制度存在的问题,借鉴世界各国失业保险制度的实践经验,学者从不同角度提出我国失业保险改革的方向和措施,如郭席四(2001)、冯琦和丁勇(2004)提出要不断拓展失业保险制度的覆盖范围,拓展失业保险基金来源渠道,建立与企业失业风险挂钩的费率制度;提高失业保险的给付水平,建立统一的社会保障管理体制;提高失业保险金的标准,提高失业保险立法层次,加强失业保险基金的筹集和管理(安锦,2008);实行积极的失业保险政策,提高再就业服务市场化程度以提高失业保险基金的使用效率,建立和完善失业保险金的保值增值制度（邰玉红、丁晓莉，2012）；建立以失业保险促进失业者再就业的机制。蒋万庚（2006）认为未来的失业保险制度，应关注失业者个人能力的提高，在保障失业者基本生活的基础上，加强就业激励机制，为此要建立不同于传统的失业保险制度模式，强调保障长期失业人员的基本生活和提供再就业服务。谢金芳（2014）、翟新花（2014）提出要通过重塑失业保险价值理念、调整失业保险基金支出结构、健全失业保险运行机制、强化政府失业保险绩效责任。齐秋瑾、俞来德（2010）提出切实加强失业保险的法制建设，强化失业保险基金监管和失业动态监测，努力完善失业保险激励机制。郑秉文（2010）从研究我国失业保险基金不断增长的诸多原因入手，认为事业单位参加失业保险、城镇登记失业率较为稳定、覆盖面不断扩大等原因必将导致未来失业保险基金规模不断增加，应将失业保险制度运行和基金投资的责任主体改革为以省级政府为主。刘燕斌（2010）建议从五个方面构建积极的失业保险制度：一是积极扩大失业保险覆盖面，使失业保险发挥更大的作用；二是着力增强失业保险促进就业的功能；三是使用失业保险基金稳定就业、预防失业；四是适时调节费率，减轻企业和员工负担，保持基金收支平衡；五是大力提高失业保险基金的统筹层次。张洁（2013）提出要增强保障功能及促进就业功能，必须适时提高统筹层次，加大省级调剂力度、规范和完善失业保险制度的管理等建议。王继远（2014）认为失业保险制度所存在的现实困境是强化"身份差别"下的"贫困救济"，为此要加强我国失业保险制度的立法构建，以"人类需求"为标准，扩大失业保险的覆盖范围，完善失业保险给付期限、方式与标准，增强失业保险对促进就业的作用。陈天红（2016）认为我国失业保险制度的优化，核心在于提高失业保险基金的使用效率，一是通过扩大制度覆盖面将不同失业风险的群体都纳入覆盖范围，二是研究失业保险经验税率制度以及在我国推行的可行性，三是科学设定失业保险金标准和期限。董保华、孔令明（2017）认为主要国家对劳动者解雇的补偿以失业保险为主、以经济补偿为辅，相反，我国形成了经济补偿"广覆盖+高标准"与失业保险"窄覆盖+低标准"的"并列模式"，由此带来制造劳动关系摩擦、增加制度运行成本等问题，需要对《劳动合同法》和《失业保险条例》进行修正，通过经济补偿"缩范围+降标准"以及失业保险"扩范围+升标准"的双向改革对经济补偿与失业保险进行制度重塑。

2.3 关于失业保险政策的研究

失业保险政策是失业保险体现制度功能的运行载体,正是各项失业保险政策的落地实施,保证了制度功能作用的发挥。本部分主要对失业保险的制度覆盖政策、费率政策和待遇支付政策的相关研究进行综述,为建立积极的失业保险政策体系奠定研究基础。

2.3.1 关于失业保险覆盖范围的研究

关于我国失业保险覆盖范围的研究,主要集中于两方面,一方面是认为失业保险制度的覆盖面较窄,不利于失业保险制度的发展。《失业保险条例》规定城镇企事业单位及其职工要参加失业保险并交纳失业保险费,这些单位人员是就业状况和工作收入都相对稳定的群体,但是这部分人群的失业率非常低,不存在对失业保险金的需求问题,从而在失业保险基金收入和支出两个维度上都加重了失业保险基金的失衡,造成失业保险基金大量结余(陈丰元,2011)。顾昕(2006)认为制度的覆盖面窄且覆盖率在下降,根本原因在于参保政策在参保人资格的限定上仍沿用计划经济时代的"职工"范畴,失业保险金水平的"济贫实践"打击了高收入者的参保积极性。

另一方面是关于失业保险特定人群的覆盖政策研究,主要包括对农民工、大学生和灵活就业人员的失业保险政策研究。如张俊程(2007)、孙磊和杨舸(2010)、韩伟等(2010)、樊晓燕(2010)、郭文静和万森(2011)等对农民工的失业保险问题进行研究,认为在市场经济和社会化大生产背景下,农民工面临失业风险较高,应将其纳入失业保险覆盖范围,目前各省份对于农民工参加失业保险的办法并不一致,现行规定与农民工的政策需求存在错位现象,没有考虑新生代农民工的需求,缺乏稳定和预防农民工失业的功能,农民工失业后领取的一次性生活补助水平太低,应改变原有的参保缴费和待遇发放方法,统一城镇职工和农民工的失业保险政策。

胡舒和潘峰（2008）、任辉和汪艳仙（2009）、李通等（2010）、段美枝（2014）、罗立满（2016）等对大学生参加失业保险制度的影响因素、如何设计符合大学生特征和需求的失业保险制度、大学生失业保险供给模式进行研究，认为建立将大学生纳入失业保险范围的政策体系，有利于完善我国失业保险制度，也有利于提高大学生就业的保障水平。制度设计的主要宗旨是把失业保险待遇与促进就业措施有机结合起来，在注重收入保障功能的同时，强化促进就业功能。在参保机制上，建议教育部门负责在大学生入校时就参加失业保险，由个人、学校和政府三方负担失业保险费的缴纳，且政府承担大部分缴费责任，其中学生个人每学年缴纳固定金额，学校出资来源于学费，政府出资部分由中央和地方财政分担；在待遇享受上，要以提升大学生就业能力、促进大学生就业为导向，将求职或失业期间的生活补贴、异地求职补贴、职业培训补贴、见习补贴作为待遇项目（刘渝琳，2008），建议大学生失业保险待遇领取等待期为3~12个月。

2.3.2 关于失业保险费率的研究

对失业保险费率的研究主要集中在以下几个方面。第一是关于是失业保险费率制度的研究。目前我国的失业保险费率实行统一固定费率制度，学者们在制度和政策层面的选择上，主要有三种观点：一是我国应该参考国外成熟经验，实行差别费率，如丁煜（2008）、孙洁等（2011）认为统一费率忽视了企业效益差异，使得效益较好、产生失业人员较少的用人单位也必须按照统一费率缴纳失业保险费，会降低企业的参保缴费积极性，促使用人单位减少雇佣人员，因此应建立基于风险失业率的行业差别费率制度，即失业风险程度越高的行业，失业保险费率也相应越高，可以将各行业上一年度的平均失业率作为本年度的风险失业率。而吕学静（2010）则提出我国应实行失业保险弹性费率，即中央政府规定一个费率幅度，各统筹地区根据这一幅度，在同一统筹地区范围内仍然保持相同费率，同时可以视失业保险基金的结余情况适时调整。二是应参考美国的做法实行经验费率（税率）制度，这一制度将雇主失业保险税率与雇主解雇的人数以及失业保险金支出关联，能够起到减少失业、稳定就业的作用。美国实行的是失业保险不完全经验税率制度而不是完全经验税率制度,突出表现在设置了失业保险税率的最低值和最高值,即当雇主的失业保险税率达到最高值时,雇主解雇雇员的数量不再影响该雇主的失业保险税率。失业保险不完全经验税率制度对雇主的解雇行为产生影响,同时带来不同失业率行业间的再分配效应(殷俊、陈天红,2014),建议将各用人单位失业人员领取的失业保险金总额作为调整失业保险费率的依据,规范失业保险费率浮动比例计算方法,实现失业保险费率和失业保险金支出之间的动态关系,确定合理的失业保险费率调整上下限,以2%的基准费率为基础进行浮动调整,实现统一费率制度到浮动费率制度的过渡。但是也有国外研究指出,美国经验费率也存在不足,由于美国失业保险经验税率制度的不完全性,当雇主失业保险税率达到最高值且经济不景气时,雇主通过解聘更多的临时雇员以降低经营成本(Feldstein,1976;Card,Levine,1994)。

第二是关于失业保险费率水平的研究。一是研究普遍认为目前我国的社会保险费率偏高,在国际上居于高位。如李珍(2016)、王海东(2010)、谭中和(2014)、汪泽英(2014)等。二是我国的失业保险保障水平过低,长期下去会出现失业保险基金结余过多,而国务院将失业保险费率从3%降为2%,主要动因是基金累计结余过多(梁书毓,2016)。

第三是关于失业保险费率政策调整与其他领域相互关系的研究。失业保险费率与失业保险制度的覆盖范围、基金支出范围、待遇水平、基金收支、失业形势及国内经济政治因素等密切相关,费率调整也与这些因素相互影响(吕丹、曲展,2014)。郑秉文(2016)认为,从供给侧结构性改革的角度看,降低费率具有双重政策含义:首先是对社保体系参数的调整,用于调整社会长期收入与消费的结构性,进而影响经济体系的结构性;同时,降费的实质是社保体系的结构性改革,是降低制度性交易成本的重要举措。乔雪、陈济冬(2011)借助搜寻模型分析失业保险政策对失业工人的搜寻努力、就业分布和社会产出的影响,结论显示,提高费率有可能扭曲失业者的搜寻努力,使就业隐形化,并进一步降低社会产出。基于上述研究,在费率调整的建议中,众多研究者建议:提高失业保险金给付标准,至少要达到最低工资标准的75%~110%;失业保险金给付标准应同个人工资挂钩;强化制度的失业预防和再就业功能；建立健全失业救助、最低生活保障、就业救助等相关配套制度。

2.3.3 关于失业保险待遇支付政策的研究

关于失业保险待遇给付政策的研究主要分为以下两类。一是研究失业保险待遇水平（失业保险金标准）。失业保险金是对因失业而造成的收入损失进行部分替代。众多研究认为，目前我国失业保险金给付标准过低，不能有效保障失业者基本生活，也造成失业保险基金累积结余不断增加。柳清瑞、于婷婷（2009）对失业保险金支出水平进行测度，结果表明全国失业保险金替代率水平较低，约为失业前工资收入的20%。郑新业、王晗（2011）研究发现失业保险标准和人均缴费水平正相关，与失业率负相关。在此基础上杨翠迎和王国洪（2014）进一步研究发现最低工资水平、最低生活保障水平、职工的平均工资、人均GDP对失业保险金标准有正向影响。王国洪和杨翠迎（2015）发现失业保险金标准存在显著的空间依赖性，即各省份给付标准水平受邻近省份最低工资标准、最低生活保障标准、在职职工的平均工资、人均GDP水平和本省的最低工资水平以及参保人员失业率等因素的影响。王乔等（2013）建议将失业保险金给付标准设定为领金人员失业前12个月平均缴费基数的40%~50%。陈世金（2011）提出以实际工资的一定比例为调控目标，根据失业人口的年龄、家庭结构和赡养情况设计出动态的递增或递减的失业保险金发放标准。

二是关于待遇支付期限、支付方式的研究。失业保险金给付期限的规定会影响到失业者再就业，因此失业保险金给付期限的设置既要考虑为失业者提供足够长时间以寻找工作，同时要尽量降低过长给付期限带来的就业负激励效应。王元月、马驰骋（2005）实证分析表明领金人员的失业持续时间要长于其他失业人员。张燕等（2008）对失业保险递减支付模式和固定支付模式进行对比分析，指出前者能够更好地激励失业者再就业。聂爱霞（2008）对厦门市的实证分析表明失业保险金降低了领取失业保险金者的再就业积极性。

3 我国失业保险制度发展历史演变

新中国成立后,党和政府高度重视劳动者的失业保障问题,针对不同时期失业工作的实际需要,先后在1950年实行失业救济制度,1986年和1993年实行国营(国有)企业职工待业保险制度,1999年开始实行失业保险制度(见图3-1)。

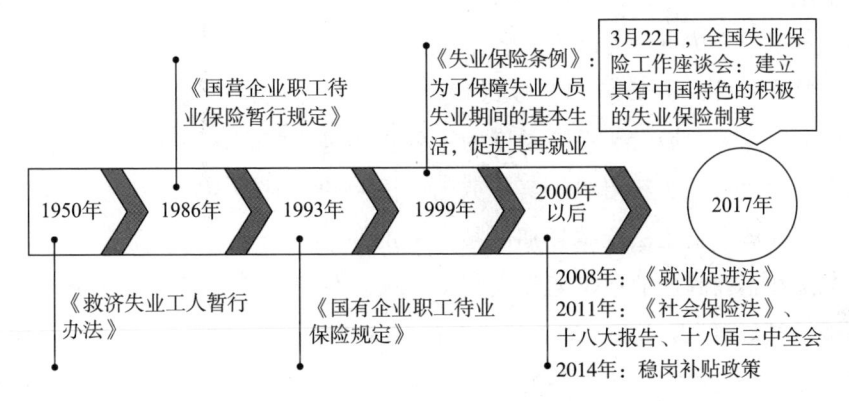

图3-1 我国失业保险制度发展

3.1 制度演变

新中国成立之初,由于历史遗留问题,失业问题非常严重,城镇失业率高达23.6%,鉴于此,劳动部于1950年颁布《救济失业工人暂行办法》,对失业人员进行救济,保障基本生活,为之后建立失业保险制度积累了经验。1950年全国各地相继成立了失业工人救济委员会,有计划、有步骤地全面开展失业登记和失业救济工作。在经济恢复和有计划开展经济建设过程中,采取政府介绍就业、转业训练、以工代赈、生产自救、自谋职业和回乡生产等多种措施。至1957年底，旧中国遗留的具有劳动能力、要求就业的失业人员，基本上都重新走上了岗位，同时每年约100万新成长的劳动力也都获得了工作。

随着计划经济体制的建立和"统包统配"就业制度的实施，"失业"暂时退出了历史舞台，转为"隐性失业"。改革开放后，与经济体制改革同步，就业制度也进行了改革，失业问题重新"浮出水面"，隐性失业显性化。1986年7月，国务院批准发布了改革劳动制度的四项规定，即《国营企业实行劳动合同制暂行规定》、《国营企业招用工人暂行规定》、《国营企业辞退违纪职工暂行规定》和《国营企业职工待业保险暂行规定》，建立了一套新型的劳动就业制度。其中，《国营企业职工待业保险暂行规定》的出台实施，标志着我国失业保险制度的正式建立。30多年来，我国的失业保险制度发展大体可分为以下三个阶段。

第一阶段：从1986年7月到1993年4月。这是失业保险制度的初创探索阶段。这一时期失业保险制度的主要作用是，配合国有企业改革和劳动用工制度改革，在新招职工实行劳动合同制的同时，为宣告破产企业的职工，濒临破产企业法定整顿期间被精简的职工，企业终止、解除劳动合同的职工和企业辞退的职工四类人员提供失业保险。这为国营企业劳动用工打破"铁饭碗"，实现"职工能进能出"提供了配套制度。《国营企业职工待业保险暂行规定》确立了失业保险制度的基本框架，对实施范围、对象、资金来源、支付标准、管理机构都做了规定，但由于所处时代背景，还带有一定的计划经济色彩，其实施范围较窄、资金来源渠道单一、保障能力有限、失业救济性质明显。

第二阶段：从1993年4月到1999年1月。这是失业保险制度的进一步发展阶段。以1993年4月国务院颁布《国有企业职工待业保险规定》为标志，扩大了失业保险的覆盖人群，对缴费基数、费率等进行了调整。20世纪90年代以后，由于经济体制改革力度加大，国有企业富余人员浮出水面，失业保险制度较好地支持了国有企业转换经营机制和用人自主权的改革。

第三阶段：从1999年1月到现在。以国务院颁布实施《失业保险条例》为标志，失业保险制度走向逐步完善的阶段。相比待业保险规定，《条例》在以下方面进行了完善：一是重申了失业保险以保障失业人员基本生活并促进其再就业为制度宗旨；二是扩大了失业保险的覆盖范围，规定城镇企事业单位及其职工参加失业保险，各省份可以根据实际将社会团体、民办非企单位及其职工、有雇工的城镇个体工商户及其雇工纳入失业保险范围；三是改革了失业保险资金的筹集方式，规定单位和个人分别按照2%和1%缴纳失业保险费，城镇企业事业单位招用的农民合同制工人本人不缴纳失业保险费；四是明确失业人员领取失业保险金的资格条件、计发办法、发放标准和领金期限，并规定了失业保险应享受的其他失业保险待遇。

通过建立和发展失业保险制度，我国在用工制度上，逐渐从"铁饭碗"变为"职工能进能出"，积极提供下岗失业人员基本生活保障，发挥劳动力市场"安全阀"和"减震器"的作用，促进市场就业机制的建立发展，在有效地保障失业人员的基本生活的同时，通过建立基金提供资金支持，帮助失业人员改善生活条件，并尽快实现再就业，已基本形成了保障生活、预防就业、促进就业三位一体的制度功能框架，为促进经济社会发展、维护社会稳定发挥了重要作用。

3.2 失业保险事业取得的成就

失业保险制度经过30多年的发展与探索，已成为"保障公民在年老、疾病、工伤、失业、生育等情况下依法从国家和社会获得物质帮助的权利"的重要组成部分。

3.2.1 法制建设不断完善

经过《国营企业职工待业保险暂行规定》、《国有企业职工待业保险规定》和《失业保险条例》的发展，尤其是《就业促进法》和《社会保险法》的颁布，失业保险制度法律体系逐渐健全。国务院发布的《社会保险费征缴暂行条例》，人力资源和社会保障部发布的一系列配套政策措施，如《社会保险登记管理暂行办法》、《社会保险费申报缴纳管理暂行办法》、《社会保险费征缴监督检查办法》、《失业保险金申领发放办法》、《失业保险个人缴费记录》、《失业保险业务流程》以及《社会保险稽核办法》、《社会保险基金财务制度》、《社会保险基金会计制度》等,加上各地在《条例》规定的失业保险制度的框架下制定和实施的地方失业保险规定、细则,极大地完善、丰富了我国失业保险制度法律体系。

3.2.2 制度"三位一体"功能日益健全

失业保险制度在保障失业人员基本生活之外,不断扩展预防失业、促进就业与稳定就业功能。2005年国务院下发《关于进一步加强就业再就业工作的通知》,要求进一步发挥失业保险促进再就业功能,确定在东7省(市)(北京、上海、江苏、浙江、福建、山东、广东)开展扩大失业保险基金支出范围试点;2008年公布的《关于采取积极措施减轻企业负担稳定就业局势有关问题的通知》(人社部发〔2008〕117号)、2009年公布的《关于进一步做好减轻企业负担稳定就业局势有关工作的通知》(人社部发〔2009〕175号)、2010年公布的《关于做好当前失业保险工作稳定就业岗位有关问题的通知》(人社厅函〔2010〕35号)等明确各地可以采取降低失业保险费率、允许困难企业缓缴失业保险费的措施,减轻企业缴费负担;《关于失业保险支持企业稳定岗位有关问题的通知》(人社部发〔2014〕76号)规定失业保险基金可用于支付稳岗补贴;2017年《关于失业保险支持参保职工提升职业技能有关问题的通知》(人社部发〔2017〕40号)规定失业保险基金可用于支付企业职工技能提升补贴。以上政策文件突出了预防失业促进就业功能,使失业保险制度成为保障失业者基本生活、预防失业和促进就业,实现劳动力市场稳定、促进经济发展不可或缺的机制设计。

3.2.3 覆盖范围不断扩大

《条例》将覆盖范围扩大至城镇企业事业单位、城镇企业事业单位职工,失业保险参保人数开始大幅增加,呈现明显的上升趋势:1999年与1998年相比参保人数增加了1924万人,增幅达20%,2000年参保人数突破了1亿人。2005年以后,参保人数又呈现快速增长态势,2015年达到17326万人。2016年底18088.8万人(见图3-2),比1999年增加8247.4

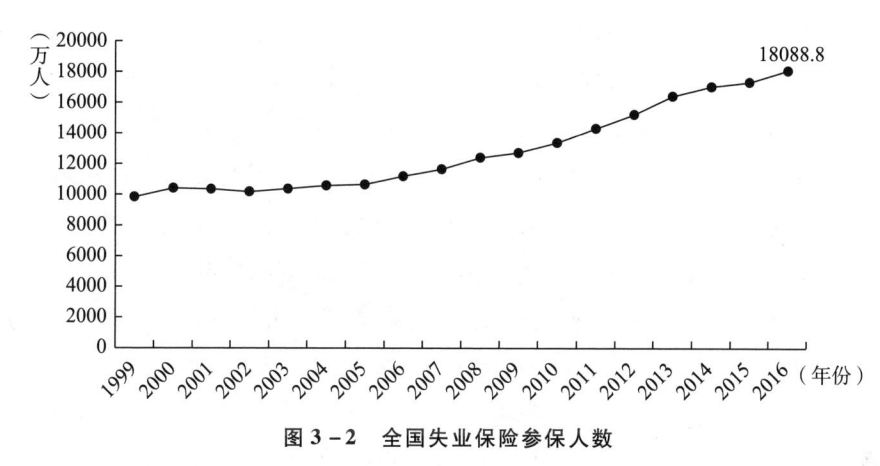

万人,增幅为83.8%,年均增长5.9%。

图 3-2 全国失业保险参保人数

3.2.4 基金支付能力不断提升

一方面,1999年以来,我国失业保险基金收入一直保持较高增长速度。除2009年出现负增长外(-0.8%),其余年份均是正增长。2015年全国失业保险基金收入1367.8亿元,基金支出736.4亿元,稳定岗位、促进就业的基金支出大幅增加至354.7亿元,占支出总量的48.2%。2016年失业保险基金累计结余5333亿元。雄厚的基金积累,为保障各项失业待遇的支出要求,发挥失业保险"保障生活、预防失业、促进就业"功能奠定了坚实基础。另一方面,失业保险基金的统筹层次不断提升。截至目前,4个直辖市和海南、西藏、青海、宁夏等8个省份实现省级统筹,15个省份和新疆建设兵团全部实现市级统筹,5个省份部分实现市级统筹,江苏、浙江和湖北3省实行县级统筹并逐步向市级统筹演进。基金统筹层次的提高,促进了基金使用效率,为政府在经济下行时期防范重点领域可能出现的规模性失业风险奠定基础,起到了稳定社会信心的作用。

3.2.5 基金支出范围不断扩大,预防功能突出

随着失业保险法律法规的不断出台,失业保险基金的支出范围不断扩大,同时基金用于预防失业促进就业的项目逐渐增多,预防功能突出。目前,法律法规及政策性文件规定的失业保险基金的支出项目主要有以下五

大类。

一是《条例》规定的基本支出项目。失业保险金；领取失业保险金期间的医疗补助金；领取失业保险金期间死亡的失业人员的丧葬补助金和其供养的配偶、直系亲属的抚恤金；领取失业保险金期间接受职业培训、职业介绍的补贴，补贴的办法和标准由省、自治区、直辖市人民政府规定；国务院规定或者批准的与失业保险有关的其他费用。

二是东部7省（市）扩大失业保险基金支出。自2006年1月起，在北京、上海、江苏、浙江、福建、山东、广东7省（市）开展扩大失业保险基金支出范围试点工作。《关于东部7省（市）扩大失业保险基金支出范围试点有关问题的通知》（人社部发〔2012〕32号）明确失业保险基金促进就业的支出项目包括职业培训补贴、职业介绍补贴、职业技能鉴定补贴、社会保险补贴、岗位补贴、小额贷款担保基金和小额担保贷款贴息7个项目。

三是困难企业社保补贴和岗位补贴。2008年，经国务院同意，人力资源和社会保障部会同财政部、国家税务总局联合印发《关于采取积极措施减轻企业负担稳定就业局势有关问题的通知》（人社部发〔2008〕117号），其中明确规定：使用失业保险基金向困难企业支付社会保险补贴和岗位补贴，社会保险补贴标准参照当地就业资金对就业困难人员的社会保险补贴标准执行，岗位补贴参照当地失业保险金标准确定。

四是稳定岗位补贴。2014年，经国务院同意，人力资源和社会保障部、财政部、国家发改委、工业和信息化部印发《关于失业保险支持企业稳定岗位有关问题的通知》（人社部发〔2014〕76号），其中规定，兼并重组、化解产能过剩、淘汰落后产能等产业结构调整的企业依法参加失业保险，上年度未裁员或裁员率低于统筹地区城镇登记失业率的，由失业保险基金给予稳定岗位补贴，补贴金额不超过上年度实际缴纳失业保险费的50%。2015年初，国务院印发《关于进一步做好新形势下就业创业工作的意见》（国发〔2015〕23号），将失业保险基金支持企业稳岗政策实施范围由上述三类企业扩大到所有符合条件的企业。

五是价格临时补贴。2014年国家发改委发布的《关于完善社会救助和保障标准与物价上涨挂钩联动机制的通知》（发改价格〔2014〕182 号）规定，对领取失业保险金人员发放的价格临时补贴资金从失业保险基金中列支。

六是技能提升补贴。2017 年发布的《关于失业保险支持参保职工提升职业技能有关问题的通知》（人社部发〔2017〕40 号）规定，依法参加失业保险并累计缴纳失业保险费 36 个月以上的企业职工，自 2017 年 1 月 1 日起取得初级（五级）、中级（四级）、高级（三级）职业资格证书或职业技能等级证书，可按规定申领技能提升补贴。

我国失业保险基金支出范围如表 3-1 所示。

表 3-1 我国失业保险基金支出范围

年份	法律法规	支出项目	备注
1950	《救济失业工人暂行办法》	失业救济金、以工代赈、生产自救、专业训练、回农村生产、移民垦荒	已失效
1986	《国营企业职工待业保险暂行规定》	失业救济金、失业期间的医疗费、丧葬抚恤费、生产自救、专业训练、管理费	已失效
1993	《国有企业职工待业保险暂行规定》（国务院令第 110 号）	失业救济金、失业期间的医疗费、丧葬抚恤费、生产自救、专业训练、管理费	已失效
1999	《失业保险条例》（国务院令第 258 号）	失业保险金；医疗补助金；丧葬补助金和抚恤金；职业培训、职业介绍的补贴；国务院规定或者批准的与失业保险有关的其他费用	
2011	《中华人民共和国社会保险法》	失业保险金；保险费；领取失业保险金期间的丧葬补助金和抚恤金	
2012	《关于东部 7 省（市）扩大失业保险基金支出范围试点有关问题的通知》（人社部发〔2012〕32 号）	东 7 省（市）政策：职业介绍补贴、职业培训补贴、职业技能鉴定补贴、社会保险补贴、岗位补贴、小额贷款担保基金和小额担保贷款贴息	
2014	《关于失业保险支持企业稳定岗位有关问题的通知》（人社部发〔2014〕76 号）	稳定岗位补贴	
2014	《关于完善社会救助和保障标准与物价上涨挂钩联动机制的通知》（发改价格〔2014〕182 号）	临时价格补贴	
2017	《关于失业保险支持参保职工提升职业技能有关问题的通知》（人社部发〔2017〕40 号）	技能提升补贴	

从基金支出结构看，预防失业和促进就业支出所占比重超过 50%。2016 年失业保险基金总支出为 976 亿元，比上年增加 240 亿元，增长 32.6%。其中，用于保障失业人员基本生活的失业保险待遇支出为 393.4 亿

元（含为领取失业保险金人员参加职工基本医疗保险所缴纳的保险费、丧葬抚恤补助、价格临时补贴等），占基金总支出的40.3%；比上年增加54.5亿元，增长16.1%；比2011年增加210.9亿元，年平均增长16.6%。

用于"两项补贴"和其他促进就业支出的金额为541.6亿元，占基金总支出的55.5%；比上年增加186.9亿元，增长52.7%；比2011年增加306.4亿元，年平均增长18.2%。

农民合同制工人一次性生活补助支出为28.3亿元，占基金总支出的2.9%；比上年增加5.2亿元，增长22.5%；比2011年增加19.9亿元，年平均增长27.5%。

其他支出和转移支出12.9亿元，占基金总支出的1.3%。其中，其他支出5.8亿元，比上年减少8.7亿元，减幅为60.0%；比2011年增加0.1亿元，年平均增长0.3%。转移支出7.1亿元，比上年增加1.9亿元，增加36.5%。

2016年失业保险基金支出情况见图3-3。

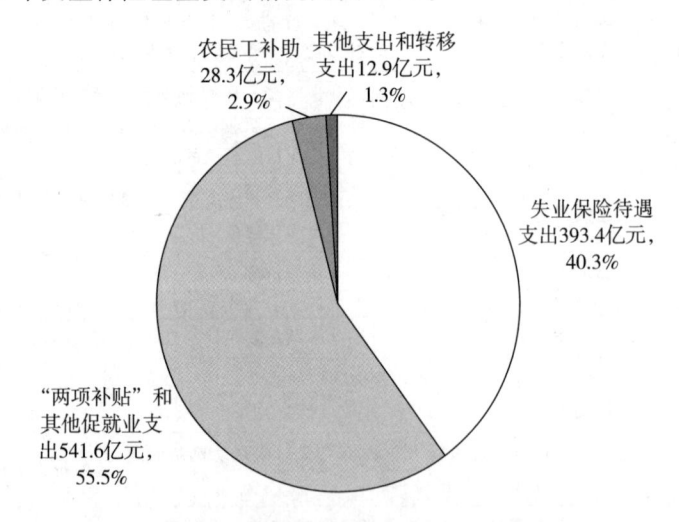

图3-3 2016年失业保险基金支出情况
资料来源：《中国社会保险发展报告》（2016）。

目前，《失业保险条例》正在修订，《条例（征求意见稿）》规定失业人员的失业保险待遇共七项，分别是：失业保险金、代缴基本养老保险费、代缴基本医疗保险费、死亡丧葬补助金和抚恤金、职业培训补贴、职业技能鉴定补贴、创业补贴。与现行《条例》相比，新增了为失业人员代缴基本养老保险费、职业技能鉴定补贴和创业补贴，将医疗补助金调整为代缴基本医疗保险费。代缴基本养老保险费，解决了失业人员养老保险缴费中断的问题，解除了失业人员"老有所养"的后顾之忧；代缴基本医疗保险费，确保失业人员享受医疗保险待遇，解决了失业人员领金期间"病有所医"问题；增加职业技能鉴定补贴和创业补贴，激励失业人员提升技能，激发创业热情，尽快就业创业。这样调整，既保障了失业人员的基本生活、养老、医疗的需求，也考虑了就业创业的需求，保障范围更广，内容更全面，保障水平更高。

3.3 对国民经济社会发展的贡献

现行《条例》实施19年来，始终紧紧围绕党和国家中心工作，服务改革发展稳定大局，着力保障失业人员基本生活，促进其再就业，维护社会稳定，不断健全制度功能，助力各项重大改革，在我国经济社会发展的不同历史阶段，都发挥了重要作用[①]。

一是20世纪末、21世纪初推进国有企业改革，按照中央提出的"三三制"原则，向再就业服务中心调剂资金270亿元，确保3000多万下岗职工向社会平稳过渡，为经济结构调整和国有企业改革提供了扎实保障。

二是为应对2008年国际金融危机，实行"一缓一减三补贴"政策，即允许困难企业缓缴失业保险费，阶段性降低失业保险费率，向困难企业支付社保补贴、岗位补贴和培训补贴，为企业减负450亿元，帮助企业渡过难关。

三是落实国家推进淘汰落后和化解过剩产能、企业兼并重组总体部署，2014年底推出稳岗补贴政策，向不裁员、少裁员的企业提供资金支持，激励企业承担稳定就业的社会责任，政策实施两年半，全国共向64万家企业发放稳岗补贴424亿元，惠及职工7926万人，为顺利推进国家产业结构调

---

① 引自《人力资源社会保障部关于失业保险条例修订情况的说明》，人力资源和社会保障部网站，http://www.gov.cn/xinwen/2017－11/11/content_5238845.htm。

整发挥了保驾护航的作用。

四是落实中央"三去一降一补"决策部署，从2015年起，连续三次降低失业保险费率，总费率由现行《条例》规定的3%降至1%，累计为企业减负超过1000亿元，降低了企业成本，促进了实体经济发展，助推了供给侧结构性改革。

五是落实中央关于开展职业技能培训，解决结构性就业矛盾的要求，从根本上减少失业、稳定就业，同时也配合国家人才强国战略的实施，为振兴实体经济和制造业发展提供人力资源支撑，2017年推出职业技能提升补贴政策，激励参保职工提升职业技能，提高就业质量，目前已有10多万职工享受到这项政策。

六是在汶川地震等重大灾害中，采取降费率、预发失业保险金、向自谋职业和自主创业的失业人员一次性支付失业保险金及创业补助金等应急措施，稳定人心，有力地支持了灾后重建工作。

七是自2006年起，为更好地发挥失业保险促就业功能，在东部7省（市）实行扩大失业保险基金支出范围试点政策，累计支出1200亿元，确保各项促就业政策得到落实，为维护东部7省（市）和全国的就业形势总体稳定发挥了积极作用。

从1999年至2017年9月，失业保险基金支出7000多亿元，为9435万人次提供了基本生活保障。2017年1月至9月，月人均失业保险金水平达到了1100元。2017年9月末，全国参保人数达到18552万人，比1999年增长88.5%。失业保险的功能也从最初的以保生活为主兼顾促就业发展到保生活、防失业、促就业三项功能均衡发力、相得益彰，形成了保生活是基础、防失业是重点、促就业是目标的功能格局，具有中国特色积极的失业保险制度模式初步形成。

3.4　失业保险制度运行存在的关键问题

3.4.1　参保规模不断扩大，但覆盖率低

1999年《条例》实施后，全国各地大力推进参保扩面工作，参保规模

不断扩大，参保人数逐年递增，由1999年9841.4万人①增加到2016年底18088.8万人（见图3-4），增加8247.4万人，增幅为83.8%，年均增长3.6%。

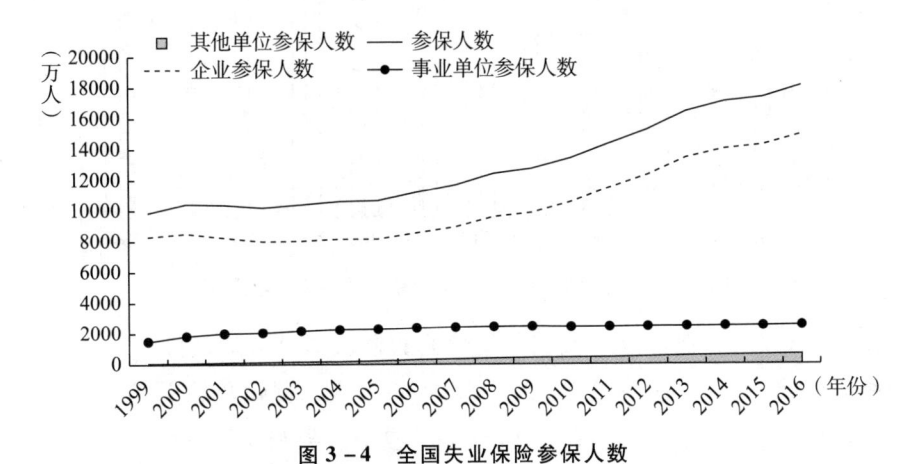

图3-4 全国失业保险参保人数

我国失业保险参保人数不断增加，同时就业规模和就业结构也在不断变化，通过失业保险对不同就业人群的法定覆盖率（即就业人群中参加失业保险人员所占比重）及其变化，可以发现失业保险制度对目标人群的保障范围，虽然参保规模不断扩大，但制度覆盖率仍旧较低。

3.4.1.1 失业保险对城镇非私营单位就业基本实现全覆盖

从失业保险参保人数对城镇非私营单位从业人员的覆盖率看，如图3-5所示，2005年全国城镇非私营单位就业人员11404万人，失业保险参保人数10647.7万人，覆盖率达到93.4%。随着参保规模的扩大，对城镇非私营单位就业人员的覆盖率逐年提高，2008年、2009年、2010年和2016年覆盖率超过100%，说明在参保总量上，失业保险对城镇非私营单位就业人员已经基本实现全覆盖。

---

① 1999年底全国失业保险参保人数为9852.0万人，但这一数据缺少企业单位、事业单位和其他单位的参保人数明细数据，为便于分析，本书以2000年1月份参保人数9841.4万人及其各结构数据代替1999年底参保人数进行分析。

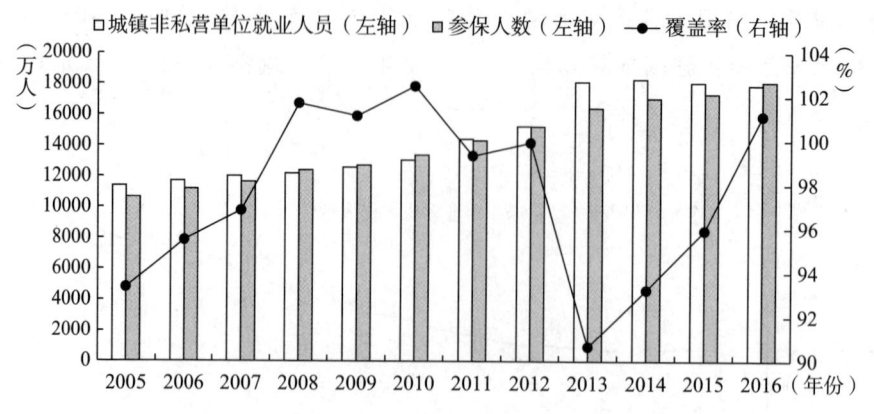

图 3-5 失业保险对城镇非私营单位就业人员覆盖情况

3.4.1.2 失业保险对城镇单位就业的覆盖率呈下降趋势

2000 年末失业保险参保人数为 10408 万人,城镇单位就业人员[①]为 12852 万人,覆盖率 81%,到 2016 年底,参保人数和城镇单位就业人员数分别增加到 18089 万人和 29681 万人,但是覆盖率下降到 60.9%,2015 年底更低,仅为 59.8%(见图 3-6)。失业保险对城镇单位就业人员的覆盖率一直走低,可能的原因在于:一是就业的方式正在发生转变,更多人群

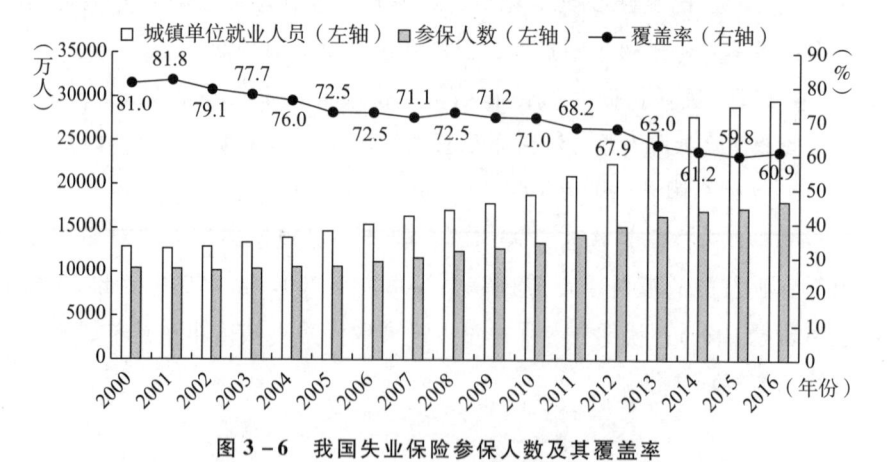

图 3-6 我国失业保险参保人数及其覆盖率

---

① 包括国有单位城镇就业人员、城镇集体单位城镇就业人员、股份合作单位城镇就业人员、联营单位城镇就业人员、有限责任公司城镇就业人员、股份有限公司城镇就业人员、私营企业城镇就业人员、港澳台商投资单位城镇就业人员、外商投资单位城镇就业人员。

脱离以单位就业为主的正规就业方式，逐渐转向非正规就业为主，而目前失业保险并未覆盖非正规就业（或灵活就业）；二是各地对于城镇新增就业的参保扩面工作存在障碍，大量的就业人员未参加失业保险；三是就业逐渐由显性就业向隐形就业转变，尤其是2008年之后，经济增速逐渐放缓，城镇单位吸纳就业能力下降，大量的就业机会隐形化。

3.4.1.3 失业保险对城镇就业人员的覆盖率不足45%，与经济增速反向变化

从失业保险参保人员对城镇就业人员的覆盖情况看，覆盖率经过了先下降后上升的过程，且覆盖率较低，1999~2016年一直不超过45%，2003~2011年尚不足40%，之后缓慢提高至2016年的43.7%（见图3-7）。

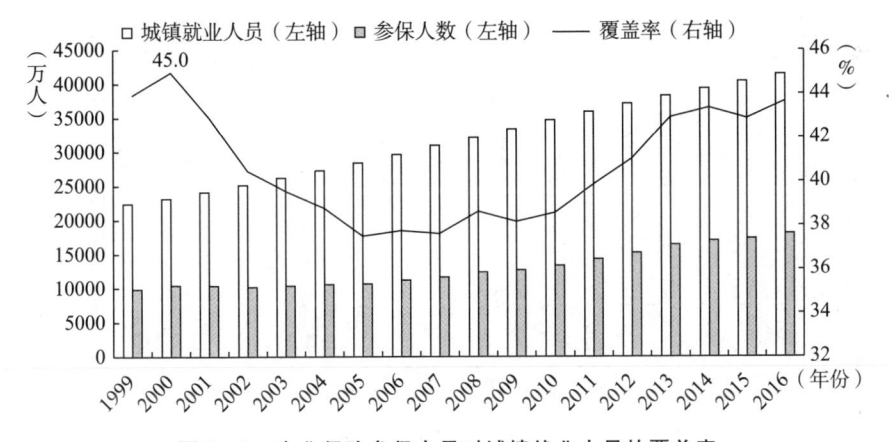

图3-7 失业保险参保人员对城镇就业人员的覆盖率

失业保险覆盖面较窄，主要原因是1999年《失业保险条例》规定的覆盖范围是城镇企事业单位的职工，并规定各省份根据当地实际，将区域内的社会团体、民办非企业单位、有雇工的城镇个体工商户及其所雇人员纳入制度覆盖范围。但未将乡镇企业及其职工、非正规就业人员纳入覆盖范围。而且，随着经济社会不断发展，新形势下，灵活就业、新就业形态人员，户籍制度改革后农民工等群体未能纳入失业保险范围，失业保险从制度上还没有实现全覆盖。

1999~2004年，我国GDP增速逐年递增，而失业保险对城镇就业人员的覆盖率呈下降趋势；2004年之后随着GDP增速的逐步放缓，失业保险覆

盖率逐步增加（见图3-8）。从两项指标间的数量关系看，GDP增速每增加1个百分点，失业保险覆盖率降低1个百分点，当GDP增速为0时，失业保险对城镇就业人员的覆盖率仅为50.4%（见图3-9）。反向变化的可能原因有二。一是能否参保是衡量用人单位市场竞争力强弱的重要指标，当经济处于繁荣阶段时，市场需求旺盛，企业用工增加，参保人数随之增加；当经济运行处于不景气阶段时，大量的市场竞争力较弱的企业单位选择不参保，或者被市场淘汰。二是就业方式与经济运行情况有关，在经济繁荣期间，城镇就业主要以显性就业为主，而在经济不景气期间，城镇就业主要以隐性就业为主。

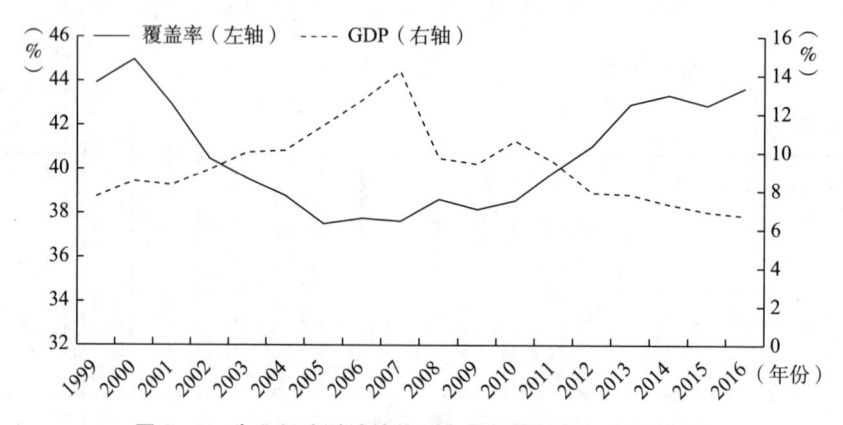

图3-8 失业保险对城镇就业人员的覆盖率与GDP增速

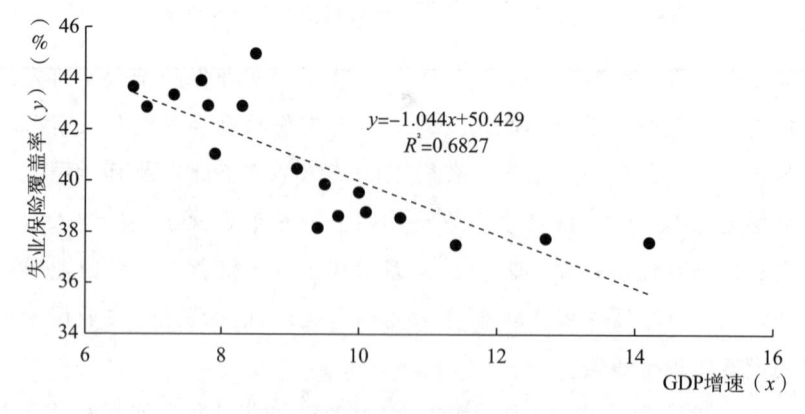

$y=-1.044x+50.429$
$R^2=0.6827$

图3-9 失业保险对城镇就业人员覆盖率与GDP增速散点图

3.4.1.4 失业保险对经济活动人口覆盖率不断提升，但低于世界中上等收入国家

国际劳工组织用法定覆盖（legal coverage）来描述失业保险制度对制度人群的覆盖情况。法定覆盖是指已有相关法律文件规定，某一群体必须被失业保险制度覆盖，或者有权在某些情况下享受特定待遇；法定覆盖率，即法律规定必须覆盖的人群总数占工薪雇员数、经济活动人口总数或者总人口数等的比例。

2011年，世界失业保护计划法定覆盖率达到30.6%，其中强制缴费型失业保护计划覆盖率为25.7%（见表3-2）。通过比较不同收入水平国家的法定和实际覆盖率可以发现，收入水平与覆盖情况高度相关，高收入国家法定覆盖率达到69.2%，明显高于低收入国家的覆盖水平2.9%。

表3-2 不同收入水平国家失业保护计划的法定和实际覆盖率

单位：%

	低收入国家	中低收入国家	中上收入国家	高收入国家	全部
失业保护计划	2.9	18.1	38.4	69.2	30.6
强制缴费型失业保护计划	2.9	15.4	30.3	58.9	25.7

资料来源：国际劳工组织《全球社会保障报告2010—2011》，其中法定覆盖率为法律规定覆盖群体与经济活动人口数量的比值。

1999年《条例》实施以来，我国失业保险制度的法定覆盖率不断提高，从13.5%提高至2016年底的22.4%（见图3-10）。但相比于世界各国失业保

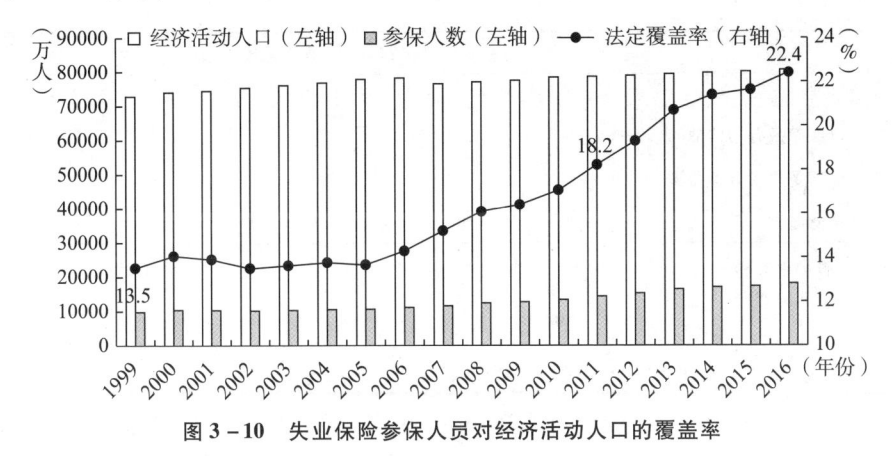

图3-10 失业保险参保人员对经济活动人口的覆盖率

护计划的平均法定覆盖率，我国失业保险制度对经济活动人口的覆盖率较低，2011年仅为18.2%，略高于中低收入国家强制性缴费计划的法定覆盖率，但低于中上收入国家的平均水平，不足发达国家的法定覆盖率的1/3。

3.4.2 失业保险金水平不断提高，但受益率低

失业保险受益范围，是指失业保险待遇覆盖享受人群的范围，可以用失业保险受益率衡量，即领取失业保险待遇人员在目标人群中的比例。受益率有宽口径和窄口径之分，宽口径的受益率是指失业保险待遇领取人员对于参保人员的覆盖情况。窄口径的受益率是指失业保险待遇的享受人员对失业人员的覆盖情况，即领金人员占失业人员的比重，与国际劳工组织用实际覆盖率（effective coverage）概念相同，实际覆盖率描述失业风险发生时，失业保险制度对真正享受失业保险待遇人群的覆盖范围，即实际享受失业待遇的人数占所有失业者数量的比例。从表3-3可以看出，2011年世界各国失业保护实际覆盖率较低，仅为12.9%，即近九成的失业者无法享受失业保护待遇。其中，高收入国家的失业保护实际覆盖率较高为38.8%，明显高于中上收入国家的10.4%，中低收入国家和低收入国家的实际覆盖率更低，分别为3.6%和1.3%，即绝大多数中等收入及以下国家的失业者无法享受失业保护待遇。

表3-3 不同收入水平国家失业保护计划的实际覆盖率

单位：%

项目	低收入国家	中低收入国家	中上收入国家	高收入国家	全部
享受待遇	1.3	3.6	10.4	38.8	12.9
其中：享受缴费型待遇	1.3	3.6	9.8	31.3	10.9
享受非缴费型待遇	0.0	0.0	0.6	7.6	2.0
未享受待遇	98.7	96.3	89.1	60.9	86.9

资料来源：国际劳工组织《全球社会保障报告2010—2011》，实际覆盖率为所有失业人口中享受失业待遇的比例。

3.4.2.1 失业保险受益率先增后降，受益率较低

从1999年颁布《条例》到2016年底，我国领取失业保险金人数经过

了快速上升、快速下降、缓慢递增三个明显的变化阶段。其中，全年领金人数从1999年的271万人增加到2004年的754万人，之后下降至2012年的390万人，又缓慢上升至2016年的484万人；同时，年末领金人数1999年为109万人，2002年增加至最高440万，之后下降至2011年的197万人，到2016年缓慢上升至230万人（见图3-11）。

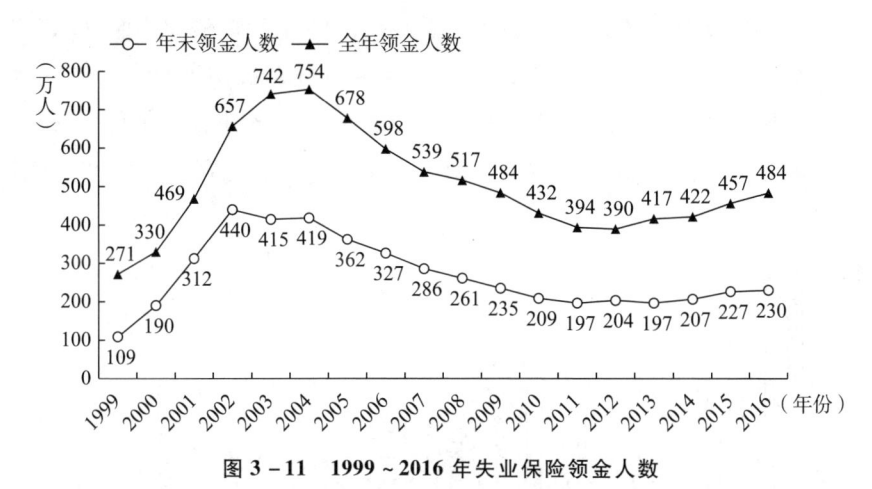

图3-11 1999~2016年失业保险领金人数

2012年以后，虽然领金人数不断增加，但相对于城镇登记失业人数，失业保险待遇受益率仍维持在较低水平。我国城镇登记失业人员总体规模呈上升趋势，1999年为575万人，到2014年增加到952万人，2016年底达到982万人（见图3-12）。从2002年开始，领取失业保险金人数曲线与城

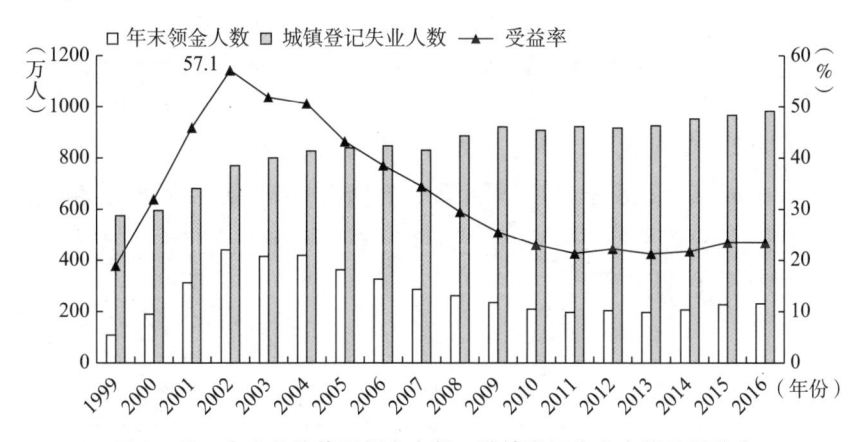

图3-12 失业保险待遇领金人数、城镇登记失业人数及受益率

镇登记失业人数曲线的剪刀差不断扩大,说明失业保险受益率呈递减趋势,2016年底仅为23.5%。而从失业保险受益率的更长时期的总体水平看,从2002年达到峰值57.1%之后迅速下降,2011年仅为21.4%,之后虽有所增加,但总体水平较低。

另外,我国失业保险受益率与西方发达国家相比,差距较大。如英国2016年受益率为47.5%,约为我国失业保险受益率的2倍。按照国际劳工组织的数据估计,2012年德国失业保险受益率水平最高,为88%,比利时、丹麦、英国、荷兰、瑞士、挪威等国家和地区的受益率高于60%,芬兰、法国、澳大利亚高于50%,波兰、南非、斯洛伐克、土耳其和阿塞拜疆等国家的受益率较低,不足20%(如图3-13所示)。

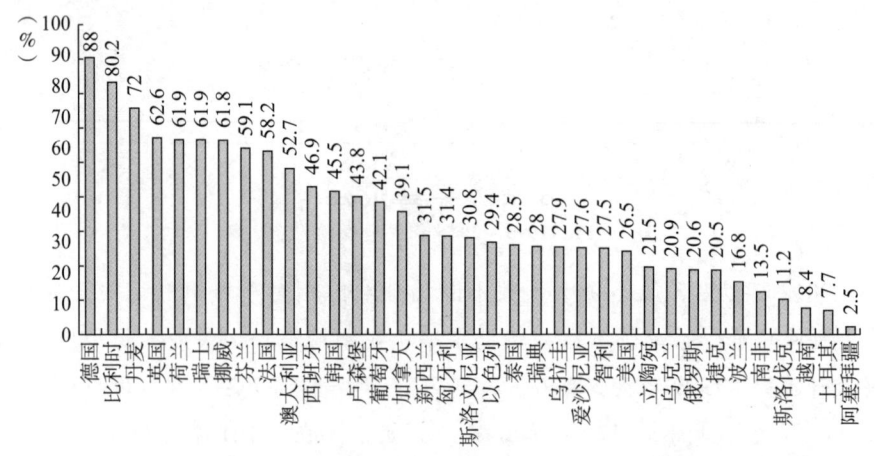

图3-13 2012年部分国家和地区失业保障受益率

资料来源:根据国际劳工组织数据整理绘制,http://www.ilo.org/global/statistics-and-databases/lang—en/index.htm。

3.4.2.2 参保人员的领金率先升后降,不足2%

1999~2016年,领金人员对参保人员的覆盖率经历了先升后降的变化过程,1999年覆盖率仅为1.11%,2002年递增至峰值4.32%,之后逐步降低,到2016年底降至1.27%(见图3-14)。

从数量关系看,领金人员对参保人员的覆盖率等于失业保险受益率乘以失业人员对参保人员的覆盖率,如下式所示:

$$\frac{领金人员}{参保人员} = \frac{领金人员}{失业人员} \times \frac{失业人员}{参保人员}$$

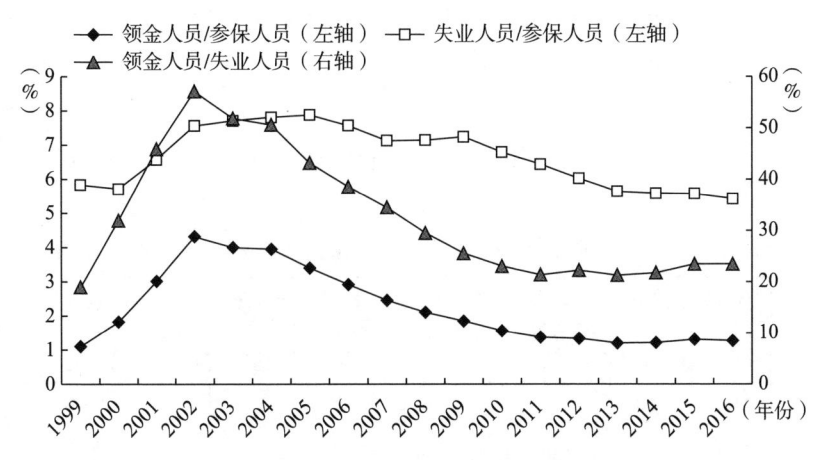

图 3-14　领金人员和失业人员对参保人员的覆盖率与失业保险受益率

从三项指标的变化趋势看，领金人员对参保人员的覆盖率与失业保险受益率变化趋势相同。

3.5　本章小结

我国的失业保险制度起源于 1950 年的失业救济制度，初建于 1986 年的国营企业职工待业保险制度，经过 1993 年国有企业职工待业保险制度和 1999 年《失业保险条例》的发展，制度框架已基本搭建完毕，且制度功能不断完善。进入 21 世纪后，一系列法律法规的实施和政策的出台，如 2006 年开始的东 7 省（市）政策、2008 年的《就业促进法》、2011 年的《社会保险法》、2014 年的稳岗补贴政策、2017 年的技能提升补贴政策的实施等，都进一步从保障失业人员基本生活、促进失业人员尽快就业、预防在职人员失业的角度完善失业保险的制度功能。同时，失业保险制度的发展也为我国的经济社会发展做出了重要贡献，对劳动力市场机制建设、国有企业改革、应对国际金融危机对就业的影响等发挥了积极作用。在失业保险制度运行过程中，也出现了一些问题，突出表现在制度的覆盖面较窄、制度的受益率较低，需要进一步完善；随着经济社会的发展和有关法律、政策的调整，现行《条例》已不能完全适应经济社会发展的需要，党的十八大、十八届三中全会提出要增强失业保险制度预防失业促进就业功能,党的十九大明确提出要完善失业保险制度,这些都为修订《条例》提出了明确要求。

3.6 本章附录

附表3-1 我国失业保险基本情况

年份	GDP增速(%)	费率水平(%)	年末参保人数(万人)	全年领金人数(万人)	失业金发放水平(亿元)	基金收入(亿元)	基金支出(亿元)	基金结余(亿元)	备付年数(年)
1987	11.7	1.0				5.3		4.5	
1988	11.2	1.0	6074			5.8	1.8	8.7	4.8
1989	4.2	1.0	6465			6.8	2	13.6	6.8
1990	3.9	1.0	6922			8	2.5	19.5	7.8
1991	9.3	1.0	7123			9.3	3	25.7	8.6
1992	14.2	1.0	7443			11.7	5.1	32.1	6.3
1993	13.9	0.6	7924			17.9	9.3	40.8	4.4
1994	13	0.6	7968			25.4	14.2	52	3.7
1995	11	0.6	8238	261		35.3	18.9	68.4	3.6
1996	9.9	0.6	8333	331		45.2	27.3	86.4	3.2
1997	9.2	0.6	7961	319		46.9	36.3	97.0	2.7
1998	7.8	3.0	7928	158		68.4	51.9	133.4	2.6
1999	7.7	3.0	9852	271		125.2	91.6	159.9	1.7
2000	8.5	3.0	10408	330	286	160.4	123.4	195.9	1.6
2001	8.3	3.0	10355	469	250	187.3	156.6	226.2	1.4
2002	9.1	3.0	10182	657	242	213.4	182.6	253.2	1.4
2003	10	3.0	10373	742	238	249.5	199.8	303.5	1.5
2004	10.1	3.0	10584	754	246	290.8	211.3	385.8	1.8
2005	11.4	3.0	10648	678	276	340.3	206.9	519.0	2.5
2006	12.7	3.0	11187	598	303	402.4	198.0	724.8	3.7
2007	14.2	3.0	11645	539	349	471.7	217.7	979.1	4.5
2008	9.7	3.0	12400	517	400	585.1	253.5	1310.1	5.2
2009	9.4	3.0	12715	484	446	580.4	366.8	1523.6	4.2

3 我国失业保险制度发展历史演变

续表

年份	GDP增速（%）	费率水平（%）	年末参保人数（万人）	全年领金人数（万人）	失业金发放水平（亿元）	基金收入（亿元）	基金支出（亿元）	基金结余（亿元）	备付年数（年）
2010	10.6	3.0	13376	432	495	649.8	423.3	1749.8	4.1
2011	9.5	3.0	14317	394	614	923.1	432.8	2240.2	5.2
2012	7.9	3.0	15225	390	707	1138.9	450.6	2929.0	6.5
2013	7.8	3.0	16417	417	767	1288.9	531.6	3685.9	6.9
2014	7.3	3.0	17043	422	852	1379.8	614.7	4451.5	7.2
2015	6.9	2.0	17326	457	960	1367.8	736.4	5083.0	6.9
2016	6.7	1.3	18089	484	1051	1228.9	971.6	5333.3	5.5

资料来源：根据中国统计年鉴（2000，2016）、中国社会保险发展报告（2016）数据整理、计算。

附表3-2 我国2016年失业保险基金情况

单位：亿元，年

地区	收入	支出	年末累计结余	年末基金备付期限
全国总计	1228.9	976.1	5333.3	5.5
北京	80.7	61.7	221.5	3.6
天津	28.8	27.8	104.2	3.7
河北	38.4	49.6	157.9	3.2
山西	27.5	11.9	165.6	13.9
内蒙古	24.1	13.8	118.8	8.6
辽宁	46.8	35.0	270.3	7.7
吉林	22.5	11.7	116.4	9.9
黑龙江	24.7	18.3	165.2	9.0
上海	104.5	93.4	181.2	1.9
江苏	112.4	109.8	440.0	4.0
浙江	89.8	68.7	401.0	5.8
安徽	36.0	26.7	115.6	4.3
福建	29.2	16.8	163.9	9.8
江西	10.7	3.7	71.4	19.3
山东	92.4	70.0	297.8	4.3

续表

地区	收入	支出	年末累计结余	年末基金备付期限
河南	38.6	22.6	175.0	7.7
湖北	31.0	23.9	173.3	7.3
湖南	27.6	16.8	126.1	7.5
广东	102.0	95.3	641.2	6.7
广西	22.4	19.2	129.6	6.8
海南	6.5	4.5	34.5	7.7
重庆	20.0	15.8	112.2	7.1
四川	95.3	75.6	341.6	4.5
贵州	17.0	13.9	77.7	5.6
云南	22.2	13.1	127.7	9.7
西藏	2.7	0.1	16.4	164.0
陕西	23.2	11.8	154.4	13.1
甘肃	14.6	8.2	78.5	9.6
青海	3.6	3.3	27.5	8.3
宁夏	6.8	3.6	34.8	9.7
新疆	22.3	25.2	76.8	3.0
新疆建设兵团	4.6	4.4	15.3	3.5

资料来源：根据《中国社会保险发展报告》（2016）数据计算。

4 积极的失业保险政策体系理论框架

如前所述，政策是制度发挥功能的重要载体。构建积极的失业保险政策体系，需要从失业保险制度的特殊性出发，结合我国失业保险制度的功能演进和面临的基本形势，明确建立积极的失业保险制度的必要性以及制度的应有功能，在此基础上把握积极的失业保险政策的特征和主要内容，并精确定位各项政策的理念和工作方向，由此构建政策体系。

4.1 失业保险制度的二重性

失业保险的特殊性在于其二重性，即失业保险属于社会保险，是社会保障体系的组成部分；同时失业保险是关于"失业"的社保险种，与就业政策密切相关。因此失业保险制度横跨社会保障和就业两大工作领域。

4.1.1 社会保险属性规定失业保险的"保生活"功能

社会保障，即社会通过一系列的公共措施对其成员提供的保护，以防止疾病、妊娠、工伤、失业、残疾、老年及死亡而导致的收入中断或大大降低而遭受经济和社会困窘，对社会成员提供的医疗照顾以及对有儿童的家庭提供的补贴（ILO，1984）。社会保障由国家依法强制建立，是具有经济福利性的国民生活保障和社会稳定系统；我国社会保障是各种社会保险、社会救助、社会福利、军人保障、医疗保健、福利服务以及各种政府或企业补助、社会互助保障等社会措施的总称（郑功成，2009）。

社会保险是社会保障制度的核心内容，是指国家通过法律强制实施，为劳动者在年老、疾病、生育、失业以及遭受职业伤害的情况下，提供必要的物质帮助的制度。失业保险不同于其他社会保险，所保障的风险不同于老龄化、疾病等自然力引发的发生概率在总体上较为确定并可以估计的风险。失业风险是一种系统性的社会风险，失业的原因归结为劳动者自身无法控制的社会经济因素，如经济周期、产业结构调整、重大技术进步、国际贸易变化等，虽然特定时期的社会平均失业率可以获知，但由于某些外生不确定因素对宏观经济的冲击，失业率会随时发生变化，其概率不可估计。失业保险是为了反失业，失业保险基金的支出规模要具有反经济周期特征，即经济越是处于衰退、萧条阶段，越需要失业保险基金扩大规模，这在客观上要求失业保险基金必须有相对充足的结余，以应对经济波动导致的规模性失业风险。

失业保险属于社会保险，不是商业保险，不能完全遵循市场规则，要体现国家意志，要体现社会共济的特点，要发挥社会保险所具有的抵御失业风险、促进社会稳定、实现收入再分配、保障社会劳动力再生产的功能。《中华人民共和国宪法》第十四条规定，国家建立健全同经济发展水平相适应的社会保障制度。第四十五条规定，中华人民共和国公民在年老、疾病或者丧失劳动能力的情况下，有从国家和社会获得物质帮助的权利。国家发展为公民享受这些权利所需要的社会保险事业。《中华人民共和国社会保险法》第二条规定，国家建立失业保险制度，保障公民在失业情况下依法从国家和社会获得物质帮助的权利。第三条规定，社会保险制度坚持广覆盖、保基本、多层次、可持续的方针，社会保险水平应当与经济社会发展水平相适应。在"第五章失业保险"中对失业保险的制度运行做出了原则性规定，并重点对失业保险参保缴费和待遇享受等做了重点说明，包括失业保险金的领取条件、领取标准、重视领取条件、领取期间的医疗保险费等。从中可以看出，社会保险法所规范的失业保险制度，更多的是从制度运行机制和失业人员享受的基本生活保障，即对"物质帮助权"的保障机制做了规定，而不具体涉及制度的防失业功能和促就业功能。

4.1.2　积极的就业政策规定了"防失业促就业"功能

失业保险也是积极的就业政策的重要内容。从世界就业政策的沿革和趋向看，国际社会促进就业和治理失业经历了以下几个阶段。一是市场自动调节阶段，即20世纪30年代前，就业问题被普遍认为是雇佣劳动、现代工业和市场经济的产物，可以通过市场机制进行自发调节，而不需要政府做任何干预。二是政府宏观政策干预阶段，即20世纪30年代后，面对世界经济大萧条和全球经济危机造成的严重失业后果，凯恩斯等人提出扩大有效需求来解决就业的主张，呼吁政府运用宏观经济政策刺激经济增长，扩大就业。三是积极的劳动力市场政策阶段，即20世纪70年代以来，发达国家及一些发展中国家开始注重运用综合政策来解决就业问题，政策主流从关注总需求的经济政策，发展到同时关注总供给的教育培训政策及就业服务、就业补贴等综合政策。四是将促进就业作为政府施政纲领的战略优先位置。国际劳工组织在《全球就业议程》中提出："各国要制定综合性的社会经济政策，使充分的、生产性的和自由选择的就业成为宏观经济战略和国家政策的总目标，并将其放在经济和社会政策的核心位置。"因此，实现充分就业目标，在坚持就业优先战略的同时，还必须以实施更加积极的就业政策来保障。

相对于一般性政策，积极的就业政策更具积极主动性：强调在解决下岗失业问题上不仅要有生活的保障，更要注重帮助再就业；强调在大力开发就业岗位的同时，更加注重提高劳动者素质；强调扩展多种渠道促进就业，更加注重推动劳动者自主创业来带动就业；强调结合绿色经济发展，推进绿色就业，努力实现就业可持续。相对于单一性政策，积极的就业政策是作为系统工程发挥作用，实行更加有利于促进就业的产业、贸易、财政、税收、金融等政策，使之进一步紧密结合，并加强就业政策与教育培训政策、社会及其他社会政策的组合配套，形成以就业为导向的综合政策体系。

积极就业政策的主要内容包括以下几点：一是对经济发展施加政策影响，使之有利于扩大就业；二是对劳动者就业给予政策支持，调动他们自主就业的能动性；三是对企业用人给予政策引导，使之愿意更多地吸纳就业；四是对困难群体加大政策扶助，帮助他们摆脱失业困境；五是对市场供求匹配施加影响，强化公共就业服务和培训；六是对失业的治理和就业相结合，并进行预防和调控，建立事业监测和预警机制，对失业进行疏导和调控；七是对社会保障进一步完善，使之与促进就业形成联动机制。从中可以看出，失业保险政策本身就是积极的就业政策的一部分。

4.1.3 失业保险的"二重性"决定了"三位一体"功能

失业保险的社会保险属性，要求失业保险政策保证失业人员的基本生活，在失业时给予他们基本的物质帮助权；失业保险的积极就业政策属性，要求失业保险政策和其他就业政策联动机制，要能够促进失业人员的再就业，要有助于预防失业。正是因为失业保险的二重性，一方面需要失业保险制度发挥保生活的职能，另一方面要能够发挥防失业促就业功能。这就决定了失业保险的基金支出不能仅限于失业保险金，还要有促进就业预防失业的项目；失业保险基金的支付对象，不能仅限于失业人员，还应将参保职工和用人单位纳入覆盖范围，从减少失业和预防失业的角度发挥"防失业"的作用。

4.2 我国失业保险基本功能演进

失业保险制度的功能，是指失业保险制度在经济社会发展中发挥的作用。关于失业保险制度功能的表述，有广义和狭义之分。前者是指失业保险制度的有效运行所达到政府所期许的宏观目标，如促进就业形势有效改善、合理配置劳动力资源、社会利益格局再分配等，这一功能发挥需要与其他制度体系合作，如收入分配制度、劳动力市场制度等。通常所说的失业保险制度的功能是指狭义功能，是失业保险制度通过各工作环节体现出来的有效作用，包括保障失业人员的基本生活、促进失业人员再就业、预防失业，也就是"保生活、防失业、促就业"（见图4-1）。

4.2.1 失业救济制度中的积极功能

我国失业保险制度起步于1950年的失业救济制度，当时的制度功能虽然以失业救济为主，但也有了促就业的制度设计，制定了预防失业的相应政策。这一时期，陈云具体主管劳动就业工作，他多次强调务必做好失业

4 积极的失业保险政策体系理论框架

图 4-1 失业保险制度的基本功能

预防,尤其要重视大城市的失业问题,强调失业救济的对象不仅包括工人,也包括资方人员的家属。为了减少失业人数,陈云主张:"有些工厂可扶可倒,我们就要力求把它扶起,使它不要倒。有人说:'倒就倒吧,迟倒不如早倒。'这是不负责任的态度。对于工人来说,在业无论如何苦,总比失业好。"① 1950年6月经政务院同意,劳动部颁布《救济失业工人暂行办法》,要求各地方设立失业工人救济委员会,"以工代赈为主,同时采取生产自救、转业训练、帮助回乡生产及发放救济金等办法",解决失业人口的基本生活问题,明确要求各地成立失业救济组织,第六条明确规定了基金来源:"凡举办失业工人救济的城市中,所有国营、私营的工厂、作坊、商店的行政方面或资方,均须按月缴纳所付实际工资总额的1/100,作为救济失业工人基金。"总的来看,虽然《救济失业工人暂行办法》的颁布目的和主要内容在于解决失业人口的生活困难,属于社会救助范畴,但其作为新中国第一个针对失业问题的法规政策,并不是完全消极地去对失业进行救济,而是从减少失业、预防失业的角度去解决问题,对于解决当时规模庞大的失业人群的基本生活问题起到了积极作用。

---

① 陈云:《工人阶级要提高政治觉悟》,《人民日报》1948年8月30日,http://www.china.com.cn/chinese/zhuanti/chenyun/879369.htm。

4.2.2 1999 年的失业保险制度以保生活为主，促就业为辅

20 世纪 80 年代的经济体制改革后，劳动力市场由萌芽到发展，但并没有因此提出建立与之相配套的失业保险制度。1986 年出台的《国营企业职工待业保险暂行规定》，标志着我国失业保险制度的初步建立，但这一规定最重要的目的是配合国有企业改革的推行，其角色是作为经济体制改革的配套措施。1999 年《条例》出台之前，我国失业现象在一定程度上可以归结为"体制性失业"，在旧的"就业合同"的解除过程中，国家实际上成为违约一方，而原国有企业职工成为违约的受损者，这样就要求国家在失业保障体系不健全，尤其是失业保险基金的承受能力还太低的情况下，划拨一部分国有资产充实失业保险基金，以使国有企业可以逐步释放冗员，提高经济效益（张妍，2000）。因此，《条例》出台之前的待业保险制度并不是真正意义上的社会保险制度，而是国家政策的一部分，其更为重要的功能是作为劳动制度改革的配套制度而设计出来，保障待业人员（失业人员）的基本生活。从各项失业保险（待业保险）制度的相关法律法规的立法宗旨可以看出制度的基本功能和目标。1993 年的《国有企业职工待业保险暂行规定》也是如此。1999 年出台的《条例》规定要"保障失业人员失业期间的基本生活，促进其再就业"，标志着具有"保障基本生活"，且兼具"促进（失业人员）再就业"功能的失业保险制度正式建立。我国失业保险制度的变迁见表 4-1。

表 4-1 我国失业保险制度的变迁

年份	法律法规	立法宗旨	备注
1950	《救济失业工人暂行办法》	为减轻失业工人生活困难并帮助其逐渐就业转业起见，特制定本办法	已失效
1986	《国营企业职工待业保险暂行规定》	为适应劳动制度改革的需要，促进劳动力合理流动，保障国营企业（以下简称企业）职工在待业期间的基本生活需要，特制定本规定	已失效
1993	《国有企业职工待业保险暂行规定》	为了完善国有企业的劳动制度，保障待业职工的基本生活，维护社会安全，制定本规定	已失效

续表

年份	法律法规	立法宗旨	备注
1999	《失业保险条例》	为了保障失业人员失业期间的基本生活,促进其再就业,制定本条例	现行
2018	《失业保险条例》(社会公开征求意见稿)	为了保障失业人员的基本生活,预防失业,促进就业,制定本条例	—

4.2.3 2008年之后的失业保险制度具有预防失业功能

1999年之后,我国经济社会发展迅速,其间国有企业改革,职工下岗分流造成就业失业形势随之变化,为应对环境变化,失业保险政策逐渐向促就业方向转变。2006年开始在东7省(市)试点失业保险基金扩大支出范围工作,将支付范围扩大至就业专项资金的支出项目,稳定东7省(市)的就业局势。2008年《就业促进法》规定:"国家建立健全失业保险制度,依法确保失业人员的基本生活,并促进其实现就业……县级以上人民政府建立失业预警制度,对可能出现的较大规模的失业,实施预防、调节和控制。"2011年《社会保险法》规定:"国家建立失业保险制度,保障公民失业情况下依法从国家和社会获得物质帮助的权利。"近年来,党中央、国务院高度重视失业保险制度建设,党的十八大报告明确提出要增强失业保险对促进就业的作用。党的十八届三中全会提出要增强失业保险制度预防失业、促进就业功能。2014年国发14号文《国务院关于进一步优化企业兼并重组市场环境的意见》提出稳岗补贴政策,进一步完善了预防失业功能。2015年政府工作报告提出要"落实和完善失业保险支持企业稳定就业岗位政策"。2016年政府工作报告明确要"用好失业保险基金结余,增加稳就业资金规模,做好下岗职工再就业工作,对城镇就业困难人员提供托底帮扶"。2017年《国务院关于做好当前和今后一段时期就业创业工作的意见》(国发〔2017〕28号)、《关于失业保险支持参保职工提升职业技能有关问题的通知》(人社部发〔2017〕40号)规定企业职工依法参加失业保险,累计缴纳失业保险费36个月(含36个月)以上,自2017年1月1日起取得初级(五级)、中级(四级)、高级(三级)职业资格证书或职业技能等级证书,可申领技能提升补贴,所需资金由失业保险基金列支,进一步加强了失业保险预防失业的功能。由此,形成我国失业保险制度保生活、防失业、促就业"三位一体"功能。

1999年《条例》实施后与失业保险相关的重要规定见表4-2。

表4-2 《条例》实施后与失业保险相关的重要规定

年份	文件	主要内容	主要功能
2006	《关于适当扩大失业保险基金支出范围试点有关问题的通知》(劳社部发〔2006〕5号)	自2006年1月起在北京、上海、江苏、浙江、福建、山东、广东7省(市)开展适当扩大失业保险基金支出范围试点工作。试点地区的失业保险基金可用于国发〔2005〕36号文件规定的职业培训补贴、职业介绍补贴、社会保险补贴、岗位补贴和小额担保贷款贴息支出	增强失业保险的促就业功能
2008	《关于采取积极措施减轻企业负担稳定就业局势有关问题的通知》(人社部发〔2008〕117号)	五缓四减三补贴:缓缴社会保险费、阶段性降低四项社会保险费率、使用失业保险基金帮助困难企业稳定就业岗位(社保贴、岗位补贴和培训补贴)	阶段性援企稳岗政策功能
2008	《就业促进法》	国家建立健全失业保险制度,依法确保失业人员的基本生活,并促进其实现就业……县级以上人民政府建立失业预警制度,对可能出现的较大规模的失业,实施预防、调节和控制	明确了失业保险具有保生活、防失业、促就业三位一体功能
2011	《社会保险法》	国家建立失业保险制度,保障公民在失业情况下依法从国家和社会获得物质帮助的权利	从社会保险的角度深化了保生活功能
2012	党的十八大报告	增强失业保险对促进就业的作用	强调促就业功能
2013	党的十八届三中全会《中共中央关于全面深化改革若干重大问题的决定》	增强失业保险制度预防失业、促进就业功能,完善就业失业监测统计制度	强调预防失业促进就业功能
2014	《关于失业保险支持企业稳定岗位有关问题的通知》(人社部发〔2014〕76号)	对采取有效措施不裁员、少裁员,稳定就业岗位的企业,由失业保险基金给予稳岗位补贴,主要包括:实施兼并重组企业;化解产能严重过剩企业;淘汰落后产能企业;经国务院批准的其他行业、企业	确立了以稳岗补贴作为预防失业工作的主要抓手
2015	《国务院关于进一步做好新形势下就业创业工作的意见》(国发〔2015〕23号)	将失业保险基金支持企业稳岗政策实施范围由兼并重组企业、化解产能过剩企业、淘汰落后产能企业等三类企业扩大到所有符合条件的企业	全面推行稳岗补贴政策,发挥预防失业功能

续表

年份	文件	主要内容	主要功能
2015	政府工作报告	落实和完善失业保险支持企业稳定就业岗位政策	将稳岗位、防失业作为重点工作
2016	政府工作报告	用好失业保险基金结余，增加稳就业资金规模，做好企业下岗职工再就业工作，对城镇就业困难人员提供托底帮扶	发挥失业保险促就业功能
2017	《国务院关于做好当前和今后一段时期就业创业工作的意见》（国发〔2017〕28号）	依法参加失业保险3年以上、当年取得职业资格证书或职业技能等级证书的企业职工，可申请参保职工技能提升补贴，所需资金按规定从失业保险基金中列支	技能提升补贴政策，稳定就业、预防失业
2017	《关于失业保险支持参保职工提升职业技能有关问题的通知》（人社部发〔2017〕40号）	企业职工依法参加失业保险，累计缴纳失业保险费36个月（含36个月）以上，自2017年1月1日起取得初级（五级）、中级（四级）、高级（三级）职业资格证书或职业技能等级证书，可申领技能提升补贴，所需资金由失业保险基金列支。技能提升补贴的标准由各省确定	

从实践来看，社会各界对失业保险功能定位的认识经历了一个不断深化的过程。20世纪80年代失业保险制度初建之时，以保障失业人员基本生活为主要功能；随着制度的逐步完善，理念更进一步转变到"就业是最大的保障"，不可能一辈子领失业金，要鼓励失业人员尽快就业；再到稳住岗位、预防失业，三位一体功能正式形成。失业保险功能由生活保障转为就业保障，经历了以解决失业人员增量为主，向稳定整个就业存量扩展的演变过程，这符合失业保险制度发展的方向，这一转变是主动的、积极的，符合从根本上减少失业稳定就业的失业治理理念，更加符合经济社会发展要求。

4.3 我国失业保险制度面临的形势

失业保险制度的运行不能孤立于经济社会发展的环境，一个国家或地区的经济总量和结构、就业总量和结构、失业的性质以及失业形势都对失业保险制度的运行产生影响。失业保险制度的定位以及失业保险工作的方向要服务于经济社会发展大局，失业保险政策要随着地区经济社会发展目标而有所侧重,有所调整。从目前及今后相当长一段时期看,我国失业保险制度面临以下经济社会环境。

4.3.1 我国经济发展向好的基本面不会改变

我国经济运行缓中趋稳、稳中向好,供给结构有所改善,经济结构加快调整,发展新动能不断增强。与此对应的是,经济总量持续扩大,经济增长对就业的拉动能力逐步增强,保生活的基础更加牢固;"双创""放管服"等改革深入推进,新经济新业态有效培育,全国法人单位数不断增加,新的就业增长点不断涌现,为失业保险参保人群扩大、基金增收打下牢固基础。

如图4-2所示,1978年以来,我国经济保持高速增长,1978~2016年GDP平均增速为9.6%。2008年国际金融危机之后,我国经济增速逐步放缓,但仍保持中高速增长,在世界主要国家中名列前茅,国内生产总值增长到80万亿元,稳居世界第二位,对世界经济增长贡献率超过30%。党的十八大以来,随着供给侧结构性改革的深入推进,经济结构不断优化,城镇化率年均提高1.2个百分点,8000多万农业转移人口成为城镇居民。区域发展协调性增强,开放型经济新体制逐步健全,对外贸易、对外投资、外汇储备稳居世界前列。

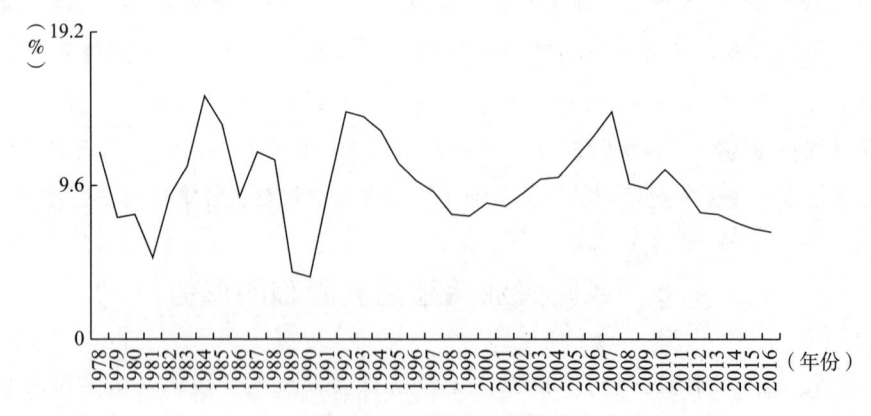

图4-2 我国GDP增速

从产业结构看,第一产业在GDP中的比重逐渐降低,从2012年开始第三产业已经超过第二产业成为国民经济最大产业支出,占GDP比重达到

45%（见图4-3），三次产业的比例关系从1999年的16∶45∶39调整为2016年的8.6∶39.8∶51.6。

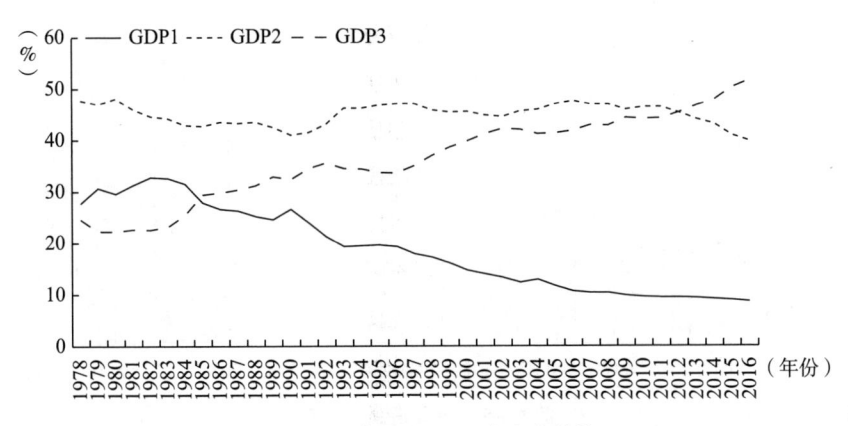

图4-3 我国GDP三次产业结构

随着经济产业结构的调整，就业也随之同向变化。从总体趋势看，第一产业就业所占比重逐步降低，第二、第三产业逐步提高。2012年之后，第三产业就业所占比重最高，且不断增加，而第二产业就业比重维持在30%左右（见图4-4）。三次产业的就业结构从1999年的50∶23∶27演变为2016年的27.7∶28.8∶43.5，第二、第三产业就业比重合计达到72.3%。

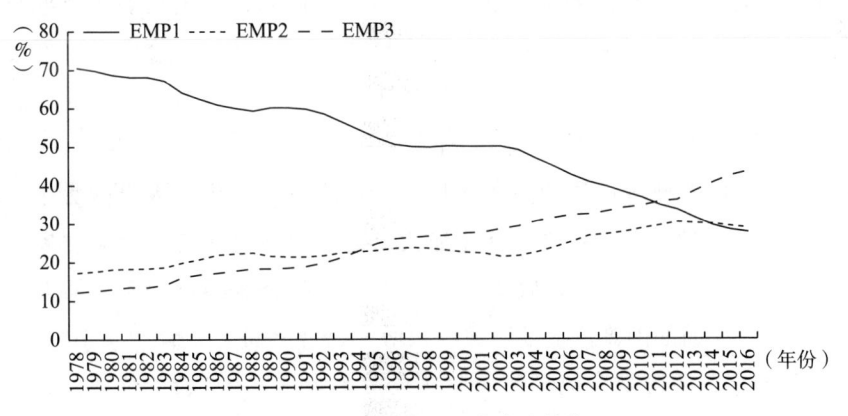

图4-4 我国就业三次产业结构

随着双创事业的蓬勃发展，我国法人单位数量增速加快，2012年全国法人单位数量突破1000万家，2015年突破1500万家，2016年底，全国法人单位数量达到1819.1万家，增长15.7%（见图4-5）。法人数量的增多，就业向第二、第三产业转移，为失业保险参保规模扩大，提高覆盖面提供了有利条件。

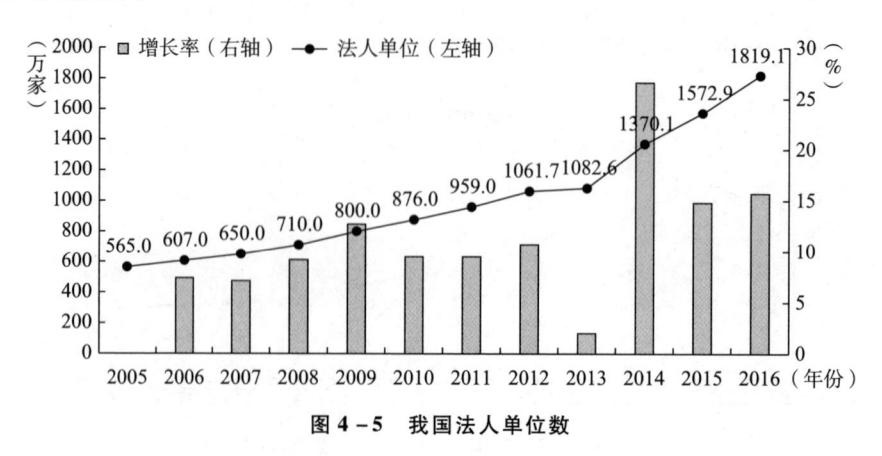

图 4-5 我国法人单位数

4.3.2 深化供给侧结构性改革对失业保险提出新要求

按照中央部署，一方面，去产能工作更加有序深入，2017年全国压减钢铁产能5000万吨左右，退出煤炭产能1.5亿吨以上，淘汰、停建、缓建煤电产能5000万千瓦以上；另一方面，去杠杆工作实质推进，债转股、企业破产等市场化法治化手段被更加广泛运用。此外，中央明确要求继续推进降成本工作，加大现有减税费力度，继续适当降低"五险一金"有关缴费比例。以上举措都对失业保险工作带来深刻影响。一方面，失业保险保生活任务更加艰巨。去产能、去杠杆涉及职工分流安置，会产生人员失业。尤其是资源枯竭型城市和独立工矿区，转岗安置难，失业人员偏集中，区域性失业风险较大。部分僵尸企业加快出清，隐性失业转变为显性失业的风险骤增。另一方面，基金收支压力凸显。一些企业经营困难，加大了失业保险参保扩面的困难，基金征缴收入增长乏力，加上2015年、2016年和2017年连续三年降费率政策使失业保险费率水平从3%降至1%，造成基金收入锐减，失业保险基金收不抵支的地区增多，基金收支平衡压力加大。在这种情况下，更需要提高失业保险政策的有效性和针对性，将失业保险基金支出聚焦于供给侧改革的重点工作，为深化供给侧改革提供有力支持。

4.3.3 新就业形态的迅速发展对失业保险制度提出新挑战

现有的失业保险制度设计，是以单位就业、清晰的劳动关系为前提，没有将灵活就业人员纳入制度覆盖范围。随着信息技术发展和大数据移动互联的广泛应用，大众创业、万众创新的积极推动，电子商务、分享经济、社群经济等各种新业态迅猛发展，新的就业形态大量出现，如网络电商、新型创客、滴滴出行等，形成了"互联网+"的人力资源配置模式。这些新就业形态，相比于传统的单位就业和灵活就业，新特点更加明显，就业机会更加灵活，就业对象、时间、场所、任务更加不确定，供求配置方式随机性更强；劳动者选择性增多，与用人单位的关系更加复杂和不确定，有的是承揽关系，有的是自雇关系，有的是多重劳动关系。这些新特征使得新就业形态从业者的就业机会和收入更加不稳定，失业风险更大，更需要社会保障。新就业形态的新特征，给当前的失业保险制度带来了新挑战。

国务院高度重视新就业形态中从业者权益保障工作，《关于创新管理优化服务培育壮大经济发展新动能加快新旧动能接续转换的意见》（国办发〔2017〕4号）明确提出，要"完善新业态就业社保政策。适应新业态的就业和用工特点，调整完善就业、劳动用工和社会保险等法规政策。完善各类灵活就业人员参加社会保险的办法和管理措施，制定完善相应的个人申报登记办法、个人缴费办法和资格审查办法"。这需要深入研究，尽快制定适应新业态就业人员特点的失业保险制度。

4.3.4 经办体系落后制约失业保险制度运行

失业保险经办服务，是就业服务体系和社会保障服务体系的重要组成部分，也是公共服务的重要内容。党中央明确提出，要从解决人民群众最关心、最直接、最现实的利益问题入手，提高公共服务共建能力和共享水平。总体来看，失业保险经办服务滞后于快速变化的经济社会发展形势，滞后于人民群众多元化服务需求的问题，还存在一些急需改进的地方，突出表现在：服务理念上，把管理摆在首位，单纯强调资金安全，忽略了群众的期盼和企业的需求；服务方式上，还在延续"手工作坊"式的工作方式，与信息化的生活方式不相适应；服务能力上，对政策理解不透，服务水平参差不齐；服务标准上，办事程序、材料审核复杂烦琐，工作流程规范化有待提高；信息化建设上，严重落后于劳动力流动和业务经办监管对数据的需求，数据信息得不到有效共享。

察大局、观大势，是做好工作谋划的前提。当前，随着"五位一体"总体布局和"四个全面"战略布局深化推进，失业保险工作所处的时代环境更为有利。一方面，党中央、国务院高度重视民生工作。习近平总书记强调，"发展经济的根本目的是更好保障和改善民生"。在考察去产能工作时，他要求"确保职工有安置、社会可承受、民生有保障"。2016年中央经济工作会议专门指出，要发挥失业保险援企稳岗作用。党中央、国务院对保民生的部署要求，为我们做好工作提供了最有力的行动指南和根本遵循。另一方面，失业保险面临的经济社会环境相比于1999年发生了重大变化，就业总量压力和结构性矛盾并存，就业形势错综复杂，失业保险工作面临的诸多风险和矛盾，迫切需要我们坚定失业保险制度的"三位一体"功能定位，制定有针对性的政策积极应对。

4.4 三位一体功能的关系

目前，失业保险制度的三位一体功能已得到社会各界的普遍认可，但对三位一体功能的理解还存在误区，对功能的发挥还存在质疑。如有的部门认为失业保险的最主要功能就是保生活，促就业功能应主要由政府就业补助资金来保障；有的专家认为，这么多年来失业保险金水平太低，领金人数没有相应增加，基金结余太多，失业保险保生活的功能没有发挥到位；还有专家认为失业保险防失业、促就业功能基本没有发挥出来。这些不同的声音和质疑，都要求我们对失业保险制度功能定位深入思考，思考失业保险三位一体功能的关系，思考当前失业保险制度的功能定位，思考用哪些工作和政策载体去发挥失业保险的功能作用。

结合我国失业保险制度的发展历史和现状，以及当前和今后一段时期供给侧结构性改革任务对失业保险的总体要求，本书认为：保生活、防失业、促就业三位一体功能,是我国失业保险制度功能的统一体现,三者相互联系,密不可分,其中,保生活是基础,防失业是重点,促就业是目标(见图4-6)。

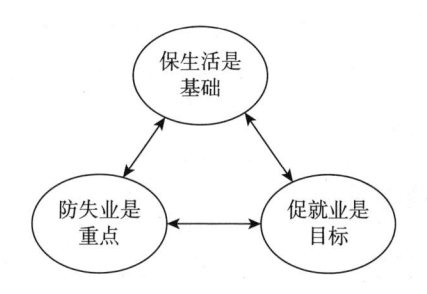

图4-6 失业保险制度的"三位一体"功能

4.4.1 保生活是基础

保生活即"保障失业人员基本生活",是失业保险制度的最基础功能。保生活是失业保险制度建立之初的最根本目标,这是基于对失业人员最根本生存权利的保障。失业,对失业者而言不只是工作岗位和收入的丢失,重要的失去基本生活来源以及由此带来的心理创伤,还意味着失去了参与社会经济生活、获得社会归属感的最主要机会,从而使他们的物质收入和精神需求都得不到满足,因此失业威胁着社会安全和经济健康发展,影响到人的生存和发展。失业是市场经济的必然产物,不可避免,其对劳动者个人及家庭的不利影响,可能导致社会问题,19世纪工人运动兴起的原因之一就是失业风险过于集中,保障不够,由此促使各国重视失业治理,许多国家把失业保险制度作为解除劳动者后顾之忧、化解失业带来不利影响的最主要制度安排,通过向失业人员提供物质帮助,保障他们的基本生活,从而促进社会稳定,经济正常运行。如1936年美国联邦社会保障委员会在给各州的建议中,表述了美国失业保险制度的根本目的:归之于就业的经济不安全是对本国人民的健康、道德和福利的一种严重威胁,非志愿性失业及传播必须通过立法手段予以阻止,从而减轻(失业)对失业者及其家庭所造成的灾难性负担(姜守明,1998)。因此,保障失业人员的基本生活,是失业保险的最基本目标,无论是经济平稳时期还是经济波动时期,都应坚持把保生活作为失业保险制度最基础的功能。

目前,保生活功能的政策着力点,主要是通过失业保险基金支出为失业人员发放失业保险金、丧葬补助金和抚恤金,缴纳领金期间的医疗保险费(2017年《条例》修订,增加了代缴养老保险费),对困难失业人员发放临时价格补贴等,并适时调整失业保险金标准,让失业人员分享经济社会发展成果,切实保障失业人员基本生活。

4.4.2 防失业是重点

防失业,就是"预防失业"。防失业是治理失业的前移,是失业保险体现促就业功能的高级表现形式。把防失业作为失业保险工作的重点,主要基于三方面考虑。一是从解决我国就业问题的根本策略考虑,预防失业也是我国积极就业政策的一部分,从根本上需要两方面施策以稳定就业局势,即在加大促进就业力度让失业人员再就业的同时,还要对失业的源头进行必要调控,减少失业人员总量。二是从世界其他国家失业保险改革的方向和实际经验看,变消极的失业保险为积极的就业保障,效果显著。20世纪60~70年代,法国利用失业保险基金对枯竭煤矿企业雇员提供转业培训和就业服务,使多数雇员顺利转换职业。日本雇佣保险强化失业预防机制建设,以资助企业做好失业预防工作为重点,推出了雇佣稳定措施、能力开发措施、雇佣福利措施,对因经营不善而被迫缩小规模的企业给予工资补贴,鼓励安置内部冗余人员,还明确规定对转产、重组企业提供就业稳定特别补贴。德国对于开工不足的企业给予补贴政策,目的也在于抑制裁员,促进就业稳定。三是从当前就业的总体形势看,结构性矛盾日益凸显,通过实施有针对性的失业保险政策,提升参保人员技能水平,提高职工职业竞争能力,有助于解决岗位需求与人力资源供给不匹配问题,预防失业。四是从我国今后一段时期供给侧结构性改革对失业保险的要求看,需要将预防失业作为重点。这次供给侧结构性改革过程中的职工安置,不再是20世纪90年代国有企业改革"减员增效、推向社会"的思路,而是以内部分流安置为主,"转岗不下岗、转业不失业",抑制向社会排放失业人员。可以说,失业保险在维护就业大局稳定中的最大功能定位,就是从源头上减少失业，更加积极主动地治理失业，稳定就业。因此，把预防失业作为重点，是中国特色的积极的失业保险制度的最重要特征。

在预防失业方面，目前的失业保险政策主要有三个着力点：一是对参保企业的援企稳岗政策，即对采取有效措施稳定职工队伍的企业给予稳定岗位补贴；二是参保职工的技能提升补贴，即对依法参加失业保险3年以上、当年取得职业资格证书或职业技能等级证书的企业职工，给予补贴；三是岗位监测和失业预警制度，即通过岗位动态监测和预警，及时发现规模性、行业性、区域性失业风险，提前做好工作预案，预防失业。

4.4.3 促就业是目标

促进就业，从微观上看，可以分为促进新成长劳动力就业（如大学生就业）和促进失业人员再就业；从宏观上看，不仅是促进这些人群充分就业，还应包含提高就业质量和就业稳定性，提升就业能力，改善就业结构，从源头上预防失业等。从历史上看，失业保险在建制之初就带有促进失业人员再就业功能，如《失业保险条例》规定失业保险基金可用于失业人员职业培训、职业介绍支出。2003年以后随着财政资金开始对公共就业服务进行补贴，逐渐形成了就业补助资金和失业保险基金共同发力，为促就业政策提供资金保障。在2006年开始的东7省（市）失业保险基金扩大支出范围试点政策中，失业保险基金促进就业的支出项目包括：职业培训补贴、职业介绍补贴、职业技能鉴定补贴、社会保险补贴、岗位补贴、小额贷款担保基金、小额贷款担保贴息等。本书认为：保生活是促进就业的间接举措，东7省（市）政策、稳岗补贴政策、技能提升补贴政策是直接举措，通过这些政策的实施帮助企业吸纳就业、减少裁员、提高就业质量，实现预防失业、稳定就业，从而达到促进就业总体目标。据此，促就业更应作为失业保险的目标所在。

基于此，在经济发展新常态下，我国的失业保险制度应该以预防失业为重点，转变失业保险制度理念，从事后被动的失业救济向事前主动的失业预防转变，从消极的基本生活保障向积极的职业能力提升转变，重新构架制度体系，逐步建立起以稳岗补贴政策和技能提升补贴政策为主体，以失业预警制度为补充，充分体现失业保险的防失业功能，同时兼具保生活和促就业功能的、具有中国特色的积极的失业保险制度。通过一系列失业保险政策的有效运行，保障失业人员基本生活，稳住就业岗位预防失业，减少失业，助力促就业目标的全面实现。

4.5 积极的失业保险政策的基本构成及其相互关系

4.5.1 积极的失业保险理念的产生

4.5.1.1 积极的社会保障理念

"积极社会保障"的理念产生于20世纪80年代的欧美国家。20世纪30年代世界经济危机后，欧美普遍建立起"凯恩斯-贝弗里奇"模式的社会保障体系，缓解经济社会矛盾。但之后70年代的"石油危机"使各国社会保障制度暴露出过度福利依赖、政府责任沉重的弊端。于是"积极保障（福利）政策"的理念应运而生，其政策目标是强调公民福利权利与责任的平衡；缩小传统社会救济的受益范围，谋求以工作为导向的制度安排；注重人力资本投资，将人员培训和教育机会作为普遍的福利形式。这些理念及其实践，显示出以下几个特征：一是不囿于现金给付范畴，把福利概念延伸到培训、教育、促进就业等非现金支付形式；二是突破被动救助贫困群体的"后置"模式，将保障功能前移到提升人的自我生存和发展能力，以此预防贫困的普遍发生；三是重新调整政府、社会和公民的责任划分，谋求实现福利成本分担；四是超越"生老病死伤残"等社会保障传统的项目框架，将其扩展到以"工作"为中心的更广阔领域。

4.5.1.2 积极的失业保障理念

相应的，发达国家开始对失业保险制度进行改革，赋予其促进就业的功能，经济转型国家和部分发展中国家也建立起失业保险制度。为了促进就业、减少失业，瑞典等国开始实施"积极的劳动力市场政策"，把失业保险基金由单纯"消极"地保障生活改变为在保障基本生活的同时促进就业。

通过严格和附加失业保险待遇给付条件的方式促使失业人员积极寻找工作，同时使用部分失业保险基金和公共财政投入合理进行职业培训和就业服务，激发失业保险制度的促进就业功能。这些改革和实践取得了明显成效，并在发达国家得到普遍实施，对各国失业保险制度改革以及后发国家建立失业保险制度产生重要影响。

在失业保险制度的发展过程中，国际劳工组织发挥了积极作用。国际劳工组织通过制定公约和建议书，为各国制定失业保险法律法规和相关政策提供了基本原则和指导性意见，促进了失业保险制度的发展。国际劳工组织关于失业保险的公约和建议书主要有《失业补贴公约》和《失业补贴建议书》（1934）、《社会保障（最低标准）公约》（1952）、《促进就业和失业保护公约》和《促进就业和失业保护建议书》（1988）。其中，《失业补贴公约》和《失业补贴建议书》针对20世纪30年代工业化国家普遍存在的严重失业问题，要求各国建立一种对非自愿性失业者提供失业补贴的制度，这种制度可以采用强制性保险的形式，也可以采取自愿性保险的形式，或是采取强制与自愿两种方式混合的形式。《失业补贴公约》还对失业保险制度实施的范围、享受失业津贴的资格条件以及津贴标准的给付办法做了规定。《社会保障（最低标准）公约》主要是在失业津贴标准和计算方法上，对《失业补贴公约》内容进行了完善。

20世纪70年代末和80年代初，在高通货膨胀和高失业率并存的经济滞胀时期，欧美国家高标准的失业津贴政策受到普遍批评，一方面打击了企业投资积极性，另一方面造成失业者依赖津贴生活而不愿积极就业的现象普遍存在。在这种背景下，1988年国际劳工大会通过了《促进就业和失业保护公约》与《促进就业和失业保护建议书》，要求采取适当的步骤，使失业保护制度同就业政策相协调，尤其要将失业津贴的提供有利于促进充分的、生产性的和自由选择的就业。为实现这一目标，《促进就业和失业保护公约》对失业保险制度的组织和管理做了规定。一是保护的范围。失业保险制度应为有能力工作、可以工作且确实在寻找工作的完全失业者提供保护，还应努力将保护范围扩大到因工作时间不充分而导致收入减少的半失业者。有条件的国家，应使参加失业保险的人数达到靠工薪收入劳动者的85%，其他国家不应低于50%。二是资金来源。可以采取缴费基金制，也可以采取非缴费基金制，或是两种办法结合。三是失业津贴标准。失业津贴一般不低于投保人以前收入的50%或最低工资的50%。四是等待期和津贴支付期限。等待期一般为7天，最多不超过10天。津贴支付的期限，如果国家立法规定津贴的支付期应随资格时间的长短而变化，该期限至少不低于26周，但在特定国家也可缩短到13周。五是取消或削减失业津贴。规定失业津贴的领取条件包括完全失业，其定义为某人在有能力工作、可以工作并且确实在寻找工作的情况下得不到适宜的职业而失去收入的情况，并且制定了7项条款。六是争议的处理。在失业津贴被拒付、取消、停发、削减，或对津贴数额有争议时，当事人应向管理失业津贴的机构或其他有关的机构提出上诉。

国际劳工组织1988年的《促进就业和失业保护公约》是失业保险国际劳动立法的"拐点"。以前的标准，侧重强调为失业者提供生活保障，而调整后的制度，则是倡导把失业保护措施同促进就业结合起来。

4.5.1.3 预防失业成为失业保险发展的重要方向

为应对2008年国际金融危机对就业的影响，世界各国失业保险政策都相继启用了预防失业相关措施，其政策目标是从源头上调控失业的增量，为确保就业局势基本稳定发挥了作用。具体做法是扩大失业保险基金的支出范围，增加预防失业方面的支出项目。如韩国的就业保险基金可用于支出以下项目：①工资补贴，即对虽面临困难但不减员的企业，提供相当于其工资一半的资助；②低息贷款，即对企业内部为职工转岗培训所需设施，提供长期低利息贷款等，使转岗职工能在企业内部实现重新就业；③雇佣补贴，即对雇佣55岁以上劳动者占所有劳动者比例达6%以上的企业，支付每人每年一定数额的雇佣补贴。加拿大在预防失业方面，具体的支出项目是：①工时减少补贴，即在企业遇到经营困难，采取减少工人工作时间等措施以实现不裁员时，提供一定数量的补贴，时间最长不超过38周；②定向工资补贴，即对招用长期失业（超过3年）、有就业障碍人员的企业，提供工资补贴，最长期限为78周。法国在预防失业方面，具体的支出项目主要是：①工资补贴，针对招聘领取失业津贴超过1年的失业人员

（限 50 岁以下）的雇主，发放一定期限的工资补贴；②就业培训补贴，对雇主举办的就业前培训给予资助；③雇佣学徒工补贴，雇佣作为学徒工 26 岁以上失业人员的，对雇主和雇员分别予以补贴。

将政策的重点转向预防失业，这是更关键的政策转变，即利用充足的资金结存，把预防失业的关口前移，设计适当的条件和标准，将失业保险基金更多投向职业培训、就业服务、创业扶持、稳岗补贴等方面，减少失业发生，提高失业者再就业能力，既提升失业保险制度防范风险能力，又引导劳动者积极就业和创业。

4.5.2 积极的失业保险制度

所谓积极的失业保险制度，是指能够保障失业人员基本生活，同时能够促进失业人员再就业、预防在职人员失业的失业保险制度。与原有的以劳动者失业后保障其基本生活为主的具有事后救助性质的消极的失业保险制度不同，在积极的失业保险制度内部，就是要发挥失业保险制度的三位一体功能，通过改进对失业风险的保障方式，促进制度功能不断扩大和前移，从偏重救助转为救助与预防并重，将促进失业人员再就业、预防在职人员的失业、提高在职人员就业质量作为与保障失业人员基本生活等同对待的制度功能，并逐步将工作重点前移，将预防失业作为失业保险制度的重要功能。

积极的失业保险制度，在保障制度公平的基础上增强了制度的激励性，利用多元性的参保政策鼓励企业和职工积极参加失业保险，按照权利义务对等原则设计具有针对性的制度安排引导参保主体提升预防失业能力，设计灵活性的待遇给付政策引导、鼓励领取失业保险金的失业者积极参与劳动力市场的求职活动。而在制度外部宏观的功能设计上，充分发挥社会保障的调整社会再分配功能，把有限资源更多向工作群体倾斜，增强经济发展和社会运行的活力和创造性。

要发挥失业保险制度的三位一体功能，就要对失业保险制度进行重新设计和构架。从制度设计看，首先需要转变制度理念，即变被动为主动，变消极为积极，变事后为事前，变失业为就业。其次是需要调整制度框架，具体而言，包括以下几个方面（见图4-7）。

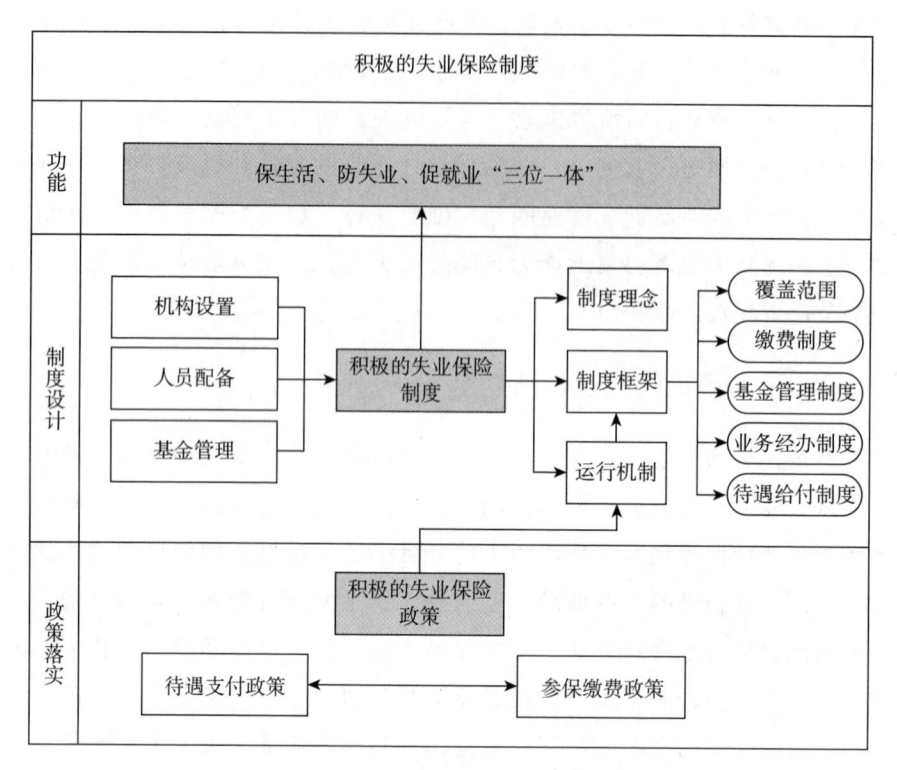

图4-7 积极的失业保险制度的内容

一是要扩大制度覆盖范围，只有将绝大多数的就业人员纳入失业保险覆盖范围，才能有效发挥社会保险大数法则的作用，利用社会的力量抵御个人面临的失业风险。

二是调整缴费制度，使费率制度在费率水平和费率的分担机制能够兼顾保障功能和激励参保功能，即费率水平的确定要使基金积累能够保障失业保险政策的实施，同时不能给企业和就业人员增加缴费负担而影响参保的积极性。

三是从基金管理制度的角度提高基金保障能力，加大失业保险基金征缴力度，制定用人单位缓缴保费资格条件和办法，明确参保对象缴纳失业保险费的职责和拒缴的惩罚办法，制定失业保险基金的投资运行办法，保障基金保值增值。

四是从重新厘定失业保险业务经办的职责划分入手，对当前的失业保险经办机构进行整合，转变业务经办理念，加强业务经办能力，提高经办的信息化水平，并打通失业保险业务经办与其他体系工作的信息沟通网络，多方面多角度提高业务经办效率，满足群众对失业保险政策的需求。

五是重构待遇给付制度，从提高失业人员基本生活的保障能力和促进失业人员尽快实现再就业两个角度设计失业保险的待遇项目、失业保险金标准、发放期限、发放方式，通过失业保险待遇的发放实现保生活与促就业双重功能的实现。

从保障措施看，积极的失业保险制度需要从机构设置、人员配备和基金管理的角度为制度功能发挥提供全方位保障。使承担失业保险制度功能的管理机构、经办机构的机构设置和职能职责能够应对外部环境的变化，使经办人员的配备能够和机构设置及其职能相适应，能够呼应失业保险制度的作用对象，即政府、企业、劳动者对制度的功能需求，使失业保险基金的管理能够为制度功能的发挥奠定坚实的经济基础，为失业人员提供保障基本生活的失业保险金，为其再就业提供及时、有效的服务，为企业和职工提高抗失业风险的能力提供相应的制度保障。

积极的失业保险制度的功能发挥，需要一系列失业保险政策的实施。从政策效果看，一方面，失业保险待遇支付政策与失业保险的制度功能更为直接，通过调整失业保险基金的支出项目范围，改变各项待遇的享受条件和标准水平，可以为不同的参保主体在符合条件的情况下提供多样化的权益保障。另一方面，失业保险待遇政策与基金支出密切相关，而社会保险基金的管理要遵循"以支定收、收支平衡、略有结余"的基本原则，因此基金支出与基金结余以及基金收入密切相关，在其他条件不变的情况下，基金收入与参保人数、缴费基数和缴费费率呈正相关关系。综上所述，失业保险的待遇给付政策通过基金管理，对失业保险的参保政策和费率政策产生影响，同理，参保政策和费率政策的调整也会通过基金管理对待遇给付政策产生影响。因此，任何失业保险政策都不是孤立存在的，而是与其他的失业保险政策相互影响、相互作用，共同为失业保险制度的功能发挥贡献力量。积极的失业保险政策的框架如图4-8所示。

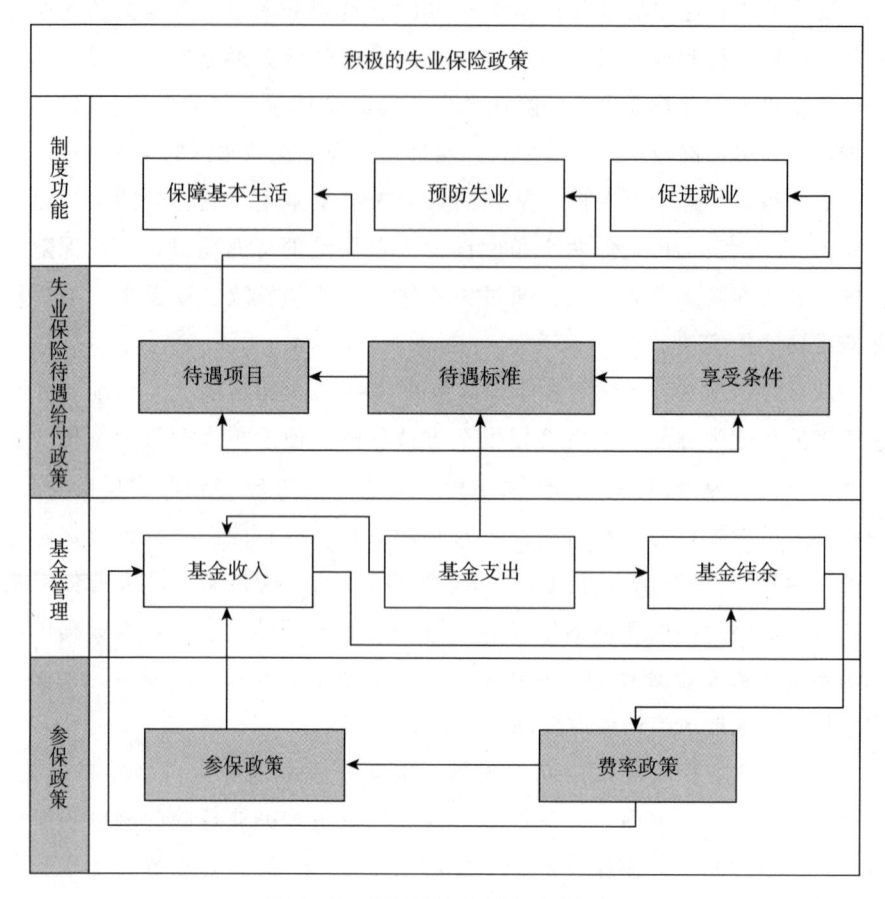

图 4-8　积极的失业保险政策框架

4.5.3　积极的失业保险政策

与积极的失业保险制度相对应，所谓"积极的失业保险政策"，是和以往的以失业之后消极救济为主的失业保险政策相对而言的，是指失业之前积极地采取措施提高劳动者技能、帮助企业稳住岗位而预防失业为主的失业保险政策，并能够根据经济形势和就业失业局势变化而主动应对，充分利用失业保险大数法则抵御个人失业风险，积极发挥保生活、防失业、促就业功能。

4.5.3.1 积极的失业保险政策的主要特征

积极的失业保险中的"积极"主要体现在以下几个方面。

一是必须以发挥失业保险三位一体功能为根本遵循，而且突出"保生活是基础，防失业是重点，促就业是目标"，三者不可偏废，这是由失业保险制度发展的趋势和方向决定的，也是符合我国基本国情以及今后一段时期供给侧结构性改革任务的总体要求。

二是在保障理念上是"主动的、积极的"，即从失业保险向就业保障转变，变事后以失业保险金为主的物质补偿，为事前以能力提升为主的就业岗位保障。

三是失业保险政策的"积极"作用是全方位的，失业保险制度体系参与主体多赢局面均衡，失业人员获得技能提升避免失业，企业降低成本且获得高素质人力资源，失业率、经济活力、社会稳定等多项政府宏观指标均有改善，并对劳动力市场的灵活性有促进作用。

四是积极的失业保险政策不是单一政策，而是一系列政策共同发力，作为系统工程来发挥作用，具体包括覆盖全体城镇就业人群的参保政策，与经济运行及就业失业形势紧密联系的费率政策，与城市最低生活保障、最低工资水平、物价水平挂钩的失业保险待遇标准调整政策，与劳动力流动以及经办能力相适应的失业保险待遇申领和关系转移接续政策，与就业服务和职业培训相结合的失业保险基金促就业政策，预防失业的稳岗补贴和技能提升培训补贴政策等。

4.5.3.2 积极的失业保险政策的主要内容

积极的失业保险政策可以分为失业保险待遇给付政策和失业保险参保政策。其中，参保正增长包括参保对象的确定和费率政策，失业保险待遇给付政策对外与失业保险的制度功能直接关联，对内与失业保险基金支出密切相关，通过各项基金支出所支持的失业保险待遇项目及其待遇享受条件和待遇标准，作用于各类参保主体，发挥保生活、防失业和促就业的功能作用。综上，积极的失业保险政策主要内容可分为以下五类政策（见图4-9）。

```
┌─────────────────────────────────────────────────────────────┐
│                      积极的失业保险政策                          │
├──────┬──────────────────────────────────────────────────────┤
│三位一体│  ┌──────────┐     ┌──────────┐     ┌──────────┐    │
│      │  │保生活是基础│     │防失业是重点│     │促就业是目标│    │
│      │  └──────────┘     └──────────┘     └──────────┘    │
├──────┼──────────────────────────────────────────────────────┤
│失业保险│ ┌──────────┐  ┌──────────────┐  ┌──────────────┐  │
│待遇给付│ │与经济发展水│  │稳定就业存量、  │  │增加就业数量、  │  │
│  政策  │ │平相适应的保│  │减少失业增量的  │  │提高就业质量的  │  │
│      │ │生活政策    │  │防失业政策     │  │促就业政策     │  │
│      │ │待遇项目    │  │待遇项目       │  │待遇项目       │  │
│      │ │待遇水平    │  │待遇水平       │  │待遇水平       │  │
│      │ │享受条件    │  │享受条件       │  │享受条件       │  │
│      │ └──────────┘  └──────────────┘  └──────────────┘  │
├──────┼──────────────────────────────────────────────────────┤
│基金管理│  ┌──────┐    ┌──────┐    ┌──────┐               │
│      │  │基金收入│◄──►│基金支出│◄──►│基金结余│               │
│      │  └──────┘    └──────┘    └──────┘               │
├──────┼──────────────────────────────────────────────────────┤
│参保政策│  ┌────────────────┐     ┌────────────────┐        │
│      │  │扩大制度覆盖面政策│◄───│兼具稳定性与灵活性│        │
│      │  └────────────────┘     │  的费率政策      │        │
│      │                         └────────────────┘        │
└──────┴──────────────────────────────────────────────────────┘
```

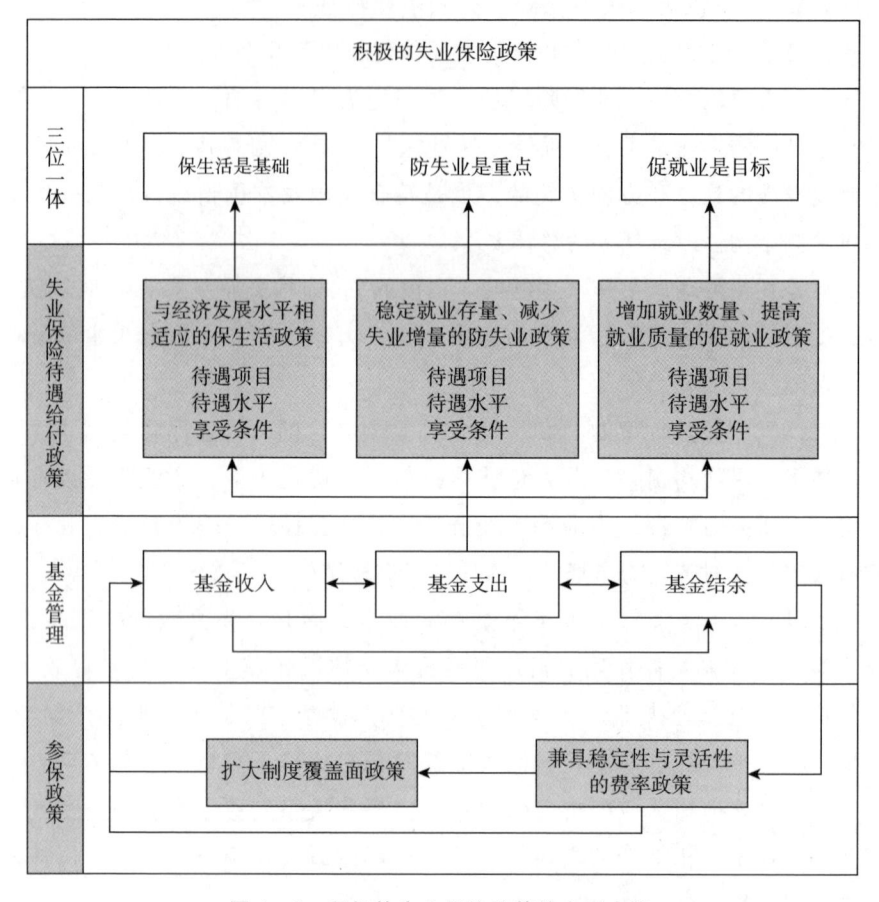

图 4-9　积极的失业保险政策的主要内容

一是与经济发展水平相适应的保生活政策，保生活政策体现的是失业保险制度的最基础功能，这是由失业保险的社会保险性质决定的，社会保险坚持保基本的基本方针，即失业保险金的水平要和当前的经济发展水平相适应，要保障失业人员基本生活，但不能给予过高的待遇水平，造成失业人员形成对失业保险金的依赖。

二是以提高职工职业技能、降低企业运营成本为手段，以稳定就业存量、减少失业增量为目的防失业政策，这是今后相当长一段时期内失业保险事业发展的工作重点。失业保险政策要实现防失业的目的，主要从劳动力需求和供给的两端发力，一是通过培训、技能提升补贴政策等引导参保劳动者提升职业能力防止失业，二是通过稳岗补贴、各种政策（如降低费率）降低企业成本，维持对劳动力的需求量，减少失业。

三是以增加就业数量、提高就业质量为目的的促就业政策，即通过为领金人员提供职业介绍、职业培训促进其尽快就业，通过为企业提供各类补贴政策或优惠政策促进企业吸纳就业，通过提升职工技能、补贴企业培训提高就业质量。

四是扩大制度覆盖面政策，要认识到制度覆盖政策关系到失业保险制度立足与发展的根本，要通过政策激励确保制度范围内的用人单位和个人应参尽参，通过扩大制度覆盖范围，将正规就业、非正规就业人员全部纳入制度体系，努力实现职业人群全覆盖，由此才能从根本上按照社会保险的大数法则来抵御个人面临的失业风险。

五是建立兼具稳定性与灵活性的费率政策。费率是失业保险制度设计的关键因素，费率政策是关于失业保险费率水平、费率分担和费率调整机制的制度规定和具体措施。费率政策要稳定，是指一个国家要设定费率水平的区间，给用人单位和参保个人以稳定的政策预期；费率政策的灵活性是指一国的各地区或各行业可以在费率区间内根据基金运行情况或失业率的变动灵活调整费率水平，保证失业保险基金的累计结余维持在合理规模，保证失业保险政策实施的同时，避免参保对象的费率负担过高而影响经济活力。

4.5.3.3 实行积极的失业保险政策的基本要求

一是所有政策要以发挥失业保险制度的三位一体功能为导向，在政策理念上要变事后救助为事前预防。

二是要和积极的劳动力市场政策相呼应。积极的劳动力市场政策是政府为追求劳动力市场的公平和（或）效率，有目的、有选择地对劳动力市场进行干预，为市场中的劣势群体创造工作机会或通过激活计划，提升失业者自身的就业和再就业能力，以促进失业者重返劳动力市场的一系列具体措施的总称，包括支持就业与康复、公共就业服务与指导、就业激励、劳动力市场培训、岗位轮换与岗位分享、创业激励和直接创造工作岗位等。我国促进就业的积极劳动力市场政策于2004年正式实施，在直接创造开发就业机会、为企业减免税费、提供公共培训和就业服务、促进农村劳动力转移和大学生就业等方面效果显著。但是也存在财政投入不足、公共就业服务平台和就业培训不完善、失业者对政策的知晓度偏低等一系列问题。积极的失业保险政策，尤其是促就业政策可以在健全劳动力市场机制中发挥作用，通过向失业者提供必要的再就业服务和培训，从总体上改善劳动力的供给质量，修复劳动力市场中的供求偏差，加强劳动力市场的配置能力，提高市场活力。

  三是要和积极的就业政策相呼应。积极就业政策是一系列政策的集合，主要内容包括：①对经济发展施加政策影响，使之有利于扩大就业；②对劳动者就业给予政策支持，调动他们自主就业的能动性；③对企业用人给予政策引导，使之愿意更多地吸纳就业；④对困难群体加大政策扶助，帮助他们摆脱失业困境；⑤对市场供求匹配施加影响，强化公共就业服务和培训；⑥对失业的治理和就业相结合，并进行预防和调控，建立事业监测和预警机制，对失业进行疏导和调控；⑦进一步完善社会保障，使之与促进就业形成联动机制。建立促进就业与失业保险、最低生活保障的联动机制，扩大覆盖面，使就业者得到激励，不积极就业者得到约束。由此可以看出，积极的失业保险政策在失业治理的政策理念上和积极的就业政策是相通的，尤其是失业保险防失业政策，本身就是积极的就业政策的重要组成部分。

  四是要积极适应经济新常态的外部环境，与人力资源供给侧结构性改革的要求相呼应。在经济新常态下，消费需求和投资需求都发生变化，消费需求以个性化和多样化为主流，产业投资（或企业投资）随之开始转向新技术、新产品和新服务领域。为适应新常态，人力资源供给侧改革需要新的理念与思路，要实施积极的人力资本投资政策，要通过教育培训、社会保障和劳动就业等政策提高劳动者的素质和能力。从社会保障的角度看，首先要转变社会保障的目标，要把风险发生后的消极救助、补助思维转变为积极的事前预防，要通过加大教育和培训的社保基金支出，提高劳动者创业和就业能力；其次要实现社会保障可持续发展和发生规模性市场风险间的平衡。社会保障的基本目标是能够全面抵御市场风险，社会保障待遇的水平不可能达到福利国家的高水平，社会保障在实现全覆盖的情况下，只能基本保障劳动者能够抵御风险。要将社会保障的政策着力点尽可能地转移到提高劳动者抵御风险的能力上来，并鼓励各类劳动者在就业领域获得收入、提升能力、实现对社会发展的价值。

五是要充分考虑新就业形态对失业保险的政策需求。一方面，新的就业形态不断涌现，就业的形式逐渐多样化，非正规就业或灵活就业逐渐成为新生就业的主要渠道；另一方面，即使是正规就业也在向灵活性方向转变，失业保险要扩大制度覆盖面，就要考虑如何将新就业形态以及灵活就业纳入制度覆盖，设计具有针对性的，但与正规就业的失业保险参保办法不同的参保制度，结合科技进步产生的众多网络终端，充分利用信息化技术优化现有的业务经办方式，为灵活就业人员的参保缴费建立适用性的制度安排，提升其就业能力，预防失业风险。

六是费率政策要密切关注参保规模和结构变化，同时兼顾失业保险待遇支付政策变动引发的基金支出规模和结构变化，通过灵活而充满弹性的费率政策保障失业保险制度的平稳运行。

4.6 积极的失业保险政策的发展方向：就业保险

就业保险是失业保险的发展方向。20世纪80年代，西方国家和地区为缓解失业压力，对失业保险制度和公共就业服务制度进行大幅度改革，并将就业促进与失业保险金的发放紧密结合，运用基金协助就业服务、职业训练以及预防失业。韩国1995年施行《就业保险法》；加拿大1996年用《就业保险法》取代《失业保险法》（1940）；英国的失业保险金被求职者津贴所代替，布莱尔政府在1997年提出"工作福利"的基本思路是将实现再就业作为解决失业问题的根本方法；我国台湾于2003年用《就业保险法》取代《劳工保险失业给付实施办法》（1999）。这些国家和地区在原有失业保险制度的基础上，逐步构建就业保险制度，已经成为一种发展趋势。

当前失业保险理念发生了变化，正在从消极地保障生活到积极地促进就业，实施积极的劳动力市场政策，激发失业者寻找工作的积极性，并将失业保险待遇和预防失业促进就业措施结合起来，帮助失业者尽快就业，帮助企业稳定就业岗位。这已经成为各主要市场经济国家对失业保险的共识和普遍做法。"就业是最好的保障""从吃福利到去工作"等观点的提出，表明失业保险已不再仅仅是社会福利，它是社会保障措施，也是促进就业的手段。《就业保险法》正在替代《失业保险法》（莫荣，2017）。

从制度发展看，积极的失业保险制度介于失业保险与就业保险之间，是失业保险向就业保险演变的必经过程。失业保险、积极的失业保险和就业保险的共同点是用保险机制的大数法则去抵御就业/失业领域的风险问题，但三者面对的"风险"类别、制度功能、"保"险的方式存在较大差异，从而在覆盖人群、政策对象人群、基金来源、基金支出范围、基金支出结构、基金与政府促就业资金的关系等方面也各有侧重，甚至是有质的区别。具体如表4-3所示。

表4-3 失业保险、积极的失业保险与就业保险的比较

	失业保险	积极的失业保险	就业保险
抵御的"风险"	失业后基本生活面临困境的风险	失业的风险	中断就业的风险
制度功能	保生活、促就业	保生活、防失业、促就业	保生活、防失业、促就业
"保"险方式	以物质保障为主，以促就业服务保障为辅	以就业能力保障为主，兼顾物质保障与服务保障	以就业能力保障与就业机会保障为主，兼顾物质保障与服务保障
制度覆盖人群	以劳动合同关系为基础的单位就业	以劳动关系为主的正规就业，兼顾灵活就业	覆盖全部就业人群
待遇享受人群	失业人员	参保企业、职工和失业人员	
基金来源	社保缴费、政府财政	以社保缴费为主，以政府财政为辅	社保缴费
基金支出范围	失业保险金等物质待遇，职业培训补贴、职业介绍补贴等促就业服务项目	失业保险金等物质待遇，职业培训补贴、职业介绍补贴等促就业服务项目，稳岗补贴、技能提升补贴等能力保障项目	

续表

	失业保险	积极的失业保险	就业保险
基金支出	以保生活支出为主	防失业、促就业支出占比超过50%	以防失业、促就业支出为主
失业保险基金与财政资金促就业的关系	以财政资金为主，失业保险基金用于促进领金人员再就业	失业保险基金与财政资金并重	以就业保险基金为主，以财政资金促就业为辅

失业保险制度升级为就业保险制度，能有效克服失业保险制度保障失业有余、促进就业不足，失业保险制度难以与促进就业等无缝对接的问题（黎大有、张荣芳，2015）。总体而言，就业保险就是尝试用保险的机制解决就业问题，因此，相比于失业保险（利用保险机制解决失业问题），就业保险制度的最基本落脚点在于就业问题，其面临的问题更为复杂，不仅包括失业问题，还包括就业的总量、结构和质量问题，制度的覆盖面更为广泛。如日本于1974年改《失业保险法》为《雇佣保险法》，旨在谋求工人生活安定的同时，使求职活动容易进行，促进其就职并有助于工人职业的稳定，从而预防失业，增加雇佣机会，改善雇佣结构，开发和提高工人的能力，增进工人的福利[①]。为此，日本《雇佣保险法》所提供的就业服务内容除了基于失业保险金外，还提供稳定就业，提高生产力的项目和服务。相比于失业保险，就业保险具有以下特征。

4.6.1 就业保险的覆盖范围更广

就业保险希望覆盖所有具有失业风险的劳动者，不分行业、职业，只要有失业风险均应当参保。各国（地区）的失业保险覆盖面，一般也都经历了由小到大、由严到松的过程，覆盖范围在逐步地扩大。不仅将各类企业、事业单位雇员纳入保险范围，而且有些国家（地区）失业保险的范围

[①] 《雇佣保险法》第一条（目的）设立就业保险法旨在通过稳定劳动者的生活现状与受雇状态，并为失业者、生活困难者、正在接受与就职相关培训者提供他们急需的补贴来帮助其寻找工作，从而降低失业率，调整雇佣状况，增加就业机会，发掘劳动者潜力并提高其生活福利。第三条（就业保险服务）为了达成第一条所示目的，除给予失业救济等外，也可提供稳定雇佣、提高生产力与雇员福利等服务。

覆盖国家公务员（如美国）、农民（如德国和日本）。日本还规定，季节性受雇者、短期受雇者可享受一次性失业保险金。我国台湾地区规定本地区人之外籍、大陆及港澳地区配偶依法在台参加工作皆须参加就业保险。

4.6.2 就业保险强调实现再就业的重要地位

就业保险将促进领取失业保险金人员的再就业置于重要地位，在制度设计上体现相关的激励性。一是在失业保险金的给付水平上推行差异化的给付制度，促使失业人员积极开展职业搜寻实现再就业，或依据实际失业时间长短来确定失业保险金的发放标准，失业期越短发放标准就越高。二是在保险金给付条件的设计上要与再就业密切相关，如美国规定失业人员在领金期间必须按时报告寻找工作情况，或按时接受职业指导和培训；我国台湾地区规定领取失业给付者，要提供至少2次以上求职记录。三是失业保险基金支出逐步向促就业方向转移，用于职业介绍、职业培训的比重逐步增加。如德国失业保险基金的60%用于失业保险金，其余40%的大部分用于促进就业的项目；英国对参加培训并取得资格证书的失业者按资格等级发放补贴；美国规定参加职业培训的失业人员，可适当延长失业保险给付期限。四是重视对失业人员提供再就业培训和就业信息服务，如美国、法国的再就业培训项目不仅向失业者提供指导与咨询服务，培训前还对其失业者进行职业能力及技能评估。韩国在促进就业方面，具体支出项目包括：①提前再就业补贴，即提供给在失业津贴期满之前找到工作的人员，补贴额较剩余津贴额略低；②职业能力发展补贴，提供给参加职业培训机构所举办培训课程的失业人员；③广域求职津贴，提供给在居住地50公里以外的地方寻找职业的失业人员；④搬家费，提供给为就业或参加培训需要搬到就业机构规定的地方的失业人员。

4.6.3 就业保险强化预防失业的重要性

失业保险金的给付只是补偿失业者的所得中断，暂时保障其基本生活，就业保险制度通过各种促就业措施帮助失业者重回就业岗位。另外，就业保险制度具有越来越强的预防失业的思想，与其在失业后提供失业保险待遇给付及其他积极的促进就业措施，不如在劳动者失业之前即提供各种辅助，包括进修训练与继续训练，其效果更为有效，所支出的费用也更为经济。如日本为预防失业实施三大工程。①就业稳定工程，即为就业压力较大地区的企业提供支持，鼓励其多招用就业困难人员，具体的补贴项目：一是工资补贴，针对不景气而被迫缩小经营规模的企业，帮助其安置内部富余人员，期限一年；二是就业稳定特别补贴，针对转产、重组企业；三是奖励补贴，针对在就业特别困难地区开办的企业；四是岗位开发补贴，针对创造出大规模就业岗位的企业。②能力开发工程，即建立公共职业培训机构，加强对失业人员的技能培训，并对企业提供培训补贴，以支持其对职工进行职业培训。③就业福利工程，资助企业对劳动者提供关于就职受雇、调换工作岗位等咨询服务。并特别规定就业促进支出的比例，日本企业需要按雇员工资的0.35%缴纳就业促进费，专门用于促进就业工程。

4.6.4 就业保险明确政府、企业和劳动者的职责范围

充分就业是政府的重要战略目标，就业保险制度承担了政府的就业预防与就业促进的部分职责，而就业保险是关于市场中的企业和劳动者利用大数法则的保险机制建立起的应对就业问题的制度机制，因此需要厘清政府、企业和劳动者的关系：一是厘定制度体系内的权利义务和职责范围；二是在资金筹集上明确政府必须从公共财政预算中列支一定比率的费用予以支持。就业保险工作机制要求的资金必须独立运行，政府预算可以支持就业保险基金，但是不能将就业保险基金纳入政府的公共预算进行占用或挪用，如德国和日本强调政府、用人单位和劳动者在就业保险上的共同责任，其中失业津贴部分由用人单位和劳动者各承担一半，政府给予适当补贴。

4.6.5 就业保险需要整合失业保险经办机构与促就业部门职能

为更好促进就业，就业保险将发放失业保险金（失业津贴、求职津贴）及其他保险待遇的业务职能与失业预防、就业咨询、失业审核登记、就业推荐、再就业职业培训等职能进行深度整合，以达到将待遇领取与促就业服务无缝对接，提高工作效率，方便参保对象业务办理。

4.7 本章附录

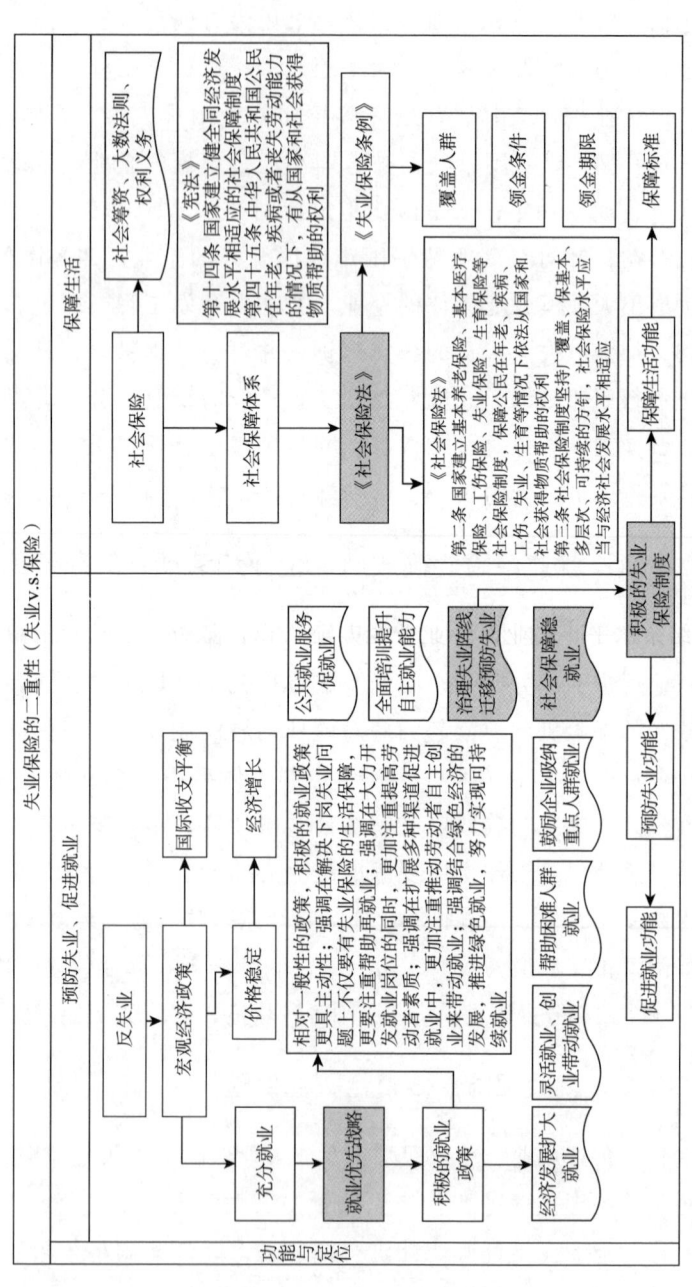

附图 4-1 失业保险的二重性

5 各地失业保险政策的积极探索

我国各地经济水平、经济结构、人口总量与结构、劳动力素质、就业结构、失业水平以及各地各级财政力量等发展不平衡，尤其是东部沿海地区和中西部地区相比较更为明显，由此造成各省份在以下两方面存在较大差异性：一方面，各地就业问题的性质不同，有的省份以总量矛盾为主，有的地区结构性矛盾突出；另一方面，各地失业保险发展不平衡，即使在省级行政区划范围内，失业保险的不同统筹地区间的发展发展水平不一，表现在各地参保人数、覆盖范围、统筹层次、缴费基数、待遇水平、基金收支结余水平、失业保险业务经办能力以及经办工作的信息化程度等都存在较大差异。如截至2016年底，四川省失业保险基金结余342亿元，海南省、甘肃省结余分别为34.5亿元和34.8亿元，约为四川省的1/10。因此各地对失业保险基金的功能定位也存在差异，有的省份突出促就业功能，有的省份着重保生活，尤其是去产能过程中职工安置任务重的省份，更是以保证按时足额发放失业保险金为首要任务。因此各地在失业保险政策的制定和落实过程中，均不同程度地结合当地实际，表现出较强的地区属性。而积极的失业保险政策的实施，也需要不断吸取地方行之有效的具有前瞻性的试点性创新型的做法，将其模式化后推向全国，拓展政策效力。

5.1 各地失业保险政策出台与演进情况

《失业保险条例》出台实施后，各省份在贯彻落实过程中，相继出台了相关政策和文件。其中，海南省1993年出台《海南省城镇从业人员失业保险条例》，并于2000年进行了修订并沿用了原文件名称，其他地区均在1999年《条例》实施后重新制定当地的失业保险相关文件（见表5-1），如江苏省2011年出台《江苏省失业保险规定》代替《江苏省职工失业保险规定》（1995）。

表5-1 各地区现行失业保险政策的出台时间

年份	地区数量	地区
1993	1	海南
1999	5	北京、黑龙江、上海、新疆、新疆兵团
2000	6	安徽、甘肃、贵州、江西、辽宁、内蒙古
2001	7	河北、河南、湖南、宁夏、青海、四川、天津
2002	3	广东、湖北、西藏
2003	4	吉林、山东、陕西、浙江
2004	3	广西、山西、重庆
2006	2	福建、云南
2011	1	江苏

从各地出台文件的类别看，主要有以下三种：第一种是地方性法规，即由地方省级人大及其常委会通过并颁布实施，全国共有9个省份（天津、辽宁、黑龙江、浙江、福建、河南、广东、四川、云南）；第二种是以政府令的形式由省级人民政府发布实施，共有18个省份（北京、河北、内蒙古、吉林、江苏、安徽、江西、山东、湖北、湖南、广西、海南、贵州、西藏、陕西、甘肃、青海、宁夏）；第三种是以地方政府发文或政府办公厅发文的形式，全国共有5个地区（山西、上海、重庆、新疆、新疆建设兵团）。

在《条例》实施过程中，随着中央一系列关于失业保险政策的出台，部分省份如辽宁（2001）、黑龙江（2006）、北京（2007）、甘肃（2007）、陕西（2009）、海南（2012）、广东（2013）、天津（2014）通过修订地方政策文件完善当地失业保险政策。从各地修订政策的发展趋势看，具有以下特征。

一是扩大失业保险覆盖面。如甘肃省2007年修订《甘肃省实施〈失业保险条例〉办法》，将失业保险覆盖范围扩大至省内的国家机关中的劳动合同制工人、在民政部门登记的民间组织以及其他经济组织的工作人员、外省驻甘机构中的未参保的从业人员；海南省2012年修订《海南省城镇从业人员失业保险条例》将外国人纳入失业保险覆盖范围①。天津市 2014 年修订《天津市失业保险条例》时将参保单位和人员扩展到本市各类企业及其职工，事业单位及其职工（不包括参照公务员法管理的人员），社会团体、民办非企业及其专职工作人员，均要按规定参加失业保险，缴纳失业保险费。

二是增加失业保险的促进功能，主要是通过以下几种方式。①增加支出项目。如北京市 2007 年修订《北京市失业保险规定》，增加了社会保险补贴、岗位补贴，并规定失业保险基金可用于支出按照国家规定经市人民政府批准并报国务院备案的与失业保险相关的其他支出项目；海南省 2012 年增加职业技能鉴定补贴、自主创业小额担保贷款贴息、岗位补贴、社会保险补贴②；广东省 2013 年修订《广东省失业保险条例》时增加技能鉴定补贴、求职补贴、创业补贴③；天津市 2014 年增加灵活就业人员社会保险补贴、面向失业人员和在职职工的公共培训鉴定实训基地设施设备费用支出、参保单位和职工的社会保险补贴和岗位补贴。②通过调整失业保险金发放的方式，促进就业。如海南省 2012 年修订的《海南省城镇从业人员失业保险条例实施细则》规定，失业人员在领取失业保险金期间自主创业的，可凭营业执照和税务登记证明等失业保险经办机构规定的证明材料到失业保险经办机构申请一次性领取剩余期限的失业保险金；甘肃省（2007）、广东省（2013）也有类似规

---

① 《海南省城镇从业人员失业保险条例实施细则》（2012）第四条规定，在本省行政区域内城镇用人单位依法招用的外国人，应当按照《条例》规定参加失业保险。但已与中国签订社会保险双边或者多边协议国家国籍的人员在我省城镇用人单位就业的，按照协议规定办理。

② 《海南省城镇从业人员失业保险条例》（2012）第十六条规定，失业保险基金的开支范围：（一）失业保险金；（二）失业人员在领取失业保险金期间的应缴纳的基本医疗保险费；（三）失业人员在领取失业保险金期间死亡的一次性丧葬补助金和其供养的配偶、直系亲属的抚恤金；（四）失业人员在领取失业保险金期间接受职业培训、职业技能鉴定、职业介绍补贴费用及自主创业小额担保贷款贴息支出；（五）失业人员在领取失业保险金期间被用人单位吸纳再就业的岗位补贴或者社会保险补贴费用；（六）稳定就业岗位的在岗培训补贴或者社会保险补贴费用；（七）国家或者省人民政府规定的与促进失业人员再就业、创业和预防失业有关的其他支出。

③ 《广东省失业保险条例》（2013）第二十三条规定，失业人员在失业保险金领取期限未满前开办企业、民办非企业单位或者从事个体经营的，凭营业执照或者登记证书及纳税证明，可以向原失业保险金领取地社会保险经办机构申请一次性领取已经核定而尚未领取期限的失业保险金，并相应计算为领取期限。

定①。③通过调低失业保险金标准的方式，降低失业保险待遇对失业状态的吸引力，激励失业人员努力寻找工作。如黑龙江2006年修订的《黑龙江失业保险条例》，将以往的失业保险金为当地同期最低工资标准的70%，但应高于当地同期城市居民最低生活保障标准，修改为按照低于当地最低工资标准、高于当地城市居民最低生活保障标准20%的原则实施②，降低失业保险金水平，有利于激励失业人员再就业。④采取降低费率等措施降低企业运营成本，减少失业。如广东省2013年允许统筹地区人民政府按照省政府的规定实行浮动费率，对稳定就业的用人单位适当下调费率，鼓励用人单位稳定就业岗位，减少裁员。

三是通过厘清、简化程序，提高失业保险经办效率。北京市2007年将失业登记和失业保险金申领经办合一，简化失业保险金领取程序和资料审核步骤，提高申领效率，也有利于提高失业保险受益率③。甘肃省2007年通过明确失业保险费的缴纳办法④，陕西省2009年通过明确缴费基数和事

---

① 《广东省失业保险条例》（2013）第二十条规定，失业人员在领取失业保险金期间可以领取求职补贴，标准为本人失业前十二个月平均缴费工资的百分之十五，不足十二个月的，按照实际月数的平均缴费工资计算，领取期限最长不超过六个月。求职补贴随失业保险金按月发放。失业人员在领取失业保险金期间达到法定退休年龄的，从次月开始，不再发放求职补贴。第二十二条规定，失业人员在失业保险金领取期限未满前重新就业，就业后签订一年以上劳动合同并参加失业保险满三个月的，可以向原失业保险金领取地社会保险经办机构申请一次性领取已经核定而尚未领取期限一半的失业保险金，不足一个月的部分按照一个月计算，并相应计算为领取期限。剩余的尚未领取期限与再次失业时的领取期限合并计算。
② 《黑龙江省失业保险条例》（2000）第二十六条规定，失业保险金的标准为当地同期最低工资标准的70%，但应高于当地同期城市居民最低生活保障标准。《黑龙江省失业保险条例》（2006）第二十六条规定，失业保险金标准由失业保险统筹地区按照低于当地最低工资标准、高于当地城市居民最低生活保障标准20%的原则，根据当地同期城市居民人均收入、人均消费水平等情况，提出方案，报省劳动保障行政部门审核后，经省人民政府批准实施。
③ 《北京市失业保险规定》第十六条规定，失业人员应当在终止、解除劳动（聘用）或者工作关系之日起60日内，持用人单位开具的终止、解除劳动（聘用）或者工作关系证明及有关证明材料到户口所在地的社会保险经办机构办理失业登记，符合领取失业保险金条件的同时办理领取失业保险金手续。
④ 《甘肃省实施〈失业保险条例〉办法》（2007）第四条第六款规定，企业缴纳的失业保险费在缴纳所得税前列支；事业单位在事业费中列支；由财政全额拨款的事业单位，所需资金纳入财政预算；个人缴纳的失业保险费在计算纳税基数时扣除。第五条规定，失业保险经办机构应当建立职工个人缴费记录，确保个人缴费记录清楚、准确，保存完整、安全。缴费职工、失业人员有权查询其缴纳失业保险费情况。对查询本人缴纳失业保险费情况的，失业保险经办机构应当及时给予答询。

业单位的缴费办法①，提高参保缴费工作效率。

四是通过增加支出项目、提高失业保险金标准、完善程序等措施，增强制度的保障生活功能。提高保生活标准。甘肃省于2007年②、广东省于2013年③规定失业保险基金可用于支出生育补助金；北京市2007年通过修订失业保险金标准的确定因素，提高发放标准④。广东省2013年规定失业保险关系转移，细化流程，明确责任，失业人员和在职职工在全省范围内都可以顺畅地转移失业保险关系，同时为了便于非广东省户籍异地务工人员享受失业保险待遇，规定不选择在参保地按月享受失业保险待遇或者转移失业保险关系的农民工，可以申请领取一次性失业保险金。此外还规定了失业人员在住院治疗期间、女性失业人员在怀孕期间、女性失业人员子女未满一周岁等特殊情形，可以不接受指定的职业培训、职业介绍，不必每月办理领取手续。

五是增加失业保险政策的违法惩戒力度，提高失业保险工作的有效性。甘肃省2007年增加了四项条款，对用人单位不参保缴费致使失业人员不能享受失业保险待遇、培训机构弄虚作假骗取失业保险基金、政府机关部门和业务经办部门的渎职行为做出了明确的惩罚措施规定，有利于提高业务

---

① 《陕西省〈失业保险条例〉实施办法》第七条第（二）项规定，职工工资低于统计部门发布的当地上年度在岗职工月平均工资60%的，以当地上年度在岗职工月平均工资的60%作为缴费基数；高于当地上年度在岗职工月平均工资300%的，以当地上年度在岗职工月平均工资的300%作为缴费基数。第八条第一款规定，企业、差额拨款和自收自支事业单位缴纳的失业保险费在所得税前支；全额拨款事业单位、社会团体、民办非企业单位缴纳的失业保险费在本单位社会保险费中列支。

② 《甘肃省实施〈失业保险条例〉办法》（2007）第十七条规定，女性失业人员在领取失业保险金期间生育，符合国家计划生育规定的，可以申请领取与其失业保险金标准相同的3个月生育补助金。

③ 《广东省失业保险条例》（2013）第二十一条规定，女性失业人员在领取失业保险金期间生育的，可以向失业保险关系所在地社会保险经办机构申请一次性加发失业保险金，标准为生育当月本人失业保险金的三倍。

④ 《北京市失业保险条例》第十九条规定，失业保险金标准的确定及调整，根据失业人员失业前缴纳失业保险费的年限，按照低于本市最低工资标准、高于城市居民最低生活保障标准的原则，结合本市经济发展状况及居民生活水平等因素，由市劳动保障行政部门会同财政部门提出，报市人民政府批准并公布后执行。

经办的规范有序①。

六是统一农民工政策，提高制度的公平性。河北省2004年修订《河北省失业保险实施办法》时规定，设区的市人民政府可以根据本地区失业保险基金可支付能力，对纳入失业保险范围的农民合同制工人逐步实行与城镇职工相同的失业保险政策。广东省2013年统一城镇职工和农民工的失业保险的待遇标准，在制度上消除了两个群体的差异，实现同等缴费、同等待遇，还可以同等享受就业服务、医疗保障、促进就业等政策，在失业保险政策上实现均等化。

七是各地授权人民政府采取切合当地的失业保险政策，提高失业保险政策的可行性和有效性。如天津市2014年授权市人民政府制定给予参保单位和人员社会保险、培训、岗位补贴等预防失业的办法，并规定补贴所需资金从失业保险基金中列支。

5.2　参保政策

各省份在确定当地失业保险参保覆盖范围时，主要依据《条例》所规

---

① 《甘肃省实施〈失业保险条例〉办法》（2007）第二十三条规定，城镇企业事业单位不按规定参加失业保险和缴纳失业保险费，致使失业人员不能依法享受失业保险待遇的，应承担赔偿责任，赔偿标准为失业人员应领取失业保险金总额或一次性生活补助的2倍。第二十四条规定，城镇企业事业单位不按规定参加失业保险以及缴纳和代扣代缴失业保险费的，由劳动保障行政部门责令限期改正；逾期不改的，对单位主要负责人和其他直接责任人员分别处以1000元以下罚款，并按照每有一名受侵害劳动者对单位处以1000元罚款，最高不超过3万元。第二十五条规定，培训机构、职业介绍机构以虚假、欺骗等手段骗取职业培训补贴和职业介绍补贴的，由劳动保障行政部门责令限期退还违法所得，并处以违法所得1倍以上3倍以下罚款，最高不超过3万元；构成犯罪的，依法追究刑事责任。第二十六条规定，财政部门、劳动保障行政部门、地方税务机关及失业保险经办机构的工作人员有下列行为之一的，按照职责分工，由有关机关责令改正；情节严重的，依法给予行政处分；给失业人员造成损失的，依法赔偿；构成犯罪的，依法追究刑事责任：（一）违反规定向失业人员开具领取失业保险金或者享受其他失业保险待遇证，致使失业保险基金损失的；（二）滥用职权、徇私舞弊、玩忽职守，造成失业保险基金损失的；（三）不按规定上解、下拨失业保险调剂金的；（四）挪用、贪污失业保险基金或违反基金管理规定，造成基金损失的；（五）拒绝为符合条件的城镇企业事业单位和劳动者办理失业保险手续的；（六）不依法履行职责，不按规定给失业人员失业保险待遇的。

定的内容①，同时还结合实际情况将覆盖范围和参保人群适当进行了拓展，同时统一城镇职工与农民工的失业保险政策。

5.2.1 扩大了失业保险覆盖范围

各地扩大失业保险覆盖范围，主要是将制度参保人群在《条例》的基础上进行扩大，表现在以下方面。一是社会团体及其专职人员、民办非企业单位及其职工、有雇工的个体工商户及其雇工，除上海、贵州、甘肃、西藏外，其他省份和新疆生产建设兵团均已将社会团体及其专职人员、民办非企业单位及其职工纳入覆盖范围，共有17个地区（北京、吉林、天津、山西、江苏、辽宁、浙江、福建、河南、湖北、广东、海南、重庆、贵州、云南、新疆、新疆建设兵团）已将有雇工的个体工商户及其雇工纳入覆盖范围。二是乡镇企业及其职工。北京、河南、广西还将乡镇企业及其职工纳入失业保险参保范围。三是机关、参公事业单位及与其建立劳动关系的劳动者，共有19个地区（北京、内蒙古、江苏、浙江、江西、山东、河南、湖北、广西、海南、重庆、四川、贵州、云南、陕西、青海、宁夏、新疆建设兵团）将机关、参公事业单位及与其建立劳动关系的劳动者纳入参保范围。四是公务员，如上海将国家机关的全体人员（包括公务员）纳入参保范围。五是灵活就业人员，如哈尔滨、南京、昆明、黄石等将本行政区域内的灵活就业人员纳入失业保险覆盖范围。

5.2.2 统一城镇职工与农民工的失业保险政策

《条例》已将农民合同制工人纳入失业保险参保缴费范围，并可按规定享受相关失业保险待遇②。在参保缴费上，多数省份对农民工参保缴费实行

---

① 《失业保险条例》第二条规定，城镇企业事业单位、城镇企业事业单位职工依照本条例规定，缴纳失业保险费。城镇企业事业单位失业人员依照本条例的规定，享受失业保险待遇。《条例》所称城镇企业，是指国有企业、城镇集体企业、外商投资企业、城镇私营企业以及其他城镇企业。《条例》第三十二条规定，省、自治区、直辖市人民政府根据当地实际情况，可以决定本条例适用于本行政区域内的社会团体及其专职人员、民办非企业单位及其职工、有雇工的城镇个体工商户及其雇工。

② 《条例》第六条规定，城镇企业事业单位招用的农民合同制工人本人不缴纳失业保险费。《条例》第二十一条规定，单位招用的农民合同制工人连续工作满1年，本单（转下页注）

与城镇企业职工相区别的政策，即用人单位按规定缴纳单位部分的失业保险费，农民工个人不缴费，农民工失业后领取一次性生活补助金，不再享受其他失业保险待遇（部分省份如湖北仍免费提供职业培训和职业介绍服务）。部分省份根据统筹城乡就业的需要，对农民工失业保险政策进行了有效探索。主要有两类：一类是对农民工实行与城镇职工统一的失业保险政策，如天津、江苏、海南、湖北、广东对农民工在参保缴费、待遇享受等方面都实行无差别对待的政策；另一类是结合本地实际，允许地方自主选择相应的参保缴费政策（农民工可以个人缴费或不缴），农民工个人缴纳失业保险费的，失业后，可以享受与城镇失业人员同等的失业保险待遇（如福建、河北、广西）。

在失业保险待遇发放方面，大多数省份在农民工失业后，均采取一次性发放生活补助金的办法，不再提供其他失业保险待遇。在农民工生活补助金标准确定方面，各地主要依据失业保险金一定比例确定的办法（一般为当地失业保险金标准的50%~80%）。一些省份在确定农民工生活补助金标准方面，采取将待遇水平与参保缴费相结合的办法。主要有以下几种做法：一是将生活补助的标准等同用人单位为其缴纳失业保险费的标准（辽宁）；二是社会保险经办机构将单位为其缴纳的失业保险费作为生活补助金，一次性发给本人（黑龙江）；三是农民工一次性生活补助按照不低于相同缴费时间的城镇职工可以享受失业保险金总额的40%确定（浙江）；四是补助的标准依据当地发放失业人员失业保险金月基数的60%计算（江西）；五是按照社会平均工资确定（西藏）；六是按当地最低工资标准的60%发放（新疆、新疆建设兵团）。

5.3　费率政策

从失业保险制度建立至今，失业保险费率政策经过数次变迁，并在总的费率水平和费率分担机制以及调整机制上，给予各地一定的自主权，允许各地根据基金收支情况、失业动态变动情况等调整费率水平。从总体情

（接上页注②）位并已缴纳失业保险费，劳动合同期满未续订或者提前解除劳动合同的，由社会保险经办机构根据其工作时间长短，对其支付一次性生活补助金。补助的办法和标准由省、自治区、直辖市人民政府规定。

况看，各省份费率政策及其调整存在以下特征：一是总体的费率政策按照中央费率政策调整而变动，且费率水平不高于全国水平；二是在省级区划范围内费率政策保持统一；三是各省级人民政府的费率政策存在一定的差异性，尤其是各地面对外部经济社会环境发生重大变化时期，以及对特殊地区或参保对象的费率政策上，存在较大差异。如在《条例》实行后，北京市 2007 年降费率水平从 3% 调整为 2%（其中单位 1.5%，个人 0.5%），而江苏省在费率确定方面赋予统筹地区一定的权限：在失业保险基金结余规模较大或者国家启动失业预警应急响应机制时，经省人民政府批准，统筹地区可以根据国家和省有关规定以及本地区实际情况，采取下浮失业保险基金费率、缓收失业保险费和拨付经批准的其他支出等措施，给予用人单位特别援助。湖北省在特殊群体参加失业保险方面，给予了一定的费率优惠：无雇工的城镇个体工商户、自由职业者，自愿参加失业保险的，按不低于当地上年全部职工月平均工资的 2% 缴纳失业保险费。进入再就业服务中心下岗职工的失业保险费，由再就业服务中心按当地上年全部职工月平均工资 2% 的标准逐月缴纳，下岗职工本人不缴纳。

在执行《条例》关于缴费基数相关规定的同时，一些省份还结合实际工作情况，对缴费基数做了更加具体明确的规定。一是规定了缴费基数的上限，如北京规定职工本人月平均工资高于上一年本市职工月平均工资 300% 以上的部分，不作为缴纳失业保险费的基数。二是规定了缴费基数的下限，如天津退订失业保险费缴费基数，不得低于本市规定的最低工资标准；河南、湖北、四川、宁夏规定缴费工资基数无法核定的，按照当地上年度职工平均工资计算，职工缴费工资低于当地上年度职工平均工资 60% 的，按照当地上年度职工平均工资的 60% 计算。三是规定了缴费基数的上下限，如河北、陕西规定职工工资低于统计部门发布的当地上年度在岗职工月平均工资 60% 的，以当地上年度在岗职工月平均工资的 60% 作为缴费基数；高于当地上年度在岗职工月平均工资 300% 的，以当地上年度在岗职工月平均工资的 300% 作为缴费基数。四是按照养老保险费基数确定，如上海、江苏规定，应缴失业保险费基数按照养老保险费基数确定；浙江规定单位及职工的失业保险费缴费基数，原则上按照统筹地区上年度企业平均工资

085

水平的100%或者参照其缴纳养老保险费的基数确定。五是对于缴费基数无法确定，各省根据实际另行规定，如内蒙古、吉林、江西、重庆、青海规定，无固定工资额或无法确定工资总额的缴费单位，以统筹地区上年度社会平均工资为基数缴纳失业保险费；黑龙江、海南、西藏规定，单位未按照规定申报应当缴纳的失业保险费数额的，由社会保险经办机构暂时按照单位上月缴费数额的110%确定应当缴纳数额；没有上月缴费数额的，由社会保险经办机构暂时按照单位的经营状况、职工人数等有关情况确定应当缴纳数额。

5.4 保生活政策

保障基本生活的失业保险政策涉及的内容包括申请失业保险金领取资格条件、失业保险金发放标准、失业保险金领取期限以及终止领金条件等。目前，各省份在申请失业保险金资格条件和终止领金条件的规定与《失业保险条例》保持一致，但在失业保险金发放标准和发放期限的设计上，各地存在较大差异。

5.4.1 失业保险金标准的确定

我国失业保险金标准的确定经历了三个阶段：第一阶段是1986年《国营企业职工待业保险暂行规定》实行期间，规定待业救济金以职工离开企业前两年内本人月平均标准工资额为基数，按以下办法发放；第二阶段是1993年《国有企业待业保险规定》实行期间，规定待业救济金的发放标准为相当于当地民政部门规定的社会救济金额的120%~150%；第三阶段是到1999年《失业保险条例》规定失业保险金标准应介于最低工资和城市最低生活标准之间。2011年社会保险法又重申了失业保险金标准不能低于城市最低生活标准。

各地以《条例》的相关规定为依据，在此基础上，体现享受权利与缴费义务对等的原则来确定失业保险金标准，一般都是由省级人民政府确定（山东由设区的市人民政府提出，经省劳动保障行政部门审核后，报省人民政府批准执行）。失业保险金标准的确定大致分为四类：一是以当地最低工资标准的55%~80%确定（甘肃失业保险金按全省最低工资一类区标准的

60%~80%计发），这类情况占到多数；二是按当地城市居民最低生活保障标准的一定比例确定，包括吉林、西藏，分别按照当地低保标准的120%和155%~165%计算；三是采取失业保险金水平与享受待遇期限相挂钩的办法确定，随着享受期限的增加，失业保险金标准适当下降，包括上海、内蒙古、新疆和新疆建设兵团；四是将缴费年限、缴费基数等因素综合起来确定，包括辽宁、江苏、福建、广西、云南（江苏按照失业人员失业前12个月月平均缴费基数的40%~50%确定）。此外，全国大多数地方还建立了失业保险金标准与物价上涨挂钩联动机制，当物价上涨幅度超过一定比例时，适时向失业人员发放价格临时补贴，确保失业人员的基本生活不受影响。

在对符合领取条件的失业人员发放失业保险金的同时，一些省份还出台了对特殊群体的扶助政策，如山西规定，夫妻双方均为失业人员、无法维持生活的，经失业保险经办机构审核同意，在同时失业期间各增发本人一个月的失业保险金；上海规定，对不具备领取失业保险金条件、生活确有特殊困难的三类失业人员，可申请享受1~6个月失业补助金。新疆建设兵团对失业保险缴费年限满15年的特殊群体，适当放宽了申领条件；黑龙江、上海、陕西规定，失业人员在领取失业保险金期满后，不能重新就业，且距法定正常退休年龄不足2年的，可以申请继续领取失业保险金至法定正常退休年龄。

5.4.2 失业保险金领取期限的确定

《条例》规定失业保险金的领取期限根据累计缴费年限确定，缴费时间越长，领金期限越长；《社会保险法》也进行了重新确定，并规定，领金人员重新就业后，再次失业的，缴费时间重新计算，领取失业保险金的期限可以与前次失业应领取而尚未领取的失业保险金的期限合并计算，但是最长不得超过24个月。

表5-2 《条例》规定的失业保险金领取期限

累计缴费时间	领取失业保险金最长期限
满1年不足5年的	12个月
满5年不足10年的	18个月
10年以上的	24个月

各地在确定本地区领取期限时，部分地区如山西、山东、河南、海南、西藏完全参照《条例》规定执行，大多数地区是在《条例》规定的基础上，进行适当细化，如北京、河北、辽宁、江苏、安徽、广西、贵州、陕西、宁夏、新疆和兵团规定累计缴费不足5年的，每满1年可领取3个月失业保险金，累计缴费5年的领金14个月；高于5年的缴费年限（安徽规定缴费年限高于10年），每多1年可多领取1个月失业保险金，最长不超过24个月。

黑龙江、福建、湖北、湖南、甘肃、青海规定累计缴费满1年的，可以领取一定期限（2~4个月）的失业保险金，之后累计缴费时间每增加1年，可多领取2个月的失业保险金，但最长不得超过24个月。

天津规定累计缴费满1年不满3年的，领取失业保险金的期限最长为6个月；满3年不满5年的，领取失业保险金的期限最长为12个月，其他条件按参照《条例》规定。

内蒙古规定领金期限随缴费年限的增加而递增，其中，缴费满1年的，领金期限为2个月；缴费满2年的，领取4个月；满3年的，领取8个月；满4年的，领取12个月；满5年不足10年的，第5年领取14个月的失业保险金，以后每递增1年增加1个月的失业保险金。

以上省份的缴费年限是按照年度计算，有的省份则按照月度计算。如浙江规定，缴费时间满1年的，领取2个月的失业保险金；缴费时间1年以上的，1年以上的部分，每满8个月增发1个月的失业保险金，余数超过4个月不满8个月的，按照8个月计算，但享受待遇期限最长不超过24个月。广东规定，缴费年限为1~4年的，每满1年，领取期限为1个月；4年以上的，超过4年的部分，每满半年领取期限增加1个月。每次失业核定的领取期限最长为24个月。

上海还规定失业保险金标准根据失业人员的累计缴费年限和年龄确定。累计缴费年限低于5年的，失业保险费满1年不满2年的，领取失业保险金的期限为2个月；累计缴纳失业保险费年限每增加1年，期限增加2个月。对累计缴费年限满25年，或累计缴费年限满20年不满25年但年龄达到或超过45岁的失业人员，除按规定领取失业保险金外，还可以同时领取失业补助金。失业保险金和失业补助金合并计算，作为对失业人员第1~12个月的实际支付标准，第 13～24 个月按此标准的 80% 支付，低于本市当年城镇居民最低生活保障线标准的，按最低生活保障线标准支付。

《条例》规定的累计缴费期限和领金期限，以及各地设计领取失业保险金的期限时，主要考虑有以下两点。一是以保障短期失业为主，在累计缴费期限满一年所领取的失业保险金的期限看，缴费不足 5 年的，每缴费满一年可领取 2.4 个月的失业保险金；缴费满 5 年不足 10 年的，每缴费满 1 年可领取 1.2 个月的失业保险金；缴费 10 年以上的，大多数地方规定每缴费满 1 年可领取 1 个月的失业保险金。从各地缴费满 1 年的领取期限看，最低的 1 个月，最长的 4 个月。二是不鼓励长期领金，且通过降低长期缴费期限与领金期限的比例关系，增加长期领取失业保险金的缴费成本，引导长期失业者尽快实现就业。

5.5 防失业政策

主要是将失业保险基金用于转岗或技能提升培训补贴，如天津、河北、内蒙古、浙江、山东、湖北、湖南、海南、四川、陕西、青海等地在参保单位对其内部职工开展转岗培训、技能提升培训时给予相应补贴，将失业保障的平台前移，从源头上稳定就业，预防失业。在金融危机期间，为帮助困难企业渡过难关，稳定就业岗位和职工队伍，各地均向受冲击的参保单位发放了社保补贴、岗位补贴，为稳定就业大局发挥了重要作用，此外，北京、天津、上海、厦门还向自谋职业和灵活就业人员发放社保补贴；北京、上海、江苏、浙江、福建、山东、海南、四川、新疆等地帮助参保单位稳定就业岗位，发放社保补贴和岗位补贴；内蒙古对参保的困难企业的内退人员发放一次性社保补贴；湖南、海南给招用正在享受失业保险待遇人员的参保单位发放岗位补贴；浙江对公益性岗位给予岗位补贴，北京对公益性就业组织进行专项补贴。

5.6 促就业政策

《失业保险条例》第十条第四款在规定失业保险基金支出内容时明确：领取失业保险金期间接受职业培训、职业介绍的补贴，补贴的办法和标准由省、自治区、直辖市人民政府规定。针对《条例》中并无失业保险基金用于预防失业的具体规定，在促进就业方面也仅有职业培训、职业介绍补贴两项内容的实际状况，自 2006 年开始，经国务院同意，北京、上海、江苏、浙江、福建、山东和广东等基金结余较大的东 7 省（市）开展了扩大失业保险基金支出范围试点工作，着力加强失业保险预防失业、促进就业的功能。此外，目前各地正在开展的失业调控和失业动态监测工作也是预防失业、促进就业的重要内容。各地现有的失业保险支出项目中，失业人员的职业培训补贴和职业介绍补贴都是一项重要内容，也是失业保险"促进就业"职能的具体体现。与此同时，一些地方还在"稳定就业、预防失业"等方面进行了开创性的探索，对基金支出内容进行了适当扩充。一是职介补贴、培训补贴。如北京、黑龙江、上海、浙江等地将职业培训和职业介绍补贴的受益人群从正在领取失业保险金的失业人员扩大到城镇登记失业人员、就业困难群体、未就业大学生、有转移意愿的农村劳动力和参保人员，为实现这部分人员尽快就业发挥了积极作用。浙江还增加了职业指导培训、创业培训的内容。二是创业补贴，如吉林、上海、海南、贵州、云南、天津、江苏、内蒙古、湖北对自主创业的失业人员，将其应领未领的失业保险金作为创业补贴一次性发放，一些地方还增加了创业补助的内容。三是求职补贴，如河北给就业困难人员、优抚人员及家属、关闭破产单位待岗人员发放求职补贴，天津给予破产企业职工求职补贴。六是大学生见习补贴，如天津、河北、江苏、浙江给高校毕业生发放见习补贴。四是技能鉴定补贴，如北京、江苏、浙江、山东给城镇登记失业人员、就业困难人员等发放技能鉴定补贴。湖南给享受待遇期间的失业人员发放技能鉴定补贴。五是小额贷款贴息，如上海、江苏、浙江给自主创业的城镇登记失业人员、就业困难群体等发放小额贷款贴息。福建、海南向领取待遇期间的失业人员发放小额贷款贴息。

除此之外，部分地区还制定了失业保险金一次性支付的相关政策，鼓励、支持失业人员自谋职业或自主创业，方便少数特殊群体的实际需要。全国有 20 个省份（北京、天津、河北、山西、内蒙古、吉林、黑龙江、上海、江苏、江西、山东、河南、湖北、广东、海南、贵州、云南、陕西、甘肃、青海、福建）和长沙市均规定失业人员在领取失业保险金期间自谋职业、自主创业可以申请一次性领取剩余月份的失业保险金，一次性领取后不再享受其他失业保险待遇。其中，北京、云南规定考入全日制学校就学和跨省转移的失业人员也可申请失业保险金一次性发放。天津市对一次性领取失业保险金的月份有限制，规定不超过12个月。广东和云南要求提供3个月的自谋职业证明。福建对领取失业保险金期间收监执行，刑满释放后仍失业的人员自谋职业或自主创业给予剩余月份失业保险金的一次性发放。

上海市规定，失业人员在领取失业保险金期间开办私营企业、从事个体经营或自行组织起来就业的，凭营业执照副本或其他有效证明文件、企业章程及能证明其投资入股情况的材料，可以一次性领取剩余期限的失业保险金（加上本次核定后已领取的月份，不超过24个月），作为扶持生产资金。

5.7 本章小结

从政策发展趋势看，各地政策积极主动性逐渐提升，功能逐渐完善。基金支出范围不断扩大，制度理念、制度功能不断演化完善。保障范围不断扩大、基金支出不断增加。

从政策侧重点看，各地差异性较大，有的地区以促就业、防失业为主，有的地区以保障失业人员基本生活为主。从基金支出比重看，多数省份防失业促就业支出比重超过50%。

稳定就业局势和失业保险工作的责任主体是省级政府。各地的失业保险政策在社会保险法、《条例》以及其他法律法规规定的框架下，均根据各地实际情况采取了灵活且具有针对性的政策，保障失业保险事业健康发展的同时，维护了当地就业局势总体稳定。因此，积极的失业保险政策的实施，需要各地因地制宜，赋予各省级人民政府一定自主权以增强制度的灵活性和活力，在失业保险三位一体功能的选择偏重和具体支出项目的设计上，在保持制度框架总体统一的前提下，兼顾地方差异，允许各地根据自身就业工作的需要和失业保险基金收支情况等多方面因素，确定失业保险基金支出项目。

5.8 本章附录

附表 5-1 各地区失业保险基金支出范围规定

地区	文件名	出台时间	具体规定
北京	《北京市失业保险规定》	1999年9月14日发布；2007年6月14日修改	第十条 失业保险基金用于下列开支： （一）失业保险金； （二）领取失业保险金期间的医疗补助金； （三）领取失业保险金期间死亡的失业人员的丧葬补助金和其供养的配偶、直系亲属的抚恤金； （四）职业培训补贴、职业介绍补贴，社会保险补贴、岗位补贴等国家规定的支出项目； （五）按照国家有关规定，经市人民政府批准并报国务院备案的与失业保险有关的其他支出项目。 注：原医疗补助金含生育补助，2012年4月1日起从医保报销。 扩大范围支出项目：职业介绍补贴、职业培训补贴、用人单位社会保险补贴、岗位补贴、自谋职业（自主创业）人员社会保险补贴、职业技能鉴定补贴、高失业率地区专项补贴、营业税定额补助、社区公益性就业组织经费补助和预防失业补贴等12项促进就业支出项目。 受益对象扩大：一是享受促进就业政策人员范围扩大，由领取失业保险金的失业人员扩大到城镇所有登记失业人员；二是就业困难人员、用人单位招用失业人员范围由原"4050"、中重度残疾、低保登记失业一年以上人员"4050"三类人员扩大到随军家属、零就业家庭成员、初次来京的高校能人才公共实训经费补助及失业人员愿望的农村劳动力。 三是促进就业政策向农村延伸，将享受促进就业政策的失业范围由城镇就业范围扩大到有转移就业愿望的农村劳动力。
天津	《天津市失业保险条例》	2001年5月23日发布；2014年11月28日修改	第十二条 失业保险金按规定用于下列支出： （一）失业保险金； （二）在领取失业保险期间应当缴纳的基本医疗保险费和生育保险费； （三）在领取失业保险金期间死亡的失业人员的丧葬补助金及其供养的配偶、直系亲属的抚恤金；

续表

地区	文件名	出台时间	具体规定
			（四）在领取失业保险金期间接受职业培训、职业介绍的补贴； （五）对工作时间、岗位、收入不固定的灵活就业人员的社会保险补贴； （六）对失业人员进行公共培训实施的设施设备费用补贴； （七）参保单位和职工的社会保险、培训和岗位补贴等预防失业的补贴； （八）国家规定与失业保险有关的其他费用。 扩大基金支出范围项目： 1. 失业人员自谋职业扶持政策。对正在领取失业保险金期间实现自谋职业的人员，一次性发放剩余失业保险金和最高3000元的自谋职业补助金。2008年，印发《关于进一步鼓励失业人员自谋职业扩大到全部城镇登记失业人员有关问题的通知》（津劳社局发[2008]138号），将自谋职业扶持政策扩大到全部城镇登记失业人员，并增加了培训补贴和社会保险补贴。 2. 灵活就业人员社会保险补贴政策。对从事灵活就业的零就业家庭人员、女40岁以上，男50岁以上的国有、集体企业下岗职工、参加过失业保险的其他城镇登记失业人员，给予养老、失业、医疗等三项社会保险补贴。 3. 参保单位培训补贴政策。对开展技能培训取得职业资格证书的，按需求程度分别给予培训成本90%、70%、50%的技能培训补贴；对参保单位实施继续教育培训，给予不超过上年单位缴纳失业保险费部分四分之一的培训费用与该规定提取的教育经费差额；对参保单位通过转岗培训安置富余职工的，给予实际支出的继续教育培训补贴和主辅分离改制企业富余人员转岗培训补贴。 4. 参保单位社会保险单位缴费部分、失业保险求职补贴政策。对用人单位与大龄劳动者依法签订无固定期限劳动合同的，给予一年期限的社会保险补贴。 5. 破产企业医疗、养老、失业保险补贴政策。对职工在宣告破产到破产终结期间积极寻找工作的，按失业保险金的标准给予最多3个月的求职补贴。 6. 高校毕业见习补贴政策。通过使用失业保险基金，对有条件的参保单位为大中专毕业生提供见习实训场地、搭建就业见习平台的，按照最低工资的60%给予见习者生活费补贴，并按相关规定为其缴纳城镇居民医疗保险。

093

续表

地区	文件名	出台时间	具体规定
河北	《河北省失业保险实施办法》	2001年3月发布 2005年3月修改	支出范围归纳为： （一）失业保险金； （二）领取失业保险金期间的医疗补助金； （三）农民合同制工人一次性生活补助金； （四）失业人员、就业服务机构进行职业培训、职业介绍的补贴等费用。 （五）招用失业人员并签订一年以上劳动合同用人单位，可向失业保险经办机构申请职业培训补贴。 注：有生育保险，取暖补贴。 扩大基金支出范围项目： 对就业困难人员实施援助。 （一）培训补贴。对改制的国有大中型企业和裁员人数低于当地政府规定的大型企业、组织职工开展技能培训的，参照当地就业培训补助标准，从失业保险基金中给予职业培训补贴。 （二）求职补贴。对领取失业保险期满6个月后未就业的困难的求职标准的求职补贴，帮助其开展求职活动。为破产企业"4050"人员等。一次性发给不超过6个月当地失业保险金标准的求职补贴，帮助其开展求职活动。为破产企业的内部待岗人员发放最长3个月，以失业保险金为标准的待岗补贴，支持其参加再就业准备活动。 （三）失业补助。对困难家庭未就业的应届高校毕业生从第二年起，发放不超过6个月的失业补助金，标准为当地失业保险金最低标准的90%。 （四）提供部分见习补贴。高校毕业生见习期间，原则上按当地最低工资标准给予基本生活补贴，所需资金除按现行政策支付外，其余部分从当地失业保险基金中列支。 （五）纳入失业保险范围的农民工实行与城镇职工相同的失业保险政策。按照省政府〔2005〕2号要求，设区市地区政府可以根据实际支付能力，对纳入失业保险范围的农民合同制工人逐步实行与城镇职工相同的失业保险政策。
山西	省府办《关于失业保险几个具体问题的通知》	2004年9月13日	待遇项目归纳：（一）失业保险金（双方都失业期间，各增发一个月失业保险金）；（二）领取失业保险金期间的医疗补助金；（三）农民合同制工人一次性生活补助；（四）生育补贴；（五）领取失业保险金期间死亡的失业人员的丧葬补助金和其供养亲属的抚恤金，直系亲属的抚恤金；（六）失业人员在领取失业保险金期间接受职业培训、职业介绍的补贴。

5 各地失业保险政策的积极探索

续表

地区	文件名	出台时间	具体规定
内蒙古	《内蒙古自治区失业保险实施办法》	2000年1月6日	待遇项目归纳： （一）失业保险金； （二）领取失业保险金期间的医疗补助金； （三）领取失业保险金期间死亡的失业人员的丧葬补助金和其供养的配偶、直系亲属的抚恤金； （四）领取失业保险金期间接受职业培训、职业介绍补贴，补贴的办法和标准由省、自治区、直辖市人民政府规定； （五）农民合同制工人一次性生活补助金； （六）取暖补贴。
辽宁	《辽宁省失业保险条例》	2000年6月8日	第十一条 失业保险基金用于下列支出： （一）失业保险金； （二）领取失业保险金期间的医疗补助金； （三）领取失业保险金期间死亡的失业人员的丧葬补助金和其供养的配偶、直系亲属的抚恤金； （四）领取失业保险金期间接受职业培训、职业介绍的补贴； （五）国务院规定和社会劳动和社会保障行政部门、省政府报国务院批准的与失业保险有关的其他费用。 注：有取暖补贴、生育补贴。
吉林	《吉林省失业保险办法》	2003年1月17日	第十三条 失业保险基金除用于《失业保险条例》规定的支出项目外，还可以用于领取失业保险金期间的生育补助金和劳动合同期满未续订或提前解除劳动合同的农民合同工的一次性生活补助。
黑龙江	《黑龙江省失业保险条例》	1999年10月1日 2006年6月9日修正	第十九条 失业保险基金用于下列项目支出： （一）失业保险金； （二）领取失业保险金期间的医疗补助金； （三）领取失业保险金期间死亡的妇女生育补助金； （四）领取失业保险金期间死亡的失业人员的丧葬补助金和其供养的配偶、直系亲属的抚恤金； （五）农民合同制工人解除劳动合同的领取失业保险金期间一次性生活补助； （六）国务院、省人民政府规定的领取失业保险金期间接受职业培训、职业介绍的补贴等其他费用。 扩大支出：创业培训； 对象：就业转失业人员、农民工、失业登记的大学毕业生、有创业意愿和需求的失业人员。

095

续表

地区	文件名	出台时间	具体规定
上海	《上海市失业保险办法》	1999年4月1日	第二十五条 （基金支出）失业保险基金用于下列支出： （一）失业保险金； （二）领取失业保险金期间的医疗补助金、生育补助金； （三）领取失业保险金期间死亡的失业补助人员的丧葬补助金和其供养的配偶、直系亲属的抚恤金。 （四）失业补助金； （五）就业服务机构开展职业培训、职业介绍和职业指导可继续领取。 注：离退休2年内领金人员主要支出项目：职业培训补贴、职业介绍补贴、社会保险补贴、岗位补贴和小额担保贷款贴息支出，还包括向国务院备案的公共实训基地建设和维护、开业指导服务相关费用。扩大支出范围主要用于：职业培训补贴、职业介绍补贴、社会保险补贴、岗位补贴和小额担保贷款贴息支出；扩大对象，扩大到本市失业人员、协保人员、农村富余劳动力等以及外来农民工。受益对象，扩大到本市失业人员、协保人员、农村富余劳动力等以及外来农民工。升技能的在职职工、毕业学年大中专学生以及外来农民工等。需要转岗培训提
江苏	《江苏省失业保险规定》	2011年7月1日	第十四条 失业保险基金用于下列支出： （一）失业保险金； （二）领取失业保险金期间缴纳的基本医疗保险费； （三）领取失业保险金期间死亡的失业人员的丧葬补助金和其供养的配偶、直系亲属的抚恤金； （四）领取失业保险金期间接受职业培训、职业介绍补贴，职业介绍补助金； （五）按照国家有关规定，经省人民政府批准规定的职业培训补贴、创业投资引导基金、生活补助、区，失业保险基金可用于国家和省有关文件规定扩大失业保险基金支出范围试点的统筹地岗位补贴、小额担保贷款贴息、职业技能鉴定补贴、社会保险补贴、职业介绍补贴、创业公共就业服务基层平台信息网络建设、公共实训基地能力建设支出。
浙江	《浙江省失业保险条例》	2003年9月4日	第九条 失业保险基金用于下列支出： （一）失业保险金； （二）领取失业保险金期间的医疗补助金； （三）领取失业保险金期间死亡的失业人员的丧葬补助金和由其供养的配偶、直系亲属的抚恤金； （四）职业培训、职业介绍等促进再就业费用。 （五）国家规定可以开支的其他费用。

续表

地区	文件名	出台时间	具体规定
安徽	《安徽省失业保险规定》	2000年9月22日	用于前款第（四）项促进再就业补贴的经费不超过当年筹集的失业保险基金总额的百分之二十，具体使用办法由省人民政府规定。 注：医疗基金补助项目含生育补助。 扩大基金支出项目：职业介绍补贴；档案代管补贴；职业指导培训补贴；职业培训补贴；在岗转岗培训补贴；职业技能鉴定补贴；社会保险稳定就业保险岗位补贴（含用人单位岗位补贴）；岗位培训补贴；创业补贴（分政府购买公益性岗位补贴、用人单位稳定就业岗位补贴，用人单位见习补贴；创业培训补贴；小额担保贷款贴息；人力资源市场信息网络建设补贴；经省人民政府批准的与促进就业、预防失业有关的其他支出。 将失业保险基金促进就业经费使用比例提高到上年末失业保险基金累计结余的30%以内。明确了优先从失业保险基金中列支，不足部分由财政失业专项资金承担。 受益对象：所有符合条件的城乡登记失业人员，参加失业保险的用人单位及其在职职工。
			第十条　失业保险基金用于以下支出： （一）失业保险金； （二）领取失业保险金期间的医疗补助金； （三）农民合同制工人被终止或解除劳动合同的生活补助金； （四）领取失业保险金期间死亡的失业人员的丧葬补助金和其供养的配偶、直系亲属的抚恤金； （五）领取失业保险金期间接受职业培训、职业介绍的补助； （六）国务院规定或批准的与失业保险有关的其他支出。 注：现有老年失业人员救济，生育救济
福建	《福建省失业保险条例》	2006年9月1日	第十四条　失业保险基金用于下列支出： （一）失业保险金和生活补助费； （二）领取失业保险金期间的医疗补助金、生育补助金； （三）领取失业保险金期间死亡的失业人员的丧葬补助金和其供养的配偶、直系亲属的抚恤金； （四）领取失业保险金期间接受职业培训、职业介绍的补助； （五）国务院规定或者批准的与失业保险有关的其他费用。 扩大支出项目：将支出项目拓展到职业介绍补贴、职业培训补贴、社保补贴、岗位补贴、小额担保贷款贴息等，并增加创业资金支出项目，鼓励和支持失业人员自主创业和自谋职业。

续表

地区	文件名	出台时间	具体规定
江西	江西省实施《失业保险条例》办法	2000年4月28日	第十一条 失业保险基金用于下列支出： （一）失业保险金； （二）农民合同制工人失业后的一次性生活补助金； （三）领取失业保险期间的医疗补助金； （四）领取失业保险期间死亡的失业人员的丧葬补助金和其供养的配偶、直系亲属的抚恤金； （五）失业人员接受职业培训、职业介绍的补贴； （六）国务院规定或者批准的与失业保险有关的其他费用。
山东	《山东省失业保险规定》	2003年10月1日	失业人员在领取失业保险金期间，按照规定同时享受其他失业保险待遇，主要有：领取失业保险金期间的医疗补助金；领取失业保险金期间死亡的丧葬补助金和其供养的配偶、直系亲属的一次性抚恤金；领取失业保险金期间接受职业培训、职业介绍的一次性补贴；女性失业人员符合国家和省计划生育规定的生育补助金；国务院、省政府规定的与失业保险有关的其他费用。 扩大基金支出项目： 1. 增加了用于促进失业人员再就业的职业技能鉴定补贴支出； 2. 增加了用于预防失业方面的失业动态监测补贴支出； 3. 增加了用于提升就业服务质量方面的人力资源市场和公共就业服务平台信息网络建设支出。
河南	《河南省失业保险条例》	2002年1月1日	第十六条 失业保险基金用于下列支出： （一）失业保险金； （二）领取失业保险金期间的医疗补助金； （三）领取失业保险金期间死亡的失业人员的丧葬补助金和其供养的配偶、直系亲属的抚恤金； （四）领取失业保险金期间接受职业培训、职业介绍的补贴； （五）国务院规定或者批准的与失业保险有关的其他费用。 注：郑州有生育补助、老年失业人员补贴，创业培训补贴，创业岗位开发补贴。

5 各地失业保险政策的积极探索

续表

地区	文件名	出台时间	具体规定
湖北	《湖北省失业保险实施办法》	2002年10月1日	失业保险金用于下列支出： （一）发放失业保险金； （二）领取失业保险金期间的医疗补助金； （三）领取失业保险金期间死亡的失业人员的丧葬补助金及其供养的配偶、直系亲属的抚恤金； （四）领取失业保险金期间接受职业培训、职业介绍的补贴； （五）下岗职工基本生活保障经费中由社会保障经费按规定比例负担的部分； （六）法律、行政法规规定的其他支出项目。 转岗培训补贴：对连续两年无人员失业（非因用人单位原因产生的失业人员除外）的用人单位开展职工转岗培训培训安置可给予补贴。
湖南	《湖南省实施〈失业保险条例〉办法》	2001年5月1日	待遇项目归纳： （一）失业保险金； （二）领取失业保险金期间的医疗补助金； （三）领取失业保险金期间死亡的失业人员的丧葬补助金和其供养的配偶、直系亲属的抚恤金； （四）领取失业保险金期间接受职业培训、职业介绍的补贴，补贴的办法和标准由省、自治区、直辖市人民政府规定； （五）农民合同制工人一次性生活补助金。
广东	《广东省失业保险条例》	2013年11月21日	第十二条 失业保险基金用于下列支出： （一）失业保险金； （二）失业人员领取失业保险金期间的职工基本医疗保险费； （三）失业人员在领取失业保险金期间死亡的，其遗属领取的丧葬补助金和抚恤金； （四）失业人员领取失业保险金期间接受职业培训、职业介绍的补贴； （五）省人民政府按照国家有关规定批准的求职补贴职业技能鉴定补贴等预防失业、促进就业支出； （六）国务院规定或者批准的与失业保险有关的其他费用。

099

续表

地区	文件名	出台时间	具体规定
广西	《广西壮族自治区失业保险办法》	2004年3月1日	待遇项目归纳： （一）失业保险金； （二）领取失业保险金期间的医疗补助； （三）领取失业保险金期间死亡的失业人员的丧葬补助金和其供养的配偶、直系亲属的抚恤金； （四）职业培训、职业介绍的补贴； （五）农民合同制工人一次性生活补助。
海南	《海南省城镇从业人员失业保险条例》	1993年12月30日出台 2000年12月1日第一次修正 2011年9月28日第二次修正 2012年5月29日第三次修正	第十六条 失业保险基金的开支范围： （一）失业保险金； （二）领取失业保险金期间的应缴纳的基本医疗保险费； （三）领取失业保险金期间死亡的一次性丧葬补助金和其供养的配偶、直系亲属的抚恤金； （四）领取失业保险金期间接受职业培训、职业技能鉴定、职业介绍补贴费用及自主创业小额担保贷款贴息支出； （五）失业人员在领取失业保险金期间被用人单位吸纳再就业，职业介绍或者社会保险补贴或者社会保险补贴费用； （六）稳定就业岗位的在岗培训规定的与促进就业有关的补贴费用； （七）国家规定或者省人民政府规定的与失业保险有关的其他支出。 失业人员在领取失业保险丧葬补助金条件的，其遗属只能选择领取下列一项。助金和失业保险丧葬补助金、工伤保险丧葬补助金中的一项。
重庆	《重庆市失业保险条例》	2004年4月1日	第十四条 失业保险基金用于失业人员下列支出： （一）失业保险金； （二）领取失业保险金期间的门诊、住院医疗补助金； （三）领取失业保险金期间死亡人员的丧葬补助金及其供养的配偶、直系亲属的抚恤金； （四）农民合同工终止或解除劳动关系后的一次性生活补助； （五）领取失业保险金期间接受职业培训、职业介绍的补贴； （六）国务院规定或者批准的与失业保险有关的其他费用。 注：有生育补助。

续表

地区	文件名	出台时间	具体规定
四川	《四川省失业保险条例》	2001年10月1日	第十四条 失业保险基金用于下列支出： （一）失业保险金； （二）失业人员享受失业保险待遇期间的医疗补助金、妇女生育补助金； （三）失业人员享受失业保险待遇期间死亡的一次性丧葬补助金和其供养的配偶、直系亲属的一次性抚恤金； （四）失业人员享受失业保险待遇期间接受职业培训、职业介绍的补贴； （五）农民合同制工人合同期满未续订或者提前解除劳动合同的一次性生活补助金； （六）银行代收失业保险费和代发失业保险金手续费及申请人民法院强制执行所需的费用； （七）国务院规定或批准的与失业保险有关的其他费用。
贵州	《贵州省失业保险办法》	2000年7月1日	第十条 失业保险基金用于下列支出： （一）失业保险金； （二）领取失业保险金期间的医疗补助金； （三）领取失业保险金期间死亡的失业人员的丧葬补助金和其供养的配偶、直系亲属的抚恤金； （四）领取失业保险金期间的失业人员参加职业培训、职业介绍等补贴； （五）被终止、解除劳动合同的农民合同制工人的一次性生活补助费； （六）国务院规定或者批准的与失业保险有关的其他费用。
云南	《云南省失业保险条例》	2006年3月31日	第十二条 失业保险基金用于下列支出： （一）失业保险金； （二）领取失业保险金期间的医疗补助金； （三）领取失业保险金期间死亡的失业人员的丧葬补助金和其供养的配偶、直系亲属的抚恤金； （四）领取失业保险金期间的失业人员职业培训、职业介绍补贴； （五）领取失业保险金期间的失业人员自谋职业的创业补助； （六）为实施失业调控规定的就业补助； （七）国务院规定或者批准的与失业保险有关的其他支出。 注：有生育补贴。

续表

地区	文件名	出台时间	具体规定
西藏	《西藏自治区失业保险条例实施办法》	2002年12月1日	第十三条 失业保险基金用于下列支出： （一）失业保险金； （二）领取失业保险金期间的医疗补助金； （三）领取失业保险金期间死亡的失业人员的丧葬补助金和其供养的配偶、直系亲属的抚恤金； （四）领取失业保险金期间接受职业培训、职业介绍的补贴； （五）自治区规定或者批准的与失业保险有关的其他费用。 第二十七条 失业人员在享受失业保险金期间的基本医疗保险费，由失业保险经办机构按照当地上年度职工月平均工资的60%作为缴费基数，从失业保险基金中直接划入基本医疗保险基金专户，并享受基本医疗保险待遇。 第三十条 失业保险基金中失业保险基金总额的12%、6%以内调整使用。职业培训、职业介绍补贴主要用于： （一）免费为领取失业保险金的失业人员提供职业技能培训、职业介绍、职业咨询、职业指导等服务； （二）具有本地城镇户口的其他失业人员提供职业技能培训、职业介绍、职业咨询、职业指导等服务。 就业扶持等差额补贴服务。 注：有生育补助。
陕西	《陕西省失业保险条例实施办法》	2009年5月8日	待遇项目归纳： （一）失业保险金； （二）领取失业保险金期间的医疗补助金； （三）领取失业保险金期间死亡的失业人员的丧葬补助金和其供养的配偶、直系亲属的抚恤金； （四）领取失业保险金期间接受的职业培训、职业介绍补贴； （五）领取失业保险金期间生育补助费（3个月失业保险金标准）； （六）农民工一次性生活补贴。

续表

地区	文件名	出台时间	具体规定
甘肃	《甘肃省实施失业保险条例办法》	2007年4月8日	待遇项目归纳： （一）失业保险金； （二）领取失业保险金期间的医疗补助金； （三）领取失业保险金期间死亡的失业人员的丧葬补助金和其供养的配偶、直系亲属的抚恤金； （四）领取失业保险金期间的失业人员的职业培训、职业介绍补贴； （五）农民工一次性生活补助。 注：有生育补助。
青海	《青海省实施失业保险条例办法》	2001年6月22日	第十三条 失业保险的开支范围 （一）失业保险金； （二）领取失业保险金期间的医疗补助金； （三）领取失业保险金期间死亡的失业人员的丧葬补助金和其供养的配偶、直系亲属的抚恤金； （四）领取失业保险金期间的失业人员的职业培训、职业介绍； （五）在当年实际收缴失业保险基金总额中提取5%，用于失业人员再就业的其他费用。 （六）国务院规定或经省人民政府批准的与失业保险有关的其他费用。
宁夏	《宁夏回族自治区失业保险办法》	2002年1月1日	待遇项目归纳： （一）失业保险金； （二）领取失业保险金期间的医疗补助金； （三）领取失业保险金期间死亡的失业人员的丧葬补助金和其供养的配偶、直系亲属的抚恤金； （四）领取失业保险金期间的失业人员的职业培训、职业介绍补贴； （五）农民工一次性生活补助。
新疆	关于贯彻《失业保险条例》的通知	1999年3月23日	待遇项目归纳： （一）失业保险金； （二）农民合同制工人一次性生活补助； （三）领取失业保险金期间的医疗补助金； （四）领取失业保险金期间接受职业培训、职业介绍的补贴。

续表

地区	文件名	出台时间	具体规定
新疆兵团	《新疆兵团实施失业保险条例办法》	1999年1月1日	待遇项目归纳： （一）失业保险金； （二）农民合同制工人一次性生活补助金； （三）领取失业保险金期间的医疗补助金； （四）一次性丧葬补助金和生活救济金； （五）领取失业保险金期间接受职业培训、职业介绍的补贴。

附表5-2 各地区失业保险金标准的规定

地区	类型	水平	法规依据	具体规定
北京	最低工资标准	60%~70%	《北京市失业保险规定》（1999）	第十九条 失业保险金标准的确定及调整，按照低于本市最低工资标准、高于城市居民最低生活保障标准的原则，根据失业人员失业前缴纳失业保险费的年限，经济发展状况及居民生活水平等因素，由市劳动保障行政部门会同财政部门提出，结合本市经济发展状况及居民生活水平等因素，由市人民政府批准并公布执行。
天津	其他		《天津市失业保险条例》（2001）	第十八条 失业保险金的标准，由市人民政府按照高于城市居民最低生活保障标准和低于本市最低工资标准的水平确定。
河北	最低工资标准		《河北省失业保险实施办法》（2001）	第七条 失业保险金和一次性生活补助金的标准，由省劳动保障行政部门会同财政部门按照低于当地最低工资标准、高于城市居民最低生活保障标准的水平拟定，报省人民政府批准后执行。
山西	其他		《山西省人民政府办公厅关于调整我省失业保险金标准的通知》（晋政办发〔2016〕151号）	根据《失业保险条例》（国务院令第258号）有关规定及我省最低工资标准，经省人民政府同意，决定从2016年10月1日起，将全省失业保险金现行四类标准依次调整为一类1130元，二类1060元，三类990元，四类930元。失业保险基金实行市级统筹设区市，其行政区域内失业保险金标准可统一按照人民政府所在地标准调剂使用的设区市，其行政区域内失业保险金标准可统一按照人民政府所在地标准执行。

5 各地失业保险政策的积极探索

续表

地区	类型	水平	法规依据	
内蒙古	最低工资标准	70%~80%	《内蒙古自治区失业保险实施办法》(2000)	第五条 失业保险金第1至12个月按照统筹地区最低工资标准的80%发放,第13至24个月按照统筹地区最低工资标准的70%发放。累计缴费满10年且男50周岁、女满45周岁的,失业保险金在前款标准基础上增发20%。夫妻双方同时失业的,失业保险金在前款标准基础上每人增发8%。
辽宁	最低工资标准	70%~80%	《辽宁省失业保险条例》(2000)	第十八条 失业保险金的标准,按照当地最低工资标准,累计缴费满1年不足10年的,按照当地最低工资标准70%发放;满10年及其以上的,按照当地最低工资标准80%发放。失业保险金必须高于当地城镇居民最低生活保障标准。
吉林	城市最低生活标准	120%	《吉林省失业保险办法》(2003)	第十八条 各统筹地区失业保险金的标准,按统筹地区城市居民最低生活保障标准的120%确定,报统筹地区人民政府批准后执行,并报省劳动保障行政部门备案。
黑龙江	其他		《黑龙江省失业保险条例》(1999)	第二十六条 失业保险金标准由失业保险统筹地区按照当地最低工资标准的原则,根据当地最低工资标准、高于当地城市居民最低生活保障标准20%的原则,根据当地城市居民同期城市居民人均收入、人均消费水平等情况,提出方案,报劳动保障行政部门审核后,经省人民政府批准实施。
上海	其他		《上海市失业保险办法》(1999)	第十三条 (失业保险金的计算) 失业保险金标准,根据其缴纳失业保险费的年限确定,为其第1个月至第12个月当地最低工资标准的80%。失业保险金第13个月至第24个月领取的失业保险金标准应当低于本市当年城镇居民最低生活保障标准。
江苏	缴费工资	40%~50%	《江苏省失业保险规定》(2011)	第二十三条 失业保险金标准,缴费不满10年的,按照失业人员失业前12个月月平均缴费基数的40%确定;缴费满10年不满20年的,按照失业人员失业前12个月月平均缴费基数的45%确定;缴费20年以上的,按照失业人员失业前12个月月平均缴费基数的50%确定。失业保险金最高不得超过当地最低工资标准,最低不得低于当地城市居民最低生活保障标准的1.3倍。统筹地区消费物价指数持续上升时,应当按照国家和省有关规定发放动态物价补贴,保障失业人员的基本生活。

续表

地区	类型	水平	法规依据	
浙江	最低工资标准	70%~80%	《浙江省失业保险条例》(2003)	第二十二条 失业人员每月领取失业保险金标准的企业最低工资的百分之七十至百分之八十确定。
安徽	最低工资标准	80%	《安徽省失业保险规定》(2000)	第二十一条 失业保险金的标准,按照统筹地区最低工资标准的60%,但应高于当地城市居民最低生活保障标准。
福建	最低工资标准	70%~80%	《福建省失业保险条例》(2006)	第二十条 失业保险金自失业人员自劳动合同关系之日起计发,月发放标准如下: (一) 累计缴费时间满一年不满十年的,按当地法定最低工资标准的百分之七十标准发放; (二) 累计缴费时间满十年不满二十年的,按当地法定最低工资标准的百分之七十五标准发放; (三) 累计缴费时间满二十年以上的,按当地城市居民最低生活保障标准发放。 失业保险金的标准应当高于当地城市居民最低生活保障标准。
江西	最低工资标准	75%	《江西省实施〈失业保险条例〉办法》(2000)	第二十条 失业保险金的发放标准,按照当地最低工资标准的75%计发。
山东	其他		《山东省失业保险规定》(2003)	第十八条 失业保险金,按失业人员原单位所在地城市保障标准,低于当地最低工资标准的原则,由省劳动保障行政部门审核后,可以根据经济发展状况,报省人民政府批准执行。失业保险金规定的原则和程序适时进行调整。
河南	最低工资标准	80%	《河南省失业保险条例》(2001)	第二十三条 失业保险金按照当地最低工资标准的百分之八十确定,并自失业人员办理失业登记的次月起按月发放。
湖北	最低工资标准	70%	《湖北省失业保险实施办法》(2002)	第二十五条 失业保险金的发放标准按照低于当地最低工资标准,高于城市居民最低生活保障标准的水平确定。
湖南	最低工资标准	80%	《湖南省实施〈失业保险条例〉办法》(2001)	第十条 失业人员每个月领取失业保险金的标准,为当地最低工资标准的80%。

5 各地失业保险政策的积极探索

续表

地区	类型	水平	法规依据	
广东	最低工资标准	80%	《广东省失业保险条例》(2013)	第十九条 失业保险金由社会保险经办机构按照失业保险国家规定，可以给付在地级以上市最低生活费用价格指数变动情况，适当调整失业保险金标准。失业保险金不得低于当地城市居民最低生活保障标准。
广西	最低工资标准	70%~100%	《广西壮族自治区失业保险办法》(2004)	第二十条 失业保险金的具体发放标准为：(一)累计缴费时间不超过15年的，按当地最低工资标准70%的基础上，每超过1年，以当地最低工资标准为基数增加一个百分点发放，但最高发放标准应当低于当地最低工资标准；(二)累计缴费时间15年以上的，在按当地最低工资标准70%发放。失业保险金应当根据社会保障行政部门根据最低工资标准变动情况及时确定各区辖市、县(市)自治区劳动和社会保障行政部门根据最低工资标准变动情况及时确定各区辖市、县(市)自治区劳动和社会保障行政部门发放标准。
海南	缴费工资	60%	《海南省城镇从业人员失业保险条例》(1993)	第二十条 失业保险金的计发标准为失业前12个月的本人缴纳失业保险费平均工资的60%。按前款规定计算的失业保险金，高于或等于本省、市规定的职工最低工资标准的，按照一类地区最低工资标准的98%发放；低于或等于海口市或城市居民最低生活保障标准的150%，按照海口市城市居民最低生活保障标准的150%发放。
重庆	其他		《重庆市失业保险条例》(2004)	第二十二条 失业保险金的标准，按照低于最低工资标准、高于城市居民最低生活保障的原则，由市劳动保障行政部门制订并报经市人民政府批准后公布。
四川	最低工资标准	70%	《四川省失业保险办法》(2001)	第二十四条 失业保险金的发放标准：省人民政府可根据实际情况，一般按照失业人员失业前12个月本人缴费工资标准的70%执行；失业人员领取失业保险金后，符合城市居民最低生活保障条件的，还可享受城市居民最低生活保障待遇。
贵州	最低工资标准	70%	《贵州省失业保险条例》(2000)	第二十六条 失业保险金发放标准，按失业人员失业前单位所在县(市、区、特)人民政府按照高于当地城市居民最低生活保障标准、低于当地最低工资标准的70%执行。
云南	其他		《云南省失业保险条例》(2006)	第十九条 失业保险金发放标准，由省人民政府按照高于当地城市居民最低生活保障标准、低于当地最低工资标准以及失业人员的缴费时间，缴费数额确定。

续表

地区	类型	水平	法规依据
西藏	城市最低生活保障标准	155%~165%	《西藏自治区失业保险条例实施办法》（2002） 第二十四条 失业保险金领取标准，按照当地城市居民最低生活保障标准的155%~165%发放，并在此基础上，工作每满1年每月加发2元。失业人员失业期间家庭人均生活水平未能达到城市居民最低保障标准的，应当向当地民政部门申请补助。
陕西	最低工资标准	75%	《陕西省失业保险条例实施办法》（2003） 第二十条 失业保险金按省人民政府公布的本人所在地当年最低工资标准的75%计发。
甘肃	最低工资标准	60%~80%	《甘肃省实施失业保险条例办法》（2000） 第十二条 失业保险金按全省最低工资的60%~80%计发，具体标准由省劳动保障行政部门定期公布。
青海	其他		《青海省实施失业保险条例办法》（2001） 第十八条 失业保险金标准由省人民政府确定，省劳动和社会保障厅定期公布。
宁夏	最低工资标准	65%	《宁夏回族自治区失业保险办法》（2001） 第十七条 失业保险金按照自治区人民政府规定的当地最低工资标准的百分之六十五发放。
新疆	最低工资标准	55%~60%	《新疆维吾尔自治区人民政府关于贯彻〈失业保险条例〉的通知》（1999） 第十五条 失业人员失业保险金的标准，按下列办法确定：失业保险金期限第1至第12个月的，每人每月按当地最低工资标准的60%领取；失业保险金期限第13至第24个月的，每人每月按当地最低工资标准的55%领取。每人每月计发的失业保险金低于当地城市居民最低生活保障标准的，按当地最低生活保障标准领取。
新疆兵团	最低工资标准	55%~60%	《新疆兵团实施失业保险条例办法》（1999） 第十六条 失业人员领取失业保险金的标准，按自治区核定的标准执行；领取失业保险金期限1至12个月的，每人每月按当地最低工资标准的60%领取；领取失业保险金期限自第13个月起，每人每月按当地最低工资标准的55%领取。每人每月计发的失业保险金低于当地城市居民最低生活保障标准的，按当地最低生活保障标准领取。

资料来源：根据各地失业保险规章整理。

附表5-3 各地区失业保险金领取期限规定

地区	具体规定
北京	（一）累计缴费时间1年以上不满2年的，可以领取3个月失业保险金； （二）累计缴费时间2年以上不满3年的，可以领取6个月失业保险金； （三）累计缴费时间3年以上不满4年的，可以领取9个月失业保险金； （四）累计缴费时间4年以上不满5年的，可以领取12个月失业保险金； （五）累计缴费时间5年以上的，按每满一年增发一个月失业保险金的办法计算，确定增发的月数。领取失业保险金的期限最长不得超过24个月。
天津	失业人员领取失业保险金的期限，根据其失业前用人单位和本人累计缴纳失业保险费的时间计算： （一）失业前累计缴费满一年不满三年的，领取失业保险金的期限最长为六个月； （二）失业前累计缴费满三年不满五年的，领取失业保险金的期限最长为十二个月； （三）失业前累计缴费满五年不满十年的，领取失业保险金的期限最长为十八个月； （四）失业前累计缴费十年以上的，领取失业保险金的期限最长为二十四个月。
河北	失业人员领取失业保险金的期限，根据失业人员失业前所在单位和本人累计缴费时间确定： （一）累计缴费时间一年以上不满两年的，领取三个月的失业保险金； （二）累计缴费时间两年以上不满三年的，领取六个月的失业保险金； （三）累计缴费时间三年以上不满四年的，领取九个月的失业保险金； （四）累计缴费时间四年以上不满五年的，领取十二个月的失业保险金； （五）累计缴费时间五年以上的，按每满一年增领一个月的失业保险金，但领取失业保险金的期限最长不得超过二十四个月。
山西	核定失业人员领取失业保险金期限，以失业人员累计缴纳失业保险费时间确定： （1）累计缴费时间一年不满两年的，领取失业保险金的期限为三个月； （2）累计缴费时间两年不满三年的，领取失业保险金的期限为六个月； （3）累计缴费时间三年不满四年的，领取失业保险金的期限为九个月； （4）累计缴费时间四上不满五年的，领取失业保险金的期限为十二个月； （5）累计缴费时间五年不满六年的，领取失业保险金的期限为十四个月； （6）累计缴费时间满六年的，领取失业保险金的期限为十五个月；以后每满一年领取失业保险金增加一个月，最长不得超过二十四个月。
内蒙古	失业人员失业前，所在单位和本人按照规定履行缴费义务满1年的，领取2个月的失业保险金；满2年的，领取4个月的失业保险金；满3年的，领取8个月的失业保险金；满4年的，领取12个月的失业保险金；满5年不足10年的，第5年领取14个月的失业保险金，以后每递增1年增加1个月的失业保险金；满10年以上的，领取24个月的失业保险金。
辽宁	失业人员失业前所在单位和本人按照规定累计缴费时间满1年不足5年的，领取失业保险金的期限最长为12个月，其中累计缴费时间满1年的，可领取3个月的失业保险金。累计缴费时间每增加1年，增加3个月的失业保险金；累计缴费时间满5年不足10年的，从第5年开始，累计缴费时间每增加1年，增加1个月失业保险金，领取失业保险金的期限最长为18个月；累计缴费时间满10年及其以上的，领取失业保险金的期限最长为24个月。

续表

地区	具体规定
吉林	累计缴费年限满1年不足2年的，领取3个月失业保险金； 累计缴费年限满2年不足3年的，领取6个月失业保险金； 累计缴费年限满3年不足4年的，领取9个月失业保险金； 累计缴费年限满4年不足5年的，领取12个月失业保险金； 累计缴费年限满5年不足6年的，领取14个月失业保险金； 累计缴费年限满6年不足7年的，领取15个月失业保险金；累计缴费年限满7年不足8年的，领取16个月失业保险金；累计缴费年限满8年不足9年的，领取17个月失业保险金；累计缴费年限满9年不足10年的，领取18个月失业保险金； 累计缴费年限满10年以上的，从第10年开始，累计年限每增加1年，增加2个月失业保险金，但最长为24个月。
黑龙江	失业人员失业前所在单位和本人按照规定累计缴费时间每满1年，领取2个月的失业保险金，但最长不得超过24个月。失业人员重新就业后，再次失业的，缴费时间重新计算，领取失业保险金的期限可以与前次失业应当领取而尚未领取的失业保险金的期限合并计算，但最长不得超过24个月。
上海	失业保险金标准根据失业人员的累计缴费年限和年龄确定，但不得高于本市当年最低工资标准，不得低于本市当年城镇居民最低生活保障线标准。 对累计缴费年限满25年，或累计缴费年限满20年不满25年但年龄达到或超过45岁的失业人员，除按规定领取失业保险金外，还可以同时领取失业补助金。 失业保险金和失业补助金合并计算，作为对失业人员第1~12个月的实际支付标准，第13~24个月按此标准的80%支付，低于本市当年城镇居民最低生活保障线标准的，按最低生活保障线标准支付。 累计缴纳失业保险费满1年不满2年的，领取失业保险金的期限为2个月；累计缴纳失业保险费年限每增加1年，期限增加2个月。累计缴纳失业保险费满1年不满5年的，期限最长为12个月；累计缴纳失业保险费满5年不满10年的，期限最长为18个月；累计缴纳失业保险费10年以上的，期限最长为24个月。
江苏	失业人员失业前用人单位和本人累计缴费满1年不足5年的，领取失业保险金的期限最长为12个月；累计缴费满5年不足10年的，领取失业保险金的期限最长为18个月；累计缴费10年以上的，领取失业保险金的期限最长为24个月。重新就业后，再次失业的，缴费时间重新计算，领取失业保险金的期限与前次失业应当领取而尚未领取失业保险金的期限合并计算，最长不超过24个月。确定失业保险金领取期限的具体办法，由统筹地区人民政府规定。
浙江	（一）缴费时间不满一年的，不领取失业保险金； （二）缴费时间满一年的，领取二个月失业保险金； （三）缴费时间一年以上的，一年以上的部分，每满八个月增发一个月失业保险金，余数超过四个月不满八个月的，按照八个月计算，但享受待遇期限最长不超过二十四个月。

续表

地区	具体规定
安徽	（一）满1年不足5年的，每满1年，享受3个月失业保险金； （二）满5年不足10年的，在享受12个月失业保险金的基础上，自第5年起开始计算，每满1年，增加2个月失业保险金，合并期限最长为18个月； （三）满10年以上的，在享受18个月失业保险金的基础上，自第10年开始计算，每满1年，增加1个月失业保险金，合并期限最长为24个月。
福建	失业人员失业前所在单位和本人按照规定累计缴费时间每满一年领取二个月失业保险金，最长期限为二十四个月。
江西	累计缴费时间满1年不满2年的，领取3个月；累计缴费时间满2年不满3年的，领取6个月；累计缴费时间满3年不满4年的，领取9个月；累计缴费时间满4年不满5年的，领取12个月；累计缴费时间满5年不满6年的，领取14个月；累计缴费时间6年以上的，每增加1年，领取失业保险金的时间可在14个月的基础上增加1个月，但最长不超过24个月。
山东	累计缴费时间满1年不满5年的，领取失业保险金的期限最长为12个月；累计缴费时间满5年不满10年的，领取失业保险金的期限最长为18个月；累计缴费时间10年以上的，领取失业保险金的期限最长为24个月。
河南	累计缴费时间满一年不足五年的，领取失业保险金的期限最长为十二个月；累计缴费时间满五年不足十年的，领取失业保险金的期限最长为十八个月；累计缴费时间十年以上的，领取失业保险金的期限最长为二十四个月。
湖北	失业人员失业前所在单位和本人按照规定缴费时间满1年的，失业后发给3个月的失业保险金，以后每增加1年缴费时间，增发2个月的失业保险金，领取失业保险金的期限最长为24个月。
湖南	失业人员失业前所在单位和本人按照规定累计缴费时间不满1年的，不领取失业保险金；满1年的，领取失业保险金的期限为4个月，以后每增加1年增加2个月的失业保险金，但最长不得超过24个月。
广东	缴费年限一至四年的，每满一年，领取期限为一个月；四年以上的，超过四年的部分，每满半年领取期限增加一个月。每次失业核定的领取期限最长为二十四个月。
广西	（一）累计缴费时间满1年不满5年的，每满1年可以领取3个月失业保险金； （二）累计缴费时间满5年的可以领取14个月失业保险金； （三）累计缴费时间超过5年的，每超过1年，增发1个月失业保险金，领取失业保险金的期限最长不得超过24个月。
海南	失业人员失业前所在单位和本人按规定累计缴费时间满1年不足5年的，领取失业保险金的期限最长为12个月；累计缴费时间满5年不足10年的，领取失业保险金的期限最长为18个月；累计缴费时间10年以上的，领取失业保险金的期限最长为24个月。

续表

地区	具体规定
重庆	（一）累计缴费时间满一年不足两年的为三个月； （二）累计缴费时间满两年不足三年的为六个月； （三）累计缴费时间满三年不足四年的为九个月； （四）累计缴费时间满四年不足五年的为十二个月； （五）累计缴费时间满五年不足七年的为十五个月； （六）累计缴费时间满七年的为十六个月。以后累计缴费时间每增加一年，领取期限增加一个月，最长不超过二十四个月。
四川	累计缴费时间满1年以上不满2年的为3个月；2年以上不满3年的为6个月；3年以上不满5年的为12个月；5年以上不满8年的为15个月；8年以上不满10年的为18个月；10年以上的为24个月。失业保险金领取期限最长不得超过24个月。
贵州	（一）累计缴费时间满1年不满2年的，领取失业保险金的期限为3个月； （二）累计缴费时间满2年不满3年的，领取失业保险金的期限为6个月； （三）累计缴费时间满3年不满4年的，领取失业保险金的期限为9个月； （四）累计缴费时间满4年不满5年的，领取失业保险金的期限为12个月； （五）累计缴费时间满5年不满6年的，领取失业保险金的期限为14个月； （六）累计缴费时间满6年的，领取失业保险金的期限为15个月；以后每增加1年，领取失业保险金的期限增加1个月，但最长不超过24个月。
云南	累计足额缴费时间满1年的，领取2个月的失业保险金；满2年的，领取4个月的失业保险金；满3年的，领取7个月的失业保险金；满4年的，领取10个月的失业保险金；满5年的，领取13个月的失业保险金；满6年的，领取15个月的失业保险金；以后每满1年的，增加领取1个月的失业保险金，但领取期限最长不得超过24个月。
西藏	失业人员失业前所在单位和本人按照规定累计缴费时间满1年不足5年的，领取失业保险金的期限最长为12个月；累计缴费时间满5年不足10年的，领取失业保险金的期限最长为18个月；累计缴费时间10年以上的，领取失业保险金的期限最长为24个月。
陕西	（一）累计缴费时间满1年不满2年的，领取3个月失业保险金； （二）累计缴费时间满2年以上不满3年的，领取6个月失业保险金； （三）累计缴费时间满3年以上不满4年的，领取9个月失业保险金； （四）累计缴费时间满4年以上不满5年的，领取12个月失业保险金； （五）累计缴费时间满5年以上不满10年的，领取18个月失业保险金； （六）累计缴费时间满10年以上的，领取24个月失业保险金。
甘肃	失业人员失业前所在单位和本人按照规定连续缴费时间满1年不满2年的，发4个月失业保险金；连续缴费时间每增加1年，增发2个月失业保险金，最长为24个月。
青海	缴费时间满1年不满2年的，发4个月失业保险金；连续缴费时间每增加1年（不足1年按1年计），加发2个月的失业保险金。但领取失业保险金期限最长期限不超过24个月。

续表

地区	具体规定
宁夏	（一）累计缴费满 1 年的，领取 3 个月。 （二）累计缴费满 2 年的，领取 6 个月。 （三）累计缴费满 3 年的，领取 9 个月。 （四）累计缴费满 4 年的，领取 12 个月。 （五）累计缴费满 5 年的，领取 14 个月。 （六）从第 6 年起，每满 1 年增加 1 个月失业保险金，但最长不得超过 24 个月。
新疆	缴费时间满 1 年不满 2 年的，发给 3 个月；缴费时间满 2 年不满 3 年的，发给 6 个月；缴费时间满 3 年不满 4 年的，发给 9 个月；缴费时间满 4 年不满 5 年的，发给 12 个月；缴费时间满 5 年不满 6 年的，发给 14 个月；缴费时间满 6 年和 6 年以上的，每满 1 年，享受失业保险金的时间增加 1 个月，但最长不超过 24 个月
新疆建设兵团	缴费时间满 1 年不满 2 年的，发给 3 个月；缴费时间满 2 年不满 3 年的，发给 6 个月；缴费时间满 3 年不满 4 年的，发给 9 个月；缴费时间满 4 年不满 5 年的，发给 12 个月；缴费时间满 5 年不满 6 年的，发给 14 个月；缴费时间满 6 年和 6 年以上的，每满 1 年享受失业保险时间增加 1 个月，但最长不超过 24 个月。

6
典型国家失业保险政策的发展

从社会保障制度整体层面来看,建立失业保险制度的国家仍较少。在2009年国际劳工组织(ILO)统计的184个国家中,仅有64个国家(地区)建立起了失业保险制度(见表6-1),而建立养老保险制度的国家(地区)却有160个之多。作为失业保障制度的一种模式,各国失业保险制度都是在特定的社会背景和条件下,以本国政治、经济、文化等多种因素为基础做出的选择,并依据社会经济的变化不断革新。

表6-1 失业保障制度分类(2008~2009年)

制度类型	184个国家(地区)			
主要制度	强制性失业保障制度 78个国家(地区),占42%			未建立失业保护制度106个国家(地区),58%〔其中有13个国家(地区),占比约为13%,出于雇主责任提供有限失业津贴,但并非是强制性的〕
	失业保险 64个国家 (地区)(82%)	失业救助 8个国家 (地区)(10%)	公积金 6个国家 (地区)(8%)	
辅助制度	失业救助 17个国家(地区)		失业救助 3个国家(地区)	

资料来源:ILO, "Providing Coverage in Times of Crisis and Beyond, 2010 – 2011", World Social Security Report 2010/11, p. 59。

6.1 失业保险立法情况

从全球看,失业保险制度建立的普遍程度低于其他社会保险,建立时间也普遍晚于其他社会保险。

虽然在社会保险制度中,失业保险是全球发展程度最低的一项保险制度,但已经受到许多国家重视,韩国(1995)、土耳其(2000)、泰国

(2004)、越南（2006）等都是在近些年建立的失业保险制度。许多发达国家也是在制度建立后，在制度的广度和深度上不断完善，逐步扩大覆盖人群，并充分挖掘失业保险制度的防失业促就业功能。

建立失业保障制度的国家多为工业比较发达的国家，这与工业失业风险要远远大于农业和手工业失业风险相关。从失业保障的覆盖面可以明显反映出一个国家的工业化水平。没有设立失业保障制度的国家（地区）多为亚洲、非洲和拉丁美洲的发展中国家，这些国家的工业人口比例比较小。

建立失业保障制度的78个国家（地区），绝大多数分布在发达国家（地区）。发达国家（地区）几乎都已建立失业保险制度（个别高收入国家因建立了高水平的福利制度而没有必要专门建立失业保险制度，个别亚洲新兴发达国家和地区则因历史文化传统而较晚才建立失业保险制度），而只有十几个发展中国家（地区）建立了失业保险制度。

6.2 参保覆盖范围不断扩大

失业保险制度的建立及功能的扩展与社会需求和供给能力的情况密不可分，既应与经济发展水平、社会和劳动者对失业保险的需求相适应，也应与失业保险管理服务能力水平相适应。失业保险参保范围以适度为宜，而非越早普及或覆盖面越大越好。西方国家通常是从私营企业工薪雇员开始，然后逐步扩大到其他群体。比如英国作为第一个建立强制失业保险制度的国家，最初只覆盖7个技术性行业，随着社会保障制度的全面改革，失业保险的覆盖范围不断扩大，到20世纪40年代覆盖各类雇员达到2000万人，占所有各类工薪雇员的80%。美国建立失业保险制度时覆盖雇员数在8个以上的公司，1954年扩大到雇员数为4个以上的公司，并纳入联邦政府雇员，1970年覆盖所有私营企业、大多数非营利性组织、州医院和大学，1976年州和地方政府雇员、非营利中小学，农业和家庭工人也受到有限覆盖。目前已经覆盖公共和私营部门工人、军事人员、大多数农业雇员和家庭工人，铁路雇员有专门制度，并明确将一些农业雇员、宗教组织的雇员、临时雇员、家庭劳动和自营职业者排除在外。加拿大1940年建立失业保制度时，只覆盖正规就业部门，1955年将农林业工人和警察纳入，1957年将季节工人（包括渔民）纳入，1965年将理发师、出租车司机以及农业工人纳入。20世纪90年代开始转变为就业保险制度，逐步将所有雇员，包括联邦政府雇员和自营职业的渔民纳入覆盖范围。韩国失业保险制度建立相对较晚，20世纪末政府为应对金融危机对就业的冲击，大力扩大制度覆盖范围，将所有公司不论规模大小，都纳入覆盖范围，兼职工人和小时工也获得保障，并规定农业、林业、狩猎、渔业和建筑业的某些小企业，电工、电信工人、消防人员、某些自雇人士和家庭工人可以自愿参加就业保险。主要发达国家失业保险制度覆盖范围情况见表6-2。

表6-2 主要发达国家失业保险制度覆盖范围情况

国家	覆盖范围
美国 （2015年）	公共和私营部门工人、军事人员、大多数农业雇员和家庭工人 排除范围：一些农业雇员、宗教组织的雇员、临时雇员、家庭劳动和自营职业者，铁路雇员有专门制度
加拿大 （2015年）	雇员，包括联邦政府雇员和自营职业的渔民 排除范围：渔民以外的自营职业者
德国 （2016年）	就业人员，包括家庭工人、学徒和学员；其他团体，包括疾病津贴的受益人和抚养子女的人 护理人员和外国工人（在欧盟境外）的自愿覆盖 排除范围：非正规就业者
英国 （2014年）	求职者津贴覆盖人群：雇员
法国 （2016年）	居住在法国或摩纳哥公国的雇员，包括学徒、家庭工人和儿童看护人 排除范围：公务员和自营职业者 为建筑工人、码头工人、商人海员、飞行员、家庭工人、门卫、庇护工场的残疾人员、记者、表演艺术家和某些外籍人士提供特殊系统 失业援助（经济状况调查）：居住在法国的长期失业人员，无权领取失业保险金或其福利已用尽人员，以及某些其他指定类别的失业人员
日本 （2014年）	年龄在65岁以下的员工 自愿覆盖：农业、林业和渔业企业，员工人数少于5人 排除范围：每周工作时间少于20小时的工人和自雇人员 为日常工人和季节工人建立特殊保障系统

6 典型国家失业保险政策的发展

续表

国家	覆盖范围
韩国 （2014年）	所有雇员 自愿覆盖：农业、林业、狩猎、渔业和建筑业的某些小企业，电工、电信工人，消防人员，某些自雇人士，家庭工人 排除范围：每月工作时间少于60小时或每周工作少于15小时的人员和家庭劳动力 公务员、私立学校雇员、军事人员和特别邮局的雇员有特殊制度

注：表中国家的年份为最后调查年份。
资料来源：国际社会保障协会网站。

从各国制度发展过程来看，失业保险覆盖范围均从正规部门起步，在早期覆盖工业生产部门，随后扩展到其他部门，并且都呈现从小到大、从易到难、不断拓展范围的发展趋势，没有任何一个国家一开始就实现全覆盖，个体从业人员、农民、灵活就业人员往往较迟纳入制度体系中，截至目前，上述特殊人群并没有被大多数国家纳入覆盖范围。而各国对于某些特殊群体参加失业保险的政策规定，存在较大差异。各国特殊人群失业保险覆盖情况见表6-3。

表6-3 各国特殊人群失业保险覆盖情况

特殊人群	失业保险覆盖情况
公务员	第一种情况：纳入统一失业保险制度，主要国家有美国、加拿大、克罗地亚、爱尔兰、罗马尼亚等
	第二种情况：有专门失业保险制度，如日本、韩国等
	第三种情况：多数国家没有建立失业保险制度，但对公务员离职有相应补偿，如英国、德国等
自雇者	多数国家将自雇者明确排除，部分国家奉行自愿原则，如德国、罗马尼亚、斯洛伐克、斯洛文尼亚、乌克兰、哥伦比亚、韩国、冰岛、挪威、阿塞拜疆、亚美尼亚、哈萨克斯坦等
灵活就业人员	发达市场经济国家灵活就业以非全日制就业、临时就业为主。以临时工为例，一些国家将之纳入保护范围，如加拿大、英国、澳大利亚等，有些国家则明确排除，比如美国、爱尔兰等
外国人	第一种情况：签署双边或多边社会保障协议；外国人享受同等国民待遇或豁免缴费
	第二种情况：未签署社会保障协议，由东道国单边决定。美国、加拿大、土耳其、哈萨克斯坦、爱沙尼亚等国明确覆盖外国工人。德国、伊朗等采取自愿原则。南非规定，劳动合同结束必须离境外国人，不纳入失业保险

资料来源：根据翁仁木（2014）汇总。

6.3 费率政策灵活充满弹性

从缴费基数看，多数国家的失业保险是以税前工资作为缴费基数的，实行"下不保底、上不封顶"的政策，也有部分国家规定了缴费基数的下限和上限。下限一般规定为最低工资标准，上限一般为社会平均工资的2～5倍。如美国规定缴费基数最低是7000美元，最高是32000美元；法国规定最高为社会平均工资的5倍；德国则规定最高缴费为66000欧元。

从筹资方式看，大多数国家的失业保险费是由雇员和雇主共同支付的，双方负担的比例由法律规定。由单方缴费的国家数量不多。雇员缴费而雇主不缴费的只有丹麦；雇主缴费雇员不缴费的数量也较少，主要有意大利、波兰、克罗地亚、捷克等。政府在失业保险基金方面主要承担财政兜底责任，即在失业保险基金出现赤字时，缺口资金由政府垫支。但目前只有一半的国家是政府承担这种责任的。换言之，还有一半的政府是不对失业保险基金承担兜底责任的，如荷兰、韩国。

在建立失业保险制度的国家中，大多数选择统一的费率模式，但也有部分国家选择浮动费率模式，如企业浮动费率或者行业差别费率。失业保险待遇支出项目、待遇水平的高低、基金收支情况、经济政治因素，这些都会影响失业保险的费率水平，同样也会影响失业保险的费率调整机制。有关国家行业差别费率情况见表6-4。

表6-4 有关国家行业差别费率情况

国家	行业差别费率
西班牙	参保人员按缴费基数的1.55%缴费；如果参保人员签订的是固定条款合同，则按缴费基数的1.60%缴费。雇主按缴费工资总额的5.5%缴费；签订全职标准劳动合同的按缴费工资总额的6.7%缴费；签订非全日制标准劳动合同或通过劳务代理机构签订临时劳动合同的按缴费工资总额的7.7%缴费
日本	被保险人按月收入的0.6%（税前工资与奖金之和为缴费基数）缴费；农、林、渔和酿制业工人0.7%；雇主按工资总额的0.95%缴费（税前工资和奖金之和为缴费基数）；农、林、渔和酿制业1.05%；建筑企业1.15%

续表

国家	行业差别费率
韩国	被保险人按税前年工资的0.45%缴费，缴费工资基数上不封顶；参加就业服务项目的自谋职业人员，按申报工资的0.25%缴费，缴费工资基数上不封顶；雇主按所在行业类别按工资总额的0.7%～1.3%缴费，缴费工资基数上不封顶；政府对失业保险基金无财政补贴
荷兰	一般失业基金缴费费率依行业而异。参保人平均缴费额为缴费工资的3.5%；雇主按缴费工资的4.75%缴纳；裁员补偿基金缴纳的费用按裁员多少实行差别费率；平均缴费额为缴费工资的1.02%；缴费工资封顶线为月收入3850.40欧元；失业保险可支付失业人员的疾病和生育津贴；政府对失业保险基金不补贴

不同国家和地区失业保险费率水平相差较大。如表6-5所示，目前，失业保险费率水平最高的国家是西班牙，为7.05%，雇主承担5.5%，雇员承担1.55%；法国的失业保险费率为6.4%，其中雇主4%，雇员2.4%；最低的为泰国，仅为1%，雇主和雇员各承担0.5%。

表6-5 部分国家失业保险费率统计

单位：%

序号	国家	总费率	雇员费率	雇主费率
1	西班牙	7.05	1.55	5.5
2	法国	6.4	2.4	4
3	美国	6	不缴费	6
4	奥地利	6	3	3
5	希腊	5	1.83	3.17
6	葡萄牙	5.14	[0-5.14]	[0-5.14]
7	加拿大	3.984	1.66	2.324
8	德国	3	1.5	1.5
9	土耳其	3	1	2
10	伊朗	3	不缴费	3
11	匈牙利	3	1.5	1.5
12	波兰	2.45	不缴费	2.45
13	荷兰	2.44	不缴费	2.44
14	比利时	2.33	0.87	1.46
15	瑞士	2.2	1.1	1.1

续表

序号	国家	总费率	雇员费率	雇主费率
16	埃及	2	不缴费	2
17	南非	2	1	1
18	土库曼斯坦	2	不缴费	2
19	越南	2	1	1
20	斯洛伐克	2	1	1
21	克罗地亚	1.7	不缴费	1.7
22	韩国	1.595－2.195	0.695	0.9－1.5
23	意大利	1.61	不缴费	1.61
24	塞尔维亚	1.5	0.75	0.75
25	日本	1.1－1.4	0.4；0.5	0.7；0.8；0.9
26	立陶宛	1.1	不缴费	1.1
27	阿根廷	0.89或1.11	不缴费	1.11或0.89
28	罗马尼亚	1	0.5	0.5
29	泰国	1	0.5	0.5

资料来源：根据国际社会保障协会网站（https://www.issa.int/en）数据整理，其中美洲、非洲国家为2017年数据，欧洲、亚太国家为2016年数据。

各国政府在经济危机时期或者遭遇特大自然灾害时，往往启动应急机制，采取调整失业保险费（税）、延长失业保险待遇期限、加大技能培训投入、出台促进青年人就业计划等临时性措施，增加失业保险基金收入，防止大规模企业裁员。2008年开始的全球经济危机，造成失业人员大量增加，不少国家出台了恢复经济增长、促进就业的措施，其中包括针对长期失业人员、就业困难人员和青年失业人员的就业援助举措。

当失业保险基金由于经济危机造成失业人员大幅上升而出现缺口时，调整费率是比较常见的举措。意大利规定，雇员人数达到或超过50人的工业企业，雇主需按税前收入的1.61%进行缴纳（商业雇主需按税前收入的2.21%进行缴纳）。在经济危机时期，工业企业还需按税前收入的2.8%额外缴纳特别工资补充救济保险。法国规定，雇员按工资收入的2.4%缴费。雇主按工资总额的4%缴费，另按工资总额的0.15%缴纳工资保障金。如果雇主辞退50岁以上的员工，雇主需缴纳附加费。

6.4 失业保险待遇

6.4.1 享受失业保险待遇资格和条件

享受失业保险待遇的法定资格和条件，主要包括缴费期规定、年龄规定、失业登记规定、参加职业培训、非自愿性失业等内容。从缴费期看，工龄越长，享受期限越长。有的国家规定失业人员在申领失业保险津贴时必须满足最低工作小时数；有的国家规定必须满足参加失业保险的最低月数；有的国家规定最低缴费周数。从年龄看，一般是在法定最低劳动年龄到法定退休年龄之间。日本享受失业保险待遇的条件是：失业人员必须在公共就业部门进行失业登记，具备工作能力并愿意就业，同时必须定期报告一次。美国的享受条件是：失业人员必须在就业服务机构进行登记，具备工作能力且可以工作，并积极寻找工作。而英国申领求职津贴的基本条件是：非自愿性失业；每周工作不足16小时；可随时就业；现正积极寻找工作；有工作能力；未达领取养老金的年龄；已签订求职者协议；在英国居住；不是全职学生。缴费型求职者津贴的申领条件是：在最近两个纳税年度中有一年足额缴纳，且缴费收入基数不低于应税周最低收入的25倍；在最近两个纳税年度中每年缴费的收入基数不低于应税周最低收入的50倍。收入调查型求职者津贴的申领条件是：最高储蓄或资产额不超过16000英镑；申领人的配偶每周工作不足24小时。在具体的经办过程中，要求申领人须签订一份求职者协议，详述申领人为寻找工作而计划采取的行动，以方便就业服务部监督申领人的求职行动，促使申领人求职。协议的资料包括：申领人是否可以随时工作；申领人寻找的工作种类；申领人为寻找工作及提高找到工作的机会将采取的行动；就业服务部会提供何种服务，以协助申领人寻找工作。

关于非自愿性失业的规定。几乎所有实行失业保险制度的国家，对无正当理由的自愿性失业，因重大过错、过失被雇主解雇，因存在劳动争议离开工作岗位等情况，都列为不予支付失业保险待遇的范围。而不予支付失业保险的期限，则规定不一，有的规定几周，有的规定长期不能享受待遇。如果失业人员没有正当理由而拒绝工作，会被认定失业是个人原因造成的，即自愿性失业。各国一般规定因自身原因而失去工作的，将中止或暂停支付其失业保险待遇，或者失去领取失业保险金的资格。美国规定，失业人员因自愿离职、工作失误被开除或拒绝合适工作安排的，失去享受失业保险待遇资格。失去资格期限各州规定不同，主要依据离职原因而定。日本规定，自愿性失业、有重大过错的、拒绝安排工作的、不参加职业培训的只能享受1~3个月的有限制的失业保险待遇。韩国规定，失业原因必须是非自愿性、无过错、无劳动争议的，且不得拒绝合适的工作岗位安排。加拿大规定，自愿性失业，因有重大过失、不能胜任工作要求被辞退的不能享受失业保险待遇。俄罗斯规定，如果工人因为行为不当、无正当原因离职、违反岗位安置、不满足职业培训所需条件或欺诈行为被解雇，其失业津贴会被扣减、推迟、中止或终止。不符合条件的失业人员或从未工作过的失业人员有资格得到减额津贴。

关于缴费期的规定。从享受失业保险待遇的资格条件看，失业人员必须是非自愿性失业，达到最低缴费时间或就业期，才具备享受资格。失业人员在申领失业保险金时，需证明由于失业而失去了正常收入。各国一般规定的最低缴费期限为失业前至少缴费满6个月。也有一些工业化国家规定，离开学校的学生不能顺利找到工作的，即使没有缴费，也可以享受失业保险。这项规定，有利于学生从学校到工作的顺利过渡，特别是在经济危机时期作用明显。另外，享受失业保险待遇的期限一般与缴费期或就业期挂钩，即工作时间短的，享受待遇时间则较短；工作年限长的或参保时间长的，享受待遇时间较长。

关于失业登记的规定。几乎所有实行失业保险制度的国家都规定待遇给付条件为申请人有工作能力并愿意工作。如果申请人没有工作能力，或不愿意接受工作，将丧失享受失业保险待遇资格。一般而言，失业人员必须在政府指定的就业部门进行失业登记注册，并在领取失业保险金期间定期报告寻找工作的情况。失业保险待遇支付与就业安置服务紧密地联系在一起，只有当提供的工作机会不适合时，才可领取失业保险金。

关于申领等待期的规定。失业人员在领取失业保险金前，通常设置几天时间的等待期。这一规定，可有效地减少管理成本和行政负担。多数国家将等待期定为3~7天。有些国家规定，每次重新申请领取失业保险金时，都适用等待期规定；有些国家则规定，等待期一年之内只适用一次；有些国家规定，季节性工人等待期更长；大多数国家规定，两次领取失业保险金的最短间隔，一般为8~36周，甚至更长的时间。

关于将参加就业培训作为申领失业保险待遇资格条件的规定。失业人员拒绝参加公共部门提供的培训计划的，可暂停发放失业保险金或暂时中止其他失业保险待遇。如瑞典规定，若失业者拒绝推荐的适当的工作机会或培训项目，或者故意违反相关法规法纪而失业，则失业保险金将被削减25%~50%。西班牙规定，如果参保人拒绝合适的工作机会或培训，则不能继续领取救济金。

6.4.2 失业保险待遇项目

就失业保险的具体支出项目而言，各个国家存在很大的不同。一般而言，支出项目包括保障失业人员及其家庭失业期间基本生活的失业保险金（失业津贴）和子女补助（家庭补助）；失业期间的医疗和生育待遇；促进重返劳动力市场的求职津贴、创业补助、就业迁徙交通补助；职业培训补助；岗位分享工资补助；学徒培训期间的生活补贴。有的国家对失业人员发放租房补贴；也有国家规定对于接近退休的就业困难人员，可延长失业待遇时间，到达退休年龄后转入养老保险；为了解决家庭无自理能力的老人、子女生活照顾问题，一些国家规定照顾无自理能力家庭成员期间，可以享受失业保险待遇等。

（1）失业保险金（失业津贴）。各国失业保险待遇标准不一，多数与参保人失业前的收入水平挂钩，但也有的是与最低工资、社会救济金水平或社会平均工资挂钩，还有部分国家是按固定标准数额给付。与参保人失业前收入水平挂钩的，失业津贴发放比例一般为失业前收入水平的50%~70%。待遇水平高的国家能达到80%~90%，如丹麦90%，瑞士70%~80%，列支敦士登、卢森堡、瑞典80%，日本50%~80%；待遇水平较低的国家一般为40%~50%，如美国、加拿大、韩国、塞尔维亚、斯洛伐克为50%，希腊为40%~50%。

（2）求职津贴。求职津贴数额一般根据失业者的年龄、家庭结构确定。英国的求职者津贴是定额发放，符合求职者津贴领取条件的人员，每周可得到一定数额的津贴，最高数额为年度周收入的85%。

（3）配偶及子女津贴。主要目的是减轻失业人员的家庭负担、保护其子女正常成长，很多国家在失业保险待遇中还列支了"配偶及子女津贴"待遇。津贴标准一般根据子女年龄、家庭人员结构确定。如德国亲属补助金对6岁以下儿童每月支付215欧元；6~14岁儿童每月支付251欧元；配偶或伴侣18岁以下且不能工作的每月支付287欧元；成年配偶或伴侣每月支付323欧元。芬兰规定，有一个需要抚养的子女，每天补助4.86欧元；有2个子女的每天7.13欧元；有3个子女或更多的，每天9.19欧元。

（4）临近退休的失业人员待遇。从各国情况看，临近退休年龄的老工人失业后，失业保险津贴一般会支付到享受退休待遇的最低年龄。津贴标准一般按照本人养老金的一定比例计发。例如，日本按60岁时退休金的25%的标准给付。在法国，失业前12个月平均收入低于2516欧元的按65%计发；高于2516欧元的，加上2516欧元以上部分的50%计发。如果劳动合同变更为非全日制用工合同，待遇减半计算。计算待遇的最高月收入为4958.67欧元，最低待遇水平为888.6欧元。

（5）社会保险补贴。西班牙规定可以用失业保险基金为领取失业保险金的人员代缴失业人员的社会保险费，解决失业人员的实际困难，同时还有助于促进失业人员再就业。

（6）其他待遇。有的国家还用失业保险基金支付一些特殊的项目费用，如意大利的伤残交通补助，乌克兰的丧葬费，希腊的特别季节津贴。甚至因照顾家庭成员而失业的也可以享受失业保险津贴，如日本和加拿大。

6.4.3 失业保险金标准

各国失业保险待遇标准不一，确定失业保险金的标准主要分为几类：一是失业人员待遇水平与个人失业前缴费工资挂钩；二是与最低工资标准或社会救济水平等挂钩；三是按固定标准数额给付等其他形式。

（1）失业保险金与失业前缴费工资挂钩

根据失业前工资确定失业金标准，往往还参考其他因素，如德国失业保险金主要考虑净工资和有无抚养子女两个因素，失业保险金标准相当于失业前净工资的67%，单身职工约为60%，具体标准依据失业者年龄及其参保时间而定。失业保险金与失业前缴费工资挂钩的国家，替代率多数为50%~70%。失业保险待遇水平较高的国家有：丹麦90%，列支敦士登、卢森堡和瑞典为80%，瑞士70%~80%，日本50%~80%。失业保险金替代率较低的国家（低于60%）中，美国、加拿大、韩国、塞尔维亚、斯洛伐克都为失业前缴费工资的50%，希腊为40%~50%等。

（2）失业保险金与最低工资标准或社会救济金水平挂钩

罗马尼亚失业保险金与最低工资标准挂钩，规定失业保险金金额为国家最低工资标准的75%，参保时间超过1年的，可领取6个月的失业保险金；参保时间超过5年可领取9个月；参保时间超过10年可领取12个月。初次找工作的毕业生可领取6个月的补贴，补贴标准相当于国家月最低工资标准的50%。葡萄牙失业保险金与社会福利金挂钩，规定未婚人员可领取相当于社会福利水平80%的失业社会福利。

（3）失业保险按固定标准数额给付等其他形式

有的国家按固定数额给付，有的全国按统一基数给付，有的按标准养老金水平给付。按固定数额给付的标准，根据家庭状况或者按年龄等因素划分不同档次。失业人员有子女或配偶需要抚养的，通常在基础待遇上附加一定数额，有的按固定数额给付，有的按失业前收入的一定比例给付。如芬兰每天25.63欧元，爱尔兰每周196欧元。

各国政府根据经济发展情况、就业形势和失业情况等因素，调整失业保险金标准，以发挥失业保险保生活、防失业、促就业功能。尤其是在经济危机时期或者遭遇特大自然灾害时，往往启动应急机制，采取调整失业保险待遇期限等方式调整失业待遇给付，防止因大规模企业裁员造成失业。

6.4.4 失业保险待遇期限

国外现行政策表明，失业保险给付期缩短，在促进寻找工作的同时也不会对再就业工作的性质产生不良影响。

（1）失业保险待遇给付期限。处于经济转型的中东欧国家，除了斯洛文尼亚为24个月之外，其他国家待遇给付期都较短，如保加利亚、爱沙尼亚为12个月，捷克为6个月，波兰为18个月；发达国家的给付期限更短，英国为6个月，美国大多数州规定一般情况下失业给付期不超过26周。同时，各国有削减给付期的趋势，或增加单位领金期限的缴费时间。如德国2005年哈茨改革之后，50岁以下的最长给付期由32个月减至12个月。

（2）失业保险待遇给付递减机制。待遇给付递减机制在许多国家已经建立，如捷克为前3个月失业保险金对于失业前工资收入的替代率为50%，此后3个月为40%；爱沙尼亚为前100天替代率为50%，之后逐步降低为40%；斯洛伐克前3个月的替代率为60%，之后递减为50%；荷兰前两个月的替代率为75%，之后调整到70%。

（3）失业保险给付期的应急延长机制。在经济波动较为剧烈时期，失业率较高，经济不景气引致再就业难度加大，失业时间有延长的趋势，只靠正常的失业保险金给付期不能满足失业人员的基本生活需要，部分国家建立起在特殊时期延长失业金给付期的机制，即根据不同程度的失业率和失业时间延长失业保险待遇给付期。如美国在2008年金融危机发生后，长期失业人员人数增加。联邦政府决定将失业保险待遇期限从过去规定的最长26周延长到59周。前26周由州政府失业保险基金支付待遇，后33周失业保险待遇延长期费用由联邦支付。部分州可以在此基础上再做延长规定，如俄亥俄州通过法律规定，失业保险待遇可以再延长20周，且经联邦劳工部同意，另行延长的20周的费用全部由联邦政府支付和州政府按比例分摊。

6.5 预防失业

各国在最初设置失业保险功能时，仅限于弥补工人失业期间的生活费用损失，而后由于片面追求生活保障功能，不断提高保障水平，这种高失业保障待遇已不能有效解决失业问题、化解失业矛盾。因此，各国纷纷建立了更加积极的失业保险制度。瑞典、英国、美国、德国等国家失业保险制度的功能，已由早期的单纯提供失业救济，扩展到在提供救济的同时，积极帮助失业者重返工作岗位。日本、加拿大、韩国纷纷实行就业保险制度，将制度理念定位为解决失业问题的根本出路在于积极扩大就业，在实际工作中将失业保险基金支出用于预防失业的项目，主要包括以下几种。

（1）培训补贴

日本重视职工的在职培训，以从根本上稳定就业，降低失业风险，通过资助雇主对多余职工进行转业培训或照发工资，争取内部消化，力争不裁员。韩国对开展各种员工培训的雇主给予一定的资金支持或补贴。德国激励雇主对非技术工人开展职业培训，给予雇主相应补助。葡萄牙为失业人员制定个人职业规划，强化职业培训，给予就业指导，增强其就业竞争力。

（2）稳岗补贴

韩国对实现就业的失业人员发放再就业前期津贴，以稳定其就业岗位。德国对增加就业岗位的雇主给予雇主相应补助。

（3）工作不饱和补助

在德国，由于经济原因或不可抗力而产生的工作不饱和情况，经雇主申请，就业中介机构为该类人员提供工作不饱和补助，金额为正常工资与不饱和工作下的工资之间差额的60%~67%。

6.6 促进就业

6.6.1 促进就业支出项目

（1）培训补贴

对失业人员进行就业培训是促进就业的最有效途径。因此，各国失业保险为了实现就业目标，也都几乎无一例外地将就业培训作为失业保险工作的重点。如英国对参加受训并取得资格证书的失业人员，分别按资格等级增加失业保险给付；美国规定参加职业培训的失业人员，可适当延长失业保险给付期；德国、意大利对参加培训的失业人员提供生活补贴，失保险部门负担部分培训费用，包括注册费、书费、交通费等；德国实施促进职业培训措施，资助失业者参加培训，增强其就业能力；日本对失业人员发放教育培训津贴；韩国对失业人员发放职业技能发展津贴，促进失业人员再就业。

（2）求职津贴。各国普遍认为就业才是最好的保障，因此，不提倡失业人员靠补贴维持生活，积极鼓励失业人员去除障碍，帮助他们积极努力寻找工作，促使失业者尽早就业。如英国设立了"求职者津贴"；日本对失业人员发放搬家费、大面积求职补贴、住宿补贴；韩国对失业人员发放跨区求职津贴、搬迁津贴。

（3）岗位补贴

鼓励各类用人单位招聘失业人员也是促进就业方面较为通用的办法，即利用失业保险基金给招用失业人员的用人单位发放岗位补贴，用于招聘失业人员。日本在征收失业保险费时单独征收促进就业费，用于就业补贴项目：一是对不景气而被迫缩小经营规模的企业给予为期1年的工资补贴，以便安置内部富余人员；二是对转产、重组企业提供一次性就业稳定特别补贴；三是对在就业特别困难地区开办的企业给予奖励性补贴；四是对创造出大规模就业岗位的企业给予岗位开发补贴；五是向企业、在职员工和失业者个人直接提供培训补贴。

（4）创业补贴

通过创业带动就业，会在解决失业人员就业的同时，带动其他人员就业。将失业保险基金用于资助有条件和能力的失业人员创业，也是许多国家采取的促进就业的有效措施。如法国规定失业人员从事其他不靠工资生活的职业，有权在一定时期内享受国家给予的特别补贴。对自行创办微型企业的失业者，除给予技术支持、咨询服务外，还由失业保险基金给予担保，由银行给予贷款。鼓励失业人员创业的另一种方式是，将失业保险金转为创业补贴，如西班牙、葡萄牙为鼓励失业人员创业，允许失业人员一次性领取其应领未领的失业保险金，以此作为创业启动资金。美国对自主创业的失业人员提供自主创业津贴，同时给予创业培训、技能培训和技术扶持。

6.6.2 其他措施

（1）通过失业保险待遇的发放形式，促进提前就业

补助失业人员提前就业是指在法定享受失业保险给付期限内，因其提前找到工作而向其支付部分尚未支付的保险金。如日本规定，失业保险金支付期限为 300 天，如果重新就业后剩余支付期限为 200～300 天者，可以继续领取 120 天的再就业补助金；如果支付期限为 150～200 天者，可领取 70 天的再就业补助金；如果失业者在其失业津贴领取期结束前 100 天或还剩一半的时间就找到持续 1 年以上的工作，则可领取 30～120 天再就业补助金。法国对因经济裁员失业而要求在 6 个月内再就业的人员，不作为失业人员处理，而由失业保险管理机构发给其相当于原工资 80% 的转业安置津贴。6 个月后仍未找到工作，再按失业人员进行登记并领取失业津贴。对领取失业津贴期间愿意接受一份比原来工作待遇差的工作的失业者，规定在其从事这项工作并继续寻找更合适的岗位期间，可继续领取失业津贴。

（2）强制进行再就业求职活动

美国联邦政府要求各州通过对失业人员进行失业状况分析，对那些预计在享受失业保险待遇期满后仍无法实现就业的失业人员，强制其参与再就业求职活动，以作为其继续领取失业保险待遇的资格条件。1995 年英国通过的《失业保险法》（修订案）规定，本人无正当理由自愿离职，或因本人不良行为而失业，或拒绝职业介绍所为其介绍工作的，不能领取失业津贴。而且还规定，如失业者拒绝接受政府提供的相关就业服务，要扣发两周的失业保险津贴，1996 年后该期限延长为 4 周。

6.7 本章小结

6.7.1 保障失业人员基本生活是失业保险制度的基本任务

失业保险起源于欧洲，迄今已有上百年的历史，法国于 1905 年最早在世界上建立了失业保险制度，随后，挪威、丹麦两国也分别在 1906 年、

1907年相继建立了失业保险制度。不过当时这几个国家都实行的是非强制性失业保险制度，即法律确定范围内的人员是否参加失业保险取决于个人意愿。1911年英国颁布《国民保险法》，实行强制性失业保险，开创了强制性失业保险制度的先河，后被一些国家效仿，构成了世界失业保险制度的主流。目前世界上有近80个国家有针对失业的保护机制，其中绝大部分为强制性的，基本任务是保障失业人员生活。国际劳工组织于1934年制定《失业补贴公约》和《失业补贴建议书》，于1952年制定《社会保障（最低标准）公约》，同样也是侧重强调为失业者提供生活保障。

6.7.2 促进失业人员再就业逐渐成为失业保险制度的重要功能

第二次世界大战以后至20世纪70年代初期，发达国家的失业保险制度快速发展，但有些国家出现了过度保护的倾向。一些国家的津贴水平持续提高，享受待遇期限逐步延长，特别是西欧和北欧"福利国家"的失业保险制度变得过分"慷慨"，抑制了失业者寻找工作的积极性，安于享受失业保险待遇，产生了消极作用。自20世纪70年代中期以来，发达国家开始对失业保险制度进行改革，赋予其促进就业的功能。在20世纪70年代石油危机的冲击下，西方国家经济陷入"滞胀"，失业率明显上升并居高不下，成为社会顽症。为了促进就业，瑞典等国开始实施"积极的劳动力市场政策"，把失业保险基金由单纯"消极"地保障生活改变为在保障基本生活的同时促进就业。改革的重点是，通过严格和附加给付津贴条件，促使失业人员积极寻找工作，同时使用部分基金加上公共财政的投入进行职业培训和就业服务，激活失业保险制度促进就业的功能。这些改革取得了明显成效，并在发达国家普遍实施，对各国失业保险制度的改革产生了重要影响。英国、美国、日本等许多国家失业保险制度的功能，已经由早期的单纯提供失业救济，扩展为在提供失业救济的同时，积极帮助失业者重返工作岗位。目前，为失业者提供多样的职业培训和就业服务，已经成为绝大多数国家的普遍选择。20世纪80年代末和90年代中期，美国、英国实施了一系列"从福利到工作"的政策法案，为贫困的失业者及其家庭架起了从依赖福利救济走向就业经历的桥梁，取得了明显成效。法国、意大利、荷兰、瑞士等国也实施了具有各自特点的"工作保险"或"工作福利"政策。日本、加拿大分别于1974年和1996年对失业保险制度进行了改革，将失业保险法分别更名为《雇佣保险法》和《就业保险法》。韩国在1993年推出失业保险制度伊始就制定了《就业保险法》，其理念是，解决失业问题的根本出路在于积极促进就业。1988年国际劳工大会通过了《促进就业和失业保护公约》与《促进就业和失业保护建议书》，倡导把失业保护措施同促进就业结合起来，这被公认为是失业保险国际劳动立法的一个分水岭。

6.7.3 防止在职人员失业正在成为失业保险制度新的发展方向

从国际上来看，近几十年来，各国在失业保险制度方面一个突出的改革方向，就是变消极的生活保障为积极的就业保障。20世纪60~70年代，法国就利用失业保险基金对枯竭煤矿企业雇员提供转业培训和就业服务，使多数雇员顺利转换职业。日本的雇佣保险政策分为"三事业"：一是雇佣稳定事业，防止被保险人出现失业问题的同时，谋求调整就业状态、扩大就业机会等有助于就业稳定的各项政策；二是能力开发事业，完善职业培训设施、帮助职工参加教育训练等开发、提高职工就业能力的各项政策；三是就业福利事业，改善职工职业工作环境，帮助他们解决就业问题及增进其他福利的各项政策。在统筹兼顾三项事业的同时，突出强化失业预防机制建设，把重点放在资助企业做好失业预防工作，推出了雇佣稳定措施、能力开发措施、雇佣福利措施，对因经营不善而被迫缩小规模的企业给予工资补贴，鼓励安置内部冗余人员，还明确规定对转产、重组企业提供就业稳定特别补贴。德国对于开工不足的企业给予补贴政策，目的也在于抑制裁员，促进就业稳定。

世界各国和国际劳工组织在失业保险制度上的发展变迁，体现了失业保险制度发展的趋势和改革的方向：从初期只重视保障失业者生活的单一功能，向既保障基本生活，又预防失业、促进就业的综合功能拓展，反映了失业保险制度发展的内在规律，为我国失业保险制度"保生活、防失业、促就业"三位一体功能的确立提供了借鉴。

6.8 本章附录

6.8.1 各国和国际组织关于领取失业保险金条件的规定

各国根据失业保险制度功能定位，结合就业失业实际情况，制定关于领取失业保险金的资格条件和终止领金条件。本书根据上海人民出版社"各国社会保障制度丛书"、中国劳动社会保障出版社"世界社会保障制度系列丛书"相关文献，对国际劳工组织和部分国家失业保险金领取资格条件进行了整理综述，具体见李超民（2009）、于洪（2010）、粟芳（2010）、姚玲珍（2011）、金钟范（2011）、郑春荣（2012）、白澎等（2012）、宋健敏（2012）、弗朗西斯·凯斯勒（2016）、王立剑（2017）等。

（1）国际劳工组织

20世纪70年代末和80年代初，工业化国家普遍进入了一个高通货膨胀和高失业率并存的经济滞胀时期，高福利政策受到批评。高标准的失业津贴，一方面打击了企业家的投资积极性，另一方面造成一些失业者依赖津贴生活而不愿积极就业的弊端。在这种背景下，1988年国际劳工大会通过了《促进就业和失业保护公约》与《促进就业和失业保护建议书》，要求采取适当的步骤，使失业保护制度同就业政策相协调，尤其要将失业津贴的提供有利于促进充分的、生产性的和自由选择的就业，规定失业津贴的领取条件包括完全失业，其定义为某人在有能力工作、可以工作并且确实在寻找工作的情况下得不到适宜的职业而失去收入的情况，如果发生以下描述情况，可在规定范围内被拒绝、取消、停发或消减失业津贴：①有关人员不在会员国领土上；②主管当局判定有关人员故意造成他们自己的解雇；③主管当局判定有关人员无正当理由自愿离职；④当发生劳资纠纷期间，有关人员停工参与劳资纠纷，或者借由与劳资纠纷造成的停工、使他们无法工作；⑤有关人员试图靠欺诈获得津贴或已经获得津贴；⑥有关人员无正当理由不去利用现成的安置、职业指导、培训、重新培训或调动到适宜的工作岗位的机会；⑦有关人员一直得到有关会员国立法所规定的除家庭津贴以外的其他维持收入的津贴，但条件是停发的那部分津贴不得超过其他津贴。

（2）美国

美国的失业保险制度也称作"失业补助"（Unemployment Compensation），即失业者从国家或者各州领取失业金的制度。根据美国《国内收入法》规定，失业金含在纳税人的总收入中。美国失业保险法律对于"不符合申领失业金的条件"，通常规定是：不能工作或者不准备工作者、没有任何原因自愿离岗者、工作中由于行为不端遭辞退者、由于工作纠纷失业者。上述任何原因都可能造成拖延发放失业金，或者被取消领用失业金资格，或者减少发放失业金。

对于如何确定领取失业补助资格，所有的州法律都规定，失业金申领者必须能够工作而且准备工作。这是领取失业金的起码条件。各州的法律要求只有一些小的不同，如规定"工作能力"。一些州规定，失业金申领者必须是身心健康能工作者。而"准备工作"的规定一般理解为准备好了、并且愿意、能够工作。除了在当地失业登记机构进行登记，多数州要求失业者积极寻找工作。一般来说，失业者不能拒绝"适当的工作"录用，除非有充分的理由。多数州还规定了所谓录用的"适当的工作"可检验性标准，一般包括这份工作对于失业金申领者身体健康、安全和道德的风险程度；体力的适合程度以及之前的培训、经验、所得；失业时间、在本人熟悉的本地行业找到工作的前景；居住地和新的工作岗位之间的距离等。通常随着失业时间增加，求职者愿意接受的工作岗位范围会不断扩大。

此外，联邦政府还要求，对于以下"延长失业金计划"出现的情况，不得发放失业金，即不向州就业服务局提交书面材料或者登记就拒绝工作录用者、不申请州就业服务局推荐的工作者。上述工作应当具有以下条件：①在失业者的能力范围之内；②有偿工资为联邦、州和地方最低工资的上限；③每周支付的总工资超过失业者平均每周失业金和补充失业保障金之和；④这份工作不与各州对于"适当的工作"之规定相抵触。各州必须向延长失业救济者推荐所有符合要求的工作。如果各州根据失业者提供的信息，确定失业者在居住地附近、用较短的时间、找到本人熟悉的行业内的工作前景较好，则失业者找到的工作即为"适当的工作"，并非一定要符合上述规定。

联邦立法规定，有些情况下，州不得拒绝延长失业者的失业金发放。符合下列条件的失业者，即使拒绝工作录用，各州也不得拒发失业金：①该工作是由于罢工以及其他劳资纠纷造成的岗位空缺；②如果该岗位的工资、工作小时和其他条件与本地其他相似岗位的待遇相比较差；③以录用为条件，胁迫失业者个人加入工会、善意工会组织者，也不得拒绝孕妇的失业金发放。除非由于行为不端、滥用权力或者接受不当收入，否则各州不得拒发失业金。

联邦政府对于拒发失业金，还有其他规定。例如，专业人员或者教育机构管理人士，如果重新找到工作，在夏天或者其他假期的失业金申请必须拒绝。专业运动员在赛季之间的失业金申请也得拒绝，不符合在美国工作的外国人的失业金申请也得拒绝。

（3）加拿大

加拿大失业保障制度经历了失业保险和就业保险两个发展阶段。

1940年加拿大政府引入了失业保险法案，其初衷是通过对失业期工作者提供援助来加强经济社会安全保障，但原计划只涵盖了不到一半的劳动人口，农林牧渔业的工人尤其被排除在外。大多数在国营行业的从业者，如护士、教师等也被列在其外。关于领取失业保险金的资格条件，相关法律规定无正当理由离职或因为工作失误而被解雇的工作者无权享有失业保险金，并规定有40余种离职的"正当理由"，包括陪同配偶去外地工作、遭受歧视、养育子女或直系亲属、遭受性骚扰或其他方式的骚扰。

1997年开始实施的新的保险体系被命名为就业保险计划，意在将重心从为失业者提供收入转移到为失业者尽可能快地返回就业提供保障。新的保险计划通过收紧对失业保险资格条件的规定来削减那些被认为是不正当或滥用保险体系的情况，从而降低这一体系的运作成本。首先，对于保险金的申请权取决于申请之前12个月的总收入以及总工作小时数，并从最初拿到的第一加元以及第一小时算起。原来失业保险法律规定的申请者在提出申请前的52周内必须有12~20周的工作时间达到或超过每周15小时的规定已经不再适用，取而代之的新规则为：申请者在申请前需要 420～700 小时的工作时间并缴纳参保费用。这一改变有效地增加了就业保险对那些兼职工作者和不规律但高强度工作者（如季节性工作者）的接入性。

为了解决新进入劳动力市场的工作者落入所谓"就业保险陷阱"，并产生周期性的依赖，也是为了阻止那些为获失业补助而离开劳动力市场的人采取此类行动，新的法律对这两类人提出更苛刻的资格条件限制标准，规定新加入者和再加入者（即提出申请前一年的可保就业少于 490 小时的人）被要求必须工作满 910 小时方可取得就业保险给付待遇资格。

法律还规定了享受就业保险待遇必须具备的条件。第一，就业转失业的人员，排除了从来没就业过的人员。第二，失业者失业之前所在单位与失业者本人都参加了失业保险并缴纳了一定时期的保险费。第三，已经连续 7 天以上无工作无收入。第四，有正当的失业理由，如因为公司裁员、随眷移居、工作环境危害健康、雇主不给加班费、受到歧视等。如果是失业者的过失而被辞退亦不得享受失业保险；无正当理由而擅自离职，自己不愿工作等皆不得享受失业保险待遇。第五，不是自雇人员。第六，进行了专门的失业登记。同时，保险申请人必须可以随时工作，并愿意接受工作。若拒绝接受一份适合的工作或没有找过工作，则丧失领取就业保险金资格。

(4) 德国

德国的失业保险制度建立于 1927 年。1969 年颁布的《就业促进法》对失业保险制度进行了调整。

德国失业保险制度是一个系统的制度体系，从保障的阶段划分，失业保险体系可以分为在职阶段的权益保障、失业阶段的保险金救助、求职阶段的再就业促进，这三个体系相互配合，对每个有劳动意愿和劳动条件的劳动者给予全方位的资助和扶持。

从保障的手段划分，失业保险的内容包括建立互助性失业基金，给予失业保险金 I 资助；对无积累的失业者给予无偿的失业保险金 II 补助；对于求职者给予信息和职业培训等服务支持；对于增加就业机会、减少失业的雇主或自主创业者给予政策优惠和贷款优惠。

失业保险金Ⅰ的给付条件，一般要求受保人同时满足以下四个条件：①在收到雇主解雇通知后的3个月内，到当地就业办公室亲自登记，如果雇主发出解雇通知到正式结束劳务合同的时间没有达到3个月，雇员可以到当地就业办公室举报投诉；②参加法定失业保险，并且在申请的最近2年保险费累计12个月，季节性行业的雇员要求申请失业的最近2年失业保险费累计6个月；③申请者处于失业状态；④有意愿、有能力，并积极配合寻找工作，接受职业介绍所的工作推荐和就业办公室安排的职业培训。

如果申请失业保险金Ⅰ的个人因为个人原因自动离职、拒绝培训或再培训机会，就业办公厅将减少保险金或者延迟（最长12周）发放。若申请者发生以下情况，失业保险金Ⅰ的给付资格有可能被取消，比如，①申请人因为某些原因失去了就业机会，但是依然和雇主保持劳动关系时，不能享受失业保险金Ⅰ，但有权向雇主要求工资，直到劳动关系解除为止。②申请人开始失业时，在享受休假补贴的期间不能领取失业保险金Ⅰ（根据德国劳资协议规定，劳动者有权享受带薪休假）。③申请人不能同时享受两种或两种以上具有工资替代性的社会保险金。申请人如果正在享受任何一类或几类保险金补贴，享受期间领取失业保险金Ⅰ的资格将被取消。④申请人若因为自身原因而造成故意失业，将进入"失业保险的封闭期"，封闭期为6~12周，其间申请人不得领取失业保险金Ⅰ。"进入失业封闭期"的原因包括：因为违反劳动合同的规定被解雇；因为没有充足理由自己解除劳动关系；为了被解雇，雇员明知故犯导致失业；拒绝职业介绍所介绍的符合个人特长和职业兴趣的合适工作；没有合理理由就中断劳工局安排的职业培训；由于自身原因造成培训单位将其除名等。比如，凡申请失业保险待遇的失业者，必须按照要求，定期（一般为3个月）到职业介绍所报到接受职业培训或者职业介绍，如果因为不正当的理由延误报到，也视为"拖延"，处罚进入两周的"失业保险的封闭期"。封闭期造成享受失业保险金Ⅰ期限的缩短，就业办公室不做补偿。

除此之外，为防止和杜绝失业者故意逃避工作，《就业促进法》规定对故意拖延接受职业培训或职业介绍的失业者，情节严重的将减少两周的失业保险金Ⅰ，并扣减另外的两周失业保险金Ⅰ。

(5) 法国

在法国,失业者的身份部分受到《劳动法》规范,工作权利被认为是"通过一整套对就业申请者进行与工作相联系的培训、就业介绍、失业补偿,以及提供公共就业机会的帮助等制度安排而实现就业"。这些措施可以帮助雇员顺利度过从就业向失业或部分失业状态的转变,也是鼓励创业和创造经济活动的措施。

失业保险机制只是社会保障制度的一个分支,只对一种条件下的劳动者"不就业"、"无业可就"或"没有工作"的权利进行保障。法国《劳动法》规定,失业保险金作为替代收入只是为了使非自愿失业的劳动者重新回到就业状态的措施之一。失业保险机制和就业市场相关规则,也就是相关劳动法规范中的就业安置规则密切联系,失业保险和促进就业的特殊措施共同发挥作用。而对于失业保险制度的管理由全国工商业跨行业就业联盟(UNEDIC)来管理,并通过其下辖的工商业就业协会(ASSEDIC)进行失业补贴的划转。

失业保险金的获取资格包括以下几种。①失去工作的劳动者必须在就业局进行失业和求职登记,或者在个人再就业行动计划中完成培训。失业人员需在劳动合同结束后12个月内向就业局登记失业,登记文件只包含一页登记表和一个失业保险金申请表。就业申请表必须定期更新。失业人员在登记失业后在就业局工作人员的帮助下制订个人再就业行动计划,可以申请参加培训。②登记失业人员至少工作缴费4个月。如果第一次申请失业金的失业人员仅有4~6个月的工作和缴费期,在12个月后再次失业,则需要工作缴费6个月才有资格再次申请。③失业是非自愿的。2014年5月14日颁布的《失业保险协议附加原则》第2款规定:"可以获得失业金的非自愿失业的情况如下:雇员被解雇;按照《劳动法》第 L.1237-11 款规定的双方协议终止合同;定期劳动合同到期(尤其是项目合同);由于正当合理理由的辞职;《劳动法》第 L.1233-3 款中规定的原因而导致合同终止的。"

上述情况中的"正当合理"的辞职理由,由失业保险主管机构核定。失业保险附加应用许可规则中提到,如果因为配偶(法定同居者)的工作地变迁而随之搬迁不得不辞职的情况下可以认为是非自愿失业,属于有合理理由，可以申请失业金。

（6）英国

英国政府在1911年通过《国家保险法》（The National Insurance Act），正式实施强制性的就业保险制度，向失业者提供基本经济援助。1920年《失业保险法》（The Unemployment Insurance Act, 1920）将1911年法案的覆盖范围进一步扩大，同时为失业者家属提供补助。

1927年英国设立了两项新的保险给付计划。标准保险金（standard benefit）作为无限期领取的失业保险金支付给曾经缴纳保险费的人士。过渡性保险金（transitional benefit）支付给真正在积极寻找工作（genuinely seekingwork）的人士，这些人士可能也缴纳过一定期限的失业保险缴费，但其缴费期限未达到失业保险计划的最低要求，因此他们丧失了领取标准保险金的权利。这两种给付资金均来自失业基金。

1930年，工党政府在两方面修改了过渡性保险金的政策。第一，保险金给付额不再依靠失业保险基金，而是根据政府一般财政收入（general government revenues）的一定比例提取。第二，放宽了"真正在寻找工作的条款"（genuinely seekingwork' clause）的规定。其结果是，在两个月内领取过渡性保险金的人猛增了一倍；在政策实施的第一年，资金给付额就高达1900万英镑，与经济危机时不相上下。

1934年出台的新《失业法》（The Unemployment Act, 1934）规定，长期失业应从社会保险计划中分离出来，单独给予救济。此法令分为两个部分。第一部分扩大了强制保险覆盖的工人的范围，将失业金给付额恢复到1931年保险金削减之前的水平。保险费由工人、雇主及政府三方共同缴纳。建立专门面向失业金领取者的独立机构来运营此项目。第二部分为没有参加失业保险或失业保险期已满的失业者提供援助。这部分资金由中央政府统一筹集，并由新成立的失业援助委员会（Unemployment Assistance Board）统一管理。失业金的给付额视家庭的不同情况来提供生活保障。

1942年12月，贝弗里奇提交了《社会保险和相关服务》（Social Insurance and Allied Services）的报告，这就是著名的《贝弗里奇报告》（以下简称《报告》）。《报告》设计了一整套"从摇篮到坟墓"的社会福利制度，提出国家将为每个公民提供9种社会保险待遇，还要提供全方位的医疗和康复服务，并根据本人经济状况提供国民救助。其中有许多新的福利项目，例如，为儿童提供的子女补贴，在福利制度发展中是一个根本性的突破。另一个重要突破是提出了建立全方位的医疗和康复服务。《报告》还要求建立完整的社会保险制度，每人每周缴费，无论人们原来的收入如何，无论个人的情况及风险程度怎样，都必须强制参加保险。《报告》提出，参保人缴费时费率相同，领取的失业保险金、残疾保险金以及退休养老金等也都应当实行统一的待遇标准，并提出强制性的基本保险项目由国家实施。这都突破了英国原来失业保险和医疗保险只限于某些群体的限制。在失业保险方面，《报告》做了如下改革。一是对所有失去生计的人员，无论其从事的工作是否有报酬，都提供培训保险金，以帮助他们顺利转向新的职业。二是统一失业保险金水平。三是统一失业福利的等待时间。四是统一享受失业保险金的缴费条件。五是取消全额失业保险金的享受期限限制，条件是失业者失业一段时间后要到指定的培训中心或工作场所接受培训。六是将为农业、金融和保险业人员专门设立的失业保险计划并入社会保险的普遍失业保险计划。七是废除下列人员不参加社会保险的规定：①公务员、地方政府工作人员、警察、护理人员、铁路工作人员以及其他从事有资格领取养老金人员等特殊职业人员，就失业保险而言，还包括私人室内家政服务人员；②年收入高于420英镑的非体力劳动人员。

只有年龄在18岁以上、女性养老金领取年龄以下的，且居住于英国的人士才能申请求职者津贴。年龄为16~18周岁的、非全日制在校学生的年轻人通常不能申请求职者津贴，但在少数例外情况下也可申请到短期的家计调查型的求职者津贴。符合以下任何一种情况可以申请到津贴：申请者被逼离开其父母居住；如果未能领取求职者津贴，将会陷入严重困境；申请者是一对伴侣的其中一方，并且负责照顾子女。

其中，缴纳保费型（contribution-based）求职者津贴的申领条件较为苛刻，必须满足以下条件：①年满18岁；②已失业或每周工作时数未满16小时；③不是全日制学生；④在离职前2年中至少缴纳过一年的第一类型国民保险税；⑤在特别就业中心签订求职者协议，必须有工作能力、工作意愿且积极寻找工作。

求职者必须在特别就业中心办理登记，并签订求职者协议，该项协议系由求职者与就业顾问（Personal Adviser，简称 PA）共同签订，赋予求职者积极求职的义务，并提供相关就业行动计划（action plan）。求职者拒绝签订该项协议或无法履行协议，政府将终止发放津贴。需要说明的是，申请本项津贴的条件是缴纳过第一类型国民保险税的人士，而自我雇佣人士（self–employed）缴纳的是第二类型国民保险税，因此后者没有领取本项津贴的资格。

那些不符合缴费型求职者津贴申请条件，且资产额低于 16000 英镑的失业者可申请调查型求职者津贴。这里所讲的"资产"是指任何能带来收入的资产，包括银行储蓄、房地产和土地等（不包括个人居住所需要的房屋及个人物品）。

（7）瑞典

瑞典失业保险制度的演变经历了一个渐进的过程。早期瑞典失业保险是行业自愿性实施的，后来政府对合格的经过登记的失业保险基金给予资助，再到后来政府开始实施强制性的失业保险制度，逐渐形成了目前的失业保险制度。

1893 年，瑞典印刷商协会设立了第一支失业保险基金——"互助基金"（help–funds），资金主要来源于会员费，向满足条件的失业基金会员支付现金。

1934 年，瑞典国会通过了有关自愿性失业保险的第一个法案。该法案从 1935 年 1 月 1 日开始实施，允许失业保险基金（由工会组建）到政府进行失业登记，从而可以获得国家的承认，获得国家资助。国家资助的失业保险制度的费用由雇员单方缴纳，雇主不缴纳。

20 世纪 70 年代，瑞典在保持与发展已有政策的基础上，又实行了强制性的失业保险。在 1974 年以前，失业保险的保障对象仅仅是基金协会会员，总计大约为就业人数的 60%。

当失业基金以协会的形式建立时，政府提出最重要的影响因素包括受益率和资格要求。因此，一方面，为了获得享受失业津贴的资格，在申请失业津贴前，必须已成为保险基金成员至少达12个月，且必须每月至少工作75小时。此外，还有其他许多要求。如果不是某一基金的会员，在达到同样的工作要求后，也具有享受劳动力市场现金援助（KAS）的资格。中途辍学者在等待三个月后也可以享受失业津贴，而不用考虑他们的实际工作经验。通常情况下，基金会员的津贴支付期限约为300天，对应的KAS的津贴支付期限为150天。

2007年，瑞典相继四次对失业保险制度中受益资格、工作条件等进行了调整。规定享受基本失业保险津贴的申请者需要满足基本条件、工作或学生条件。基本条件适用于所有申请者，而不考虑其津贴类型。申请者必须满足以下条件：完全或部分失业；失业前每天最少工作3个小时，每周工作不少于17个小时；当有合适的工作机会时，要准备好接受这些工作；在公共就业服务机构已进行失业登记；积极寻找合适的工作（如果希望更换工作或得到更多的培训机会，积极寻找工作和获得职业指导是很重要的）。

此外，申请者还需要自愿与就业服务机构合作，共同制订个人行动计划，而且必须在就业服务登记后的三个月内就个人行动计划达成一致意见。制订个人行动计划的目的，是推动就业服务拟定的寻找工作岗位的进程。该计划对每个求职者来说是很个性化的，应对求职者和就业服务机构都有帮助。要想获得失业保险受益权，必须与就业服务机构合作，共同制订个人行动计划。

工作条件对基本失业保险和自愿失业保险也是相同的，在失业前的12个月内，失业者必须至少在6个月内，每月至少工作70个小时；或者在连续6个月内累计工作450个小时，且每月工作不少于45个小时。

享受父母补贴期间或服役期间也可算作工作时间，但是总计不能超过2个月。在某些劳动力市场工作（从事享有工资补贴的工作、在Samhall集团工作、公共保护性工作），享有遣散费和就业补贴的时期，也可以作为工作时间。如果符合学生条件，参加学习的人不需要满足工作条件即可享受补贴。根据学生条件，学习结束后至少可以享受1年的学习补贴。求职者必须年满20岁，如果满足基本条件和学生条件，则按基本失业保险标准发放失业津贴。在瑞典，享受与收入关联的失业保险津贴的人，在满足基本条件和工作条件的前提下，还需要达到会员要求，即参加失业保险基金满一年。在其他欧盟国家或瑞士的失业保险期间也包含在内，如果这段时间与在瑞典的保险期间是连续的话，但是不包括因自愿离职、不当操行、介入劳资纠纷或拒绝接受给其介绍的合适工作而造成的失业者。

对于自愿离职或拒绝从事合适工作的雇员，失业后20~60天不得享受与收入关联的失业保险津贴。另外，如果拒绝接受公共就业服务机构提供的再就业职业培训，也是不能获得失业保险津贴的。

加入失业保险基金是以工作为前提的，要成为失业保险基金的一员，必须在连续5周的时间内至少工作4周，且平均每周至少工作17个小时。失业保险基金会员资格在65岁后自动中止。

如果在失业期接受教育，通常是不可以获得失业津贴的，然而在一些特定情形下，学习期间也是可以得到失业津贴的，关于这个问题的详细信息可以从其所属的失业保险基金获得。如果一个人在失业期间愿意学习，并且申请了学习补贴，他可以联系就业服务机构或中央学生补助协会（CSN）。就业服务机构有权在特定情形下同意他在学习期间享受活动补贴。虽然失业者在政府提供的教育的学习中止期间是不能享受失业津贴的，例如，学习因暑期而中止，但是在劳动力市场提供的教育的学习中止期间，例如，职业培训因某种原因中止了一段时间，则可以享受失业津贴。

若自愿离职或由于自身原因造成被雇主解雇，则在一段时期内不能享受失业津贴。从工作结束之日起开始计算期限。如果自愿离职，则在失业期间最长能够享受45天的津贴，且必须在失业后的112天内领取。如果被雇主解雇，则在失业期间最长可以享受60天的津贴，且必须在失业后的168天内领取。如果在同一受益期内，自愿辞职或被解雇达到三次，将完全失去津贴享受权，要想重新获得受益权，必须满足新的工作条件。

失业者必须要告知失业保险经办机构自己选择离职的原因或造成其被雇主解雇的原因。在调查后，失业保险经办机构决定他是否具备享有津贴的权利。如果理由充分，根据规则仍可享有受益权。为了避免受益权中止，自愿离职或者被雇主解雇的失业者需要更充分的健康理由。通常，这需要失业者在辞职前取得医生的健康证明，证实其不再适合从事该工作，但也可以尝试调换工作。

(8) 日本

在日本《雇佣保险法》中,"失业"指受保者离职,并且虽然其仍有工作的意愿与能力,却没有再次被雇佣。"离职"指受保者与其雇主之间雇佣关系的终止。

一般来说,领取失业保险金的条件包括:①已经离职或失业;②离职前是具有一定资格的被保险人,即原则上要求离职的前一年中作为被保险人的期间总计超过6个月;③符合①②条件的领取资格人亲自到公共职业安定所提交离职票后申请求职,并得到领取资格的决定及领取资格证;④在指定失业认定日亲自到公共职业安定所提交失业认定申报书和领取资格证,接受失业的认定。

而"失业"的认定要同时满足以下四项条件:一是已经离职或失业;二是拥有劳动的意愿;三是拥有劳动的能力;四是处于无法就职的状态。从这里可以看出,"就职意愿"是判断"失业"的一个重要条件,为此,劳动者必须前往职业安定所登记"求职申请",才能接受失业保险金给付。同时规定:自动离职或犯有严重错误的失业者,拒绝接受工作或培训的失业者,将被取消1~3个月的失业保险金申领资格。当领取人通过不正当行为领取失业保险金时,从事发之日起将不予支付"失业补助"等。职业安定所所长可以发出"归还命令",命令其归还属于不正当领取的支付额的全部或部分。再有,对情节恶劣的不正当领取人,还可以命令其缴纳相当于不正当领取金额以下的罚款金额,被称作"缴纳命令"。

关于失业的给付限制及不正当领取包括以下几种。

第一,给付限制的三种类型。

雇佣保险的给付限制事由大致可以分为三类:①由于拒绝职业介绍等的给付限制;②由于离职理由的给付限制;③由于所谓的不正当领取。①和②的给付限制是雇佣保险特有的给付限制,而③是与其他社会保险共有的给付限制。

第二,由于拒绝职业介绍等的给付限制。

领取资格人(除去正在接受训练延长给付、广域延长给付、全国延长给付的人）拒绝了就职于公共职业安定所介绍的工作，或接受公共职业安定所所长指示的公共职业训练等时，从其拒绝日起算，1个月内不支付基本津贴。

然而，符合下列①至⑤中的任何一项时，不实行给付限制。是否符合①至⑤的认定由公共职业安定所所长依据厚生劳动省大臣规定的基准来进行。下面为厚生劳动省大臣规定的基准。

①所介绍的职业或指示其接受的公共职业训练等的行业以领取资格人的能力而言被认定为不恰当时。

符合这一项规定的有：第一，向身体虚弱者、老年人、少年或不适合重体力劳动的女性等介绍重体力劳动的业务时；第二，向身体残疾人介绍了其所能从事的业务以外的一般业务；第三，介绍了体质上不适合的业务（比如向丰满的人介绍了高温作业等）；第四，将需要专业知识、经验、技能或熟练度的工作介绍给没有相应能力的人；第五，介绍了从当事人的学历、工作经历来看不适合的业务。

②为了就职或接受公共职业训练等而必须要改变现在的住所或长期住址，然而认定这一变更有困难时。

这里不仅包括在将要迁入的地区找到住宅有困难的情况，还包括由于家里的情况领取资格人与抚养的家人分居有困难，或由于变更住所或地址而遭受现在得到的收入中断或减少等损失的情况。

③就职公司的薪金与同一地区的同类业务及同程度的技能所能得到的一般薪金水平相比过低的情况。

符合这一项规定的有：第一，工作单位的薪金与该地区同类业务中从事同一行业、拥有相同程度的经验、年龄相仿的人得到的标准薪金相比，大致不足其80%时；第二，工作单位的薪金净收入低于其能得到的基本津贴额的大概100%的情况。

④违反《职安法》第20条的规定介绍到正在发生劳动争议的企业时。

"劳动争议"是指罢工、怠工、封锁工厂等。然而，该争议发生前为了维持通常雇佣的劳动者人数而进行必要限度内的人员补充时的介绍是被允许的。

⑤有其他正当理由时。被介绍到劳动条件明显不符合法律规定的企业，

被介绍到2个月以上不支付薪金的企业,被介绍到劳动时间及其他劳动条件恶劣的企业等情况符合这一项。但是从应当尽量承认失业者选择雇佣的自由的观点来看,这里列举的具体基准是极为严格的。

第三,由于离职理由的给付限制

①给付限制发生的认定。

被保险人由于"应当归咎于自己的重大理由而被解雇",或者"没有正当理由地根据自己的便利辞职的情况",等待期满后在公共职业安定所所长规定的1个月以上3个月以内的期间里不支付基本津贴。领取资格人是否符合该项的认定由公共职业安定所所长依据厚生劳动省大臣规定的基准进行。

②由于"应当归咎于自己的重大理由"被解雇的认定基准。"应当归咎于自己"是指故意或重大过失的情况,而"重大理由"是指成为解雇原因的行为带来重大的结果或影响。根据厚生劳动省大臣规定的认定基准列举出来的有:第一,由于违反刑法或与职务相关的法律受到处罚而被解雇;第二,由于故意或重大过失破坏了企业的设备或器具而被解雇;第三,由于故意或重大过失使企业丧失信用,或带来损害而被解雇;第四,由于违反劳动合同或基于劳动标准法的就业规则而被解雇;第五,由于泄露企业机密而被解雇;第六,冒充企业主的名义,获得或企图获得利益而被解雇;第七,由于谎称经历等而被解雇的场合。但是,这种给付限制应该限定在"存在认为给予失业时的生活救济是不适当的程度的重大违反信义的情况"的场合。

③"没有正当理由地根据自己的便利辞职的情况"。

"正当理由"是指从企业的状况、被保险人的健康状态、家庭情况及其他方面来看,客观上认可其辞职是不得已而为之的,而被保险人的主观情况没有被考虑在内。

这一给付限制是基于认为对自己恣意地造成失业状态的人也在其失业后马上支付基本津贴等无论是在制度的运营上还是在保险的财政上都不妥当的考虑而设置的。

厚生劳动省大臣认可为由于"正当理由"辞职的是以下的情况:第一,由于体力不足、身心障碍、疾病、负伤、视力减退、听力减退等辞职;第二，由于结婚而搬迁住所，或由于育儿利用保育所等保育设施、委托亲属等保育，而无法或有困难到企业上班时辞职；第三，因要抚养年老的父亲（母亲）而不得不辞职等家庭情况的突变辞职；第四，因无法继续与配偶或应当抚养的亲人的分居生活而辞职；第五，受命调动或前往无法通勤或通勤有明显困难的企业而不得不与配偶或应当抚养的同居的亲人分居，或者配偶受命调动或前往无法通勤或通勤有明显困难的企业而不得不与配偶分居时辞职；第六，录用条件和实际的工作条件有显著差异而辞职；第七，因支付的薪金不足应当支付的薪金月额的2/3的月份持续2个月以上等而辞职；第八，由于薪金低于或预计要低于过去（前6个月）薪金的85%而辞职；第九，到达退休、职务延长、再雇佣的期限而辞职；第十，被上司或同事故意排挤，或遭受明显冷遇，以及性骚扰等就业环境明显受损的言行而辞职；第十一，受到直接或间接的退休奖励，或应自愿退休者的募集而退休；第十二，申请破产、开始破产协议手续、开始重新开业手续、开始清点时，或发生拒付票据等事实导致与金融机构的交易停止而基本确定了企业的破产时辞职；第十三，由于雇佣者的责任而停业3个月以上时辞职；第十四，缔结了被工会除名后会自行解雇的劳动合同的企业中，尽管对企业主而言没有应当归咎于自己的重大理由，却由于被工会除名而遭解雇；第十五，违背自己的意愿的、不得不搬到通勤困难的地方的住所或长期住址而辞职；第十六，因企业主的事业内容违反了法律而辞职等场合。

被保险人的辞职只要不是有上述的"正当理由"的辞职，就有给付限制。

第四，不正当领取。

对于以虚假或其他不正当的行为获取或意图获取求职者给付或就职促进给付的支付的人，从其获取或意图获取这些给付之日起，便不支付基本津贴以及就职促进给付。教育训练给付也是如此。然而有不得已的理由时，也有支付基本津贴的全部或者部分的情况。

"不得已的理由"是指领取者的家计显著贫困，且被社会普遍观念上认为不得已的必要支出所迫的场合等，被认可为进行不正当行为的动机有不得已的理由等情况。对用虚假或其他不正当的行为得到失业等给付的人，政府可以命令返还所支付的失业等给付的全部或者一部分，此外对性质尤其恶劣的案件，根据厚生劳动大臣规定的基准，可以要求缴纳相当于以虚假或其他不正当行为得到支付的失业等给付的金额的2倍以下的金额。

(9) 韩国

韩国《就业保险法》规定的失业保险金的领取资格（"求职津贴资格要求"）包括：①在离职之日前18个月里在参保单位工作不得少于180天；②尽管有工作意愿及能力，被保险人处于不在工作（包括以盈利为目的经营业务）的状态；③离职的原因不得为《就业保险法》限制领取津贴资格的任意原因；④被保险人应积极为再就业做出努力，失业后应即可到地方劳动官署报到，申报失业和申请领取失业保险金，申报求职申请后每2周定期到地方劳动官署报到，证明自己积极进行求职活动。其中《就业保险法》第五十八条对"因离职原因的津贴资格限制"进行了明确规定，包括以下几种。①当被保险人因其自身原因被解雇，且符合下列任意规定的情况时：A. 被保险人因为工作原因触犯刑法或其他法律而被判处监禁但不需狱中劳役或者其他更严重的惩罚；B. 被保险人引起公司相当的困难或造成财产损失，及符合劳工部条款规定的标准；C. 被保险人在未提前告知或无正当理由的情况下旷工多日，违反其劳动合同或雇佣规定。②当被保险人因其私人原因离职，且符合下列任意规定的情况时：A. 被保险人离职跳槽到另外的工作或者成为自雇人员；B. 被保险人不是因为①项中自身的原因离职，而是在雇主的建议下离职；C. 被保险人因劳工部条款规定的正当原因外的原因离职。

6.8.2 部分国家和地区失业保险受益率

附表6-1 部分国家和地区失业人员领取失业救济金的比重

单位：%

国家或地区	2005年	2007年	2008年	2009年	2010年	2011年	2012年	2013年
阿尔巴尼亚	6.7	7.8	6.7	6.3	6.4	6	6.9	
安道尔					8.3	10		11.1
阿根廷		4.3	5.6			4.9		

续表

国家或地区	2005年	2007年	2008年	2009年	2010年	2011年	2012年	2013年
亚美尼亚				30.5			15.8	
澳大利亚	70.4	62.4	65.8	58.2	51.3	51.4	52.7	
奥地利	89.4	89.8	90.4	91.3	91.4	90.5		
阿塞拜疆				6.6			2.5	
巴哈马						18.8	25.7	
巴林				7.9				
白俄罗斯	55.7	54	46.6	49.4	44	46.1		
比利时	84	86.1	85.7	83.6	82.8	83.1	80.2	
波斯尼亚和黑塞哥维那	1.6	1.6	1.6	2.4	2.6	2		
巴西		6.2	8					
保加利亚	23.4	27.1	44.8	45.6	30.8	28.4		25.6
加拿大	44.2	44.5	43.6	48.4	46.1	41.8	39.1	40.5
智利		19.6	19.5			23.7	27.5	29.9
中国内地					14			
克罗地亚	23.6	22.5	24.2	26.2	25.9	24.4		20
塞浦路斯	68.1	81.5	81.2	79.1	78.7			
捷克共和国	27.6	31.5	42.7	40.4	30.8	25.7	20.5	21.2
丹麦	98.9	77.8	72	78.6	70.9	48.3	72	77.2
爱沙尼亚	28.9	25.9	31.6	45.1	35.2	25.7	27.6	
芬兰	63.6	58.8	57.5	47.9	52.1	57.8	59.1	
法国	67	67.4	67.2	66	62.3	59.8	58.2	56.2
德国		80.6	86.1	86.4	87.6	86.3	88	
希腊		53.9	58	57.7	43.1			
中国香港				16.9				
匈牙利	42.6	42.6	41.3	48	39.5	35.7	31.4	
冰岛	72.6	39.1	49.8	17.7	21.6	28.6		
爱尔兰	81.5	85.9		91.3	87.2	21.6		
以色列	29.1			38.2	36.3		29.4	
意大利	35.4	42.5	43.9	61.3	56.2	55.8		
日本	21.4			25.4	19.6			
哈萨克斯坦	0.7			1	0.5			

续表

国家或地区	2005年	2007年	2008年	2009年	2010年	2011年	2012年	2013年
韩国	27.5			39.2	36		45.5	
吉尔吉斯斯坦	10.4			1.4	1.2		0.9	
拉脱维亚	37.1	47	34.8	33.4	27.9	20.8	19.5	
立陶宛							21.5	
卢森堡							43.8	
毛里求斯	0.9	0.9	0.9	0.9	1.1	1.2		
摩尔多瓦共和国							11.4	
蒙古国				9	10			
荷兰							61.9	
新西兰		28	18.6	35.8	41.8	37.5	31.5	32.9
挪威							61.8	
波兰		14.3					16.8	
葡萄牙		60.8					42.1	
俄罗斯联邦		28.4					20.6	
塞舌尔	18						5	5
斯洛伐克		7.6				11.5	11.2	
斯洛文尼亚		20				32.8	30.8	
南非	11	10.9	9.7	11.3	14.5	12.8	13.5	
西班牙		73.9				53.2	46.9	
瑞典		64.8				28.4	28	
瑞士		71.4				64.7	61.9	
中国台湾	32.5	16.4		32.7	14.6	13	15.8	
塔吉克斯坦	5.1	5		3.8	5.3	8.5	9.2	
泰国	4.2	11.1	13.8	24.3	22.4	37.1	28.5	
土耳其		4.3				6.5	7.7	
乌克兰		34.4				21.3	20.9	
英国		53.8				60.8	62.6	
美国	35	35.9	37	40.4	30.6	27.2	26.5	
乌拉圭	9.3	12.5	16.1	21.3	22.4	25.4	27.9	
乌兹别克斯坦	56.7	61.1	39.5					
越南				0.7	10.8	9.5	8.4	

资料来源：国际劳工组织网站，http：//www.ilo.org/global/statistics-and-databases/lang-en/index.htm。

7
失业保险覆盖灵活就业人员研究

7.1 研究背景、意义及必要性

灵活就业是劳动关系、劳动时间、收入报酬、工作场地、社会保险等几方面不同于建立在工业化以及现代工厂制度基础上传统的主流就业方式的就业形式的总称（劳动科学研究所课题组，2005）。研究失业保险覆盖灵活就业人员的相关问题，主要是基于以下背景。

一是灵活就业人员总体规模不断扩大。随着我国经济规模总量增加和产业结构调整以及就业制度的劳动力市场化改革，就业方式日趋多样化，大量灵活就业已成为就业的重要途径。为了鼓励和支持灵活就业，国家和政府相继出台了相关政策。从2001年的《国民经济和社会发展第十个五年计划》提出要"引导劳动者转变观念，采取非全日制、临时性、阶段性和弹性工作时间等多种灵活的就业形式，提倡自主就业"，到《关于进一步做好下岗失业人员再就业工作的通知》（中发〔2002〕12号）、《关于非全日制用工若干问题的意见》（劳社部发〔2003〕12号）以及2007年的《就业促进法》都提出要支持、鼓励灵活就业，逐步完善和实施与灵活就业相适应的社会保险政策，为灵活就业人员提供服务和帮助。

灵活就业规模逐步扩大，与世界科技经济发展的趋势有关，也与经济社会结构的变迁趋势息息相关。从产业结构看，我国第三产业继续扩张，而灵活就业多集中于第三产业；从用工形式看，为降低成本企业将进一步采用弹性的用工管理方式，增加灵活性就业岗位；从城镇化进程看，农村进城务工人员仍将以灵活就业作为主要就业形式进入城镇正规部门或非正规部门。另外，产业结构调整以及一系列化解过剩产能实现脱困发展规划的实施，也会产生大量的就业困难人员，灵活就业成为大部分人的重要选择（张丽宾，2016）。

二是当前我国的失业保险制度并未覆盖灵活就业人员。一方面，灵活就业人员的大量增加，给以传统就业形式为覆盖对象的社会保险制度带来了挑战。为保障灵活就业人员的劳动权益，原劳动和社会保障部先后将灵活就业人员纳入基本养老保险和医疗保险体系中。2007年我国部分地区才逐步尝试将灵活就业人员纳入失业保险覆盖范围，但全国性的失业保险至今未覆盖灵活就业人员。另一方面，自我国建立失业保险制度以来，参保人数逐年增加。但总体来看我国失业保险的参保人数规模相对较小。2014年底我国城镇就业人数为39310万，而失业保险参保人数仅占43%。据杨怀印、曲国丽（2010）推算，我国2009年底的灵活就业总规模达到1.2亿人以上，其中新增劳动力65%以上从事灵活就业，但真正有意愿并且参加了失业保险的灵活就业人员仅占36%，即在1.2亿的灵活就业人员中还有至少0.75亿人没有参加或没有条件参加失业保险。造成这种情况的原因之一是失业保险制度在设计上就存在一些缺憾，这也是完善失业保险政策的切入点。

三是将灵活就业人员纳入失业保险，是失业保险发挥功能的具体体现。保障灵活就业人员在失业之后的基本生活，通过失业保险基金支付的就业培训、创业培训等其他失业保险待遇提高灵活就业人员的技能水平，增强其就业能力，提高就业质量，保障就业的稳定性。

四是失业保险覆盖灵活就业人员已经具备一定的基础条件。首先是我国失业保险基金有相当规模的结余。2008年以来，我国失业保险金的结余有较快增长，2015年底我国失业保险基金累计结存5083亿元，为覆盖灵活就业人员奠定了一定的经济基础。其次是我国若干地区，如哈尔滨、昆明、南京等地已经开始试点将灵活就业人员纳入失业保险，为全国范围内的全覆盖积累了一定经验。最后是其他社会保险项目在覆盖灵活就业人员的制度设计上，也为失业保险覆盖灵活就业人员提供了政策工具选择。比如我国基本养老保险和基本医疗保险将灵活就业人员纳入制度体系，其在人群定义、基金收缴方式、保险待遇支付方式和经办管理方面都积累了丰富的经验可以借鉴。

在这种背景下研究我国失业保险覆盖灵活就业人员的必要性、可行性和制度体系设计，有助于完善我国失业保险制度体系，提高灵活就业人员劳动权益的保障力度，也有助于在宏观上促进充分就业和稳定发展。

7.2 研究的主要目的和内容

本章研究目的在于分析当前我国失业保险覆盖范围纳入灵活就业人员的必要性和可行性，通过分析国内外相关领域的研究文献和实践做法，建立灵活就业人员失业保险体系的制度框架，包括制度设计的原则，灵活就业人员范围定义、参保费率与保险待遇的确定以及失业保险经办体系等，并对失业保险基金监管等做出原则性制度设计。

研究内容主要包括三个方面，一是文献综述，主要是收集国内外相关领域的研究成果和观点，所涉及的内容包括关于灵活就业的研究、失业保险的研究、关于失业保险覆盖灵活就业人员的研究等。二是收集典型国家和地区失业保险覆盖灵活就业人员的相关资料，这些国家包括韩国、日本、德国、澳大利亚等；同时分析国内相关地区开展的灵活就业人员参加失业保险的相关实践经验。三是制度设计，通过上述分析得出在当前失业保险覆盖灵活就业的可行性，分析当前失业保险覆盖灵活就业的障碍。在此基础上，设计失业保险覆盖灵活就业人员的制度框架，并提出政策建议。本章研究思路与内容见图7-1。

7.3 研究综述

关于灵活就业的定义，刘燕斌（2000）、李会欣（2003）、劳动科学研究所课题组（2005）、贺满林（2014）等从不同角度分析和介绍了灵活就业的特点、分类和人员覆盖范围以及 ILO 关于灵活就业人员的定义等。本书在分析时，采用的是劳动科学研究所课题组（2005）的定义。

关于灵活就业的研究，吕红（2008，2010）、许册（2014）等认为，灵活就业的发展与某国家或地区社会经济发展阶段相联系，是对传统主流就

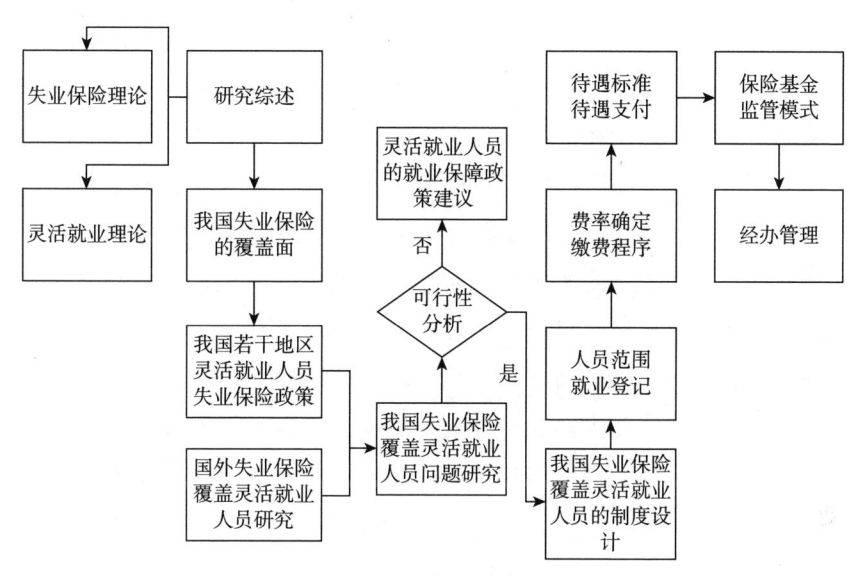

图7-1 研究思路与内容

业模式的深层次变革，灵活就业规模和水平的发展程度综合反映了经济、社会和科技发展水平，劳动力供求平衡状况，企业管理水平以及劳动组织模式，就业政策的导向，劳动者的择业观和生活方式等诸多因素。

关于灵活就业人员参加社会保障政策研究。亓名杰等（2004）、何平等（2007）、孙洁（2006）、殷志芳（2010）、杨洁（2005）、张波（2006）、刘媛媛（2006）、张娟（2004）、赵超（2013）、颜妙娟（2014）从不同角度对灵活就业人员参加社会保险问题进行了研究。从研究结果看，各国关于灵活就业人员纳入社会保险覆盖范围的制度设计，基本沿用与正规就业人员类似的办法，有的国家按照工作性质，有的按照劳动时间、岗位差异来确定保障水平和标准。我国社会保险覆盖灵活就业人员的过程中，存在着覆盖面狭窄、管理水平欠缺、制度设计不合理、"断保"、"续保"、参保意识差等问题。解决上述问题的对策包括：转变就业观念、制定相关法规、加快信息化建设步伐、完善社会保险中的各项规定、加强对用工单位的监督管理、工会要进行维权、政府加大财政投入等。

灵活就业人员失业保险制度的缺失和不完善导致了大量的灵活就业人员被排斥在失业保险覆盖范围之外，这不仅与社会保险的发展目标相背离，也在某种程度上影响了灵活就业的健康发展。在目前灵活就业养老保险和医疗保险制度已相继出台并完善的背景下，灵活就业人员的失业保险制度仍难以实施。其根本原因在于失业保险相对于养老保险和医疗保险而言有其自身特点，主要体现在：灵活就业人员失业与否界定难；失业保险金的享受概率与养老保险和医疗保险不同且无个人账户影响参保意愿。应针对失业保险制度自身特点制定灵活就业人员失业保险制度（姜美丽，2010）。

关于将灵活就业人员纳入失业保险覆盖范围的问题，主要有两种较为对立的观点，第一种是以何平、华迎放（2008）为代表的反对观点，认为社会保险不宜覆盖灵活就业人员；第二种是赞成的观点，如洪萍（2008）认为，失业保险覆盖灵活就业人员是灵活就业人员对自身合法权益的自发需要，主张"建立健全动态的覆盖灵活就业人员、与灵活就业形式相适应的失业保险制度"。

其他学者如李飞（2013）、李颖（2011）、丁煜（2008）、熊寿伟（2010）、刘博囡（2012）从不同角度进行了分析，集中于以下两个方面。一是介绍国外失业保险覆盖灵活就业人员的制度设计与措施。比如李飞等（2013）研究了加拿大、智利等国家灵活就业人员参加失业保险的制度设计，并提出失业保险覆盖灵活就业人员的政策建议，包括：①扩大失业保险的覆盖范围，将灵活就业人员纳入其中；②逐步提高失业保险的统筹层次，进一步简化失业保险关系转移接续程序；③精简失业保险领取条件，用递减法确定失业保险基金的领取标准；④建立灵活就业人员就业保障平台，增加促就业投入等。二是关于我国失业保险覆盖灵活就业人员的情况研究。比如李颖（2011）以昆明市为例对灵活就业人员参加失业保险情况进行调研，分析存在的突出问题，并提出完善失业保险纳入灵活就业人员的政策建议，包括：设计灵活的缴费制度；明确参保标准，以自愿方式参保；保障灵活就业人员的参保连续性，完善失业保险关系转移和接续措施；严格按照领取标准发放失业保险金，加强基金的监督管理等。丁煜（2008）构建了灵活就业人员参加失业保险的自我约束机制，提出失业保险覆盖灵活就业人员的关键在于防范灵活就业人员恶意支取失业保险金的行为。体制外的监督防范，由于存在高昂的监管成本和时间成本，可行性极低。最为有效的解决方式是构建自我约束机制，以利益导向为核心。具体方法可以借鉴基本养老和医疗保险中的"统账结合"模式，为灵活就业人员设计失业保险个人账户，灵活就业人员在参保期间有结余的失业保险金，可以在退休后自动转入基本养老保险的个人账户。这种制度设计通过建立养老保险与失业保险之间的链接，规避灵活就业人员参加失业保险存在的道德风险，激励参保人员合理有效地使用失业保险金。

上述研究从不同角度研究了失业保险覆盖灵活就业人员的问题，但均未全面系统地分析当前灵活就业人员参加失业保险的现状、问题和基本做法。当前我国的失业保险制度正处于变革之际，失业保险面临的环境较为复杂，社会各界对于失业保险的功能定位和政策方向存在较大差异，而有些学者观点和研究结论并没有认识到我国失业保险的特殊性。以发展的视角和全面的角度分析我国失业保险覆盖范围扩大至灵活就业人员的可行性，将是本书与其他研究的不同点之一。

7.4　国内外灵活就业人员参加失业保险情况

7.4.1　国外情况

国外灵活就业包括非全日制就业短期就业、派遣就业、季节性就业、兼职性就业、远程就业、承包就业、自雇就业、家庭就业等。从总体看，发达国家灵活就业以非全日制就业、临时就业为主，发展中国家则以自营就业、家庭就业为主。因此，失业保险覆盖灵活就业人员与否，各国策略存在较大差异，有的国家和地区将灵活就业人员纳入失业保险覆盖范围，通过建立特殊的政策措施，保证其失业时的基本生活，有的国家则没有纳入覆盖范围。即使是纳入覆盖范围的国家，由于各国灵活就业定义不同，失业保险政策差异也较大。目前，大多数国家都将自雇者、临时工、家庭劳动者、季节工等灵活就业人员排除在失业保险覆盖范围之外，只有俄罗斯等少数国家将劳动年龄阶段的劳动者全部纳入失业保险覆盖范围，其他国家部分纳入。

拉美地区失业保险制度发端于20世纪30年代，制度对稳定失业者的基本生活发挥了重要作用,但同其他国家和地区失业保险制度类似,也面临覆盖面狭窄、道德风险、对失业人员再就业激励不足等问题。为应对这一问题,拉美国家相继建立起较为特殊的失业保障制度,即失业保险储蓄账户制度。虽然各国的制度安排稍有差别,但总体思路和模式较为统一。制度的主要内容是,雇主和(或)雇员定期将工资收入的一定比重存入专门个人账户,在满足一定缴费时期后,雇员失业后按规定从账户中提取失业保险金以维持其失业期间的生活。这一制度自实施以来,在制度覆盖率、失业保障基金积累等方面成就显著。失业保险储蓄账户制度减少了传统失业保险制度下的道德风险,并对再就业有很好的激励作用。此外制度的管理成本也较低。拉美地区失业保险账户制度比较见表7-1。

表7-1 拉美地区失业保险账户制度比较

国家	建立年份	覆盖范围	缴费主体	缴费周期	缴费依据	费率	领金条件
巴西	1967	不被其他保险制度覆盖的雇员	雇主	按月		8%	
巴拿马	1972	全部雇员	雇主	按年	雇员工资	1周	
阿根廷	1975	建筑行业	雇主	按月	雇员月工资	第一年12%,第二年起8%	失业
哥伦比亚	1990	全部雇员	雇主			9.30%	失业
秘鲁	1991	私营部门雇员	雇主	半年	雇员工资	50%	失业
委内瑞拉	1997		雇主			5天工资	工作不少于3个月;失业
厄瓜多尔	2001	全部雇员	雇主	按年	雇员月工资	1个月工资	工作1年,非自愿失业
智利	2002	全部雇员	雇主、雇员	按月	雇员月工资	2.4%;0.6%	失业;缴费不少于12个月

资料来源:根据张占力(2012)整理。

但该制度能否完全承担起失业保险应该承担的基本生活保护之功能,有待验证,其弊端也较为明显。一是低收入参保者仍缺乏收入保护,因为该制度将失业风险内化于个人,不具有失业风险的再分配功能,个人要独自承担失业风险,制度起不到应有的保障收入的基础作用。二是储蓄性质的失业保险储蓄账户基金对金融市场要求较高,制度实施的效果严重依赖于管理基金的金融制度的绩效与可信度,制度缺乏自身稳定性。因此,一些实行失业保险储蓄账户制度的国家(如阿根廷、巴西和智利)还存在其他失业保障制度作为补充。在现阶段,我国也不可能完全效仿失业保险储蓄账户制度来建立灵活就业人员的失业保障体系,但是其通过建立个人账户来规避领金道德风险的做法效果良好,值得借鉴。

7.4.2 国内情况

随着我国工业化和城市化进程的加快,灵活就业已成为市场化就业和扩大就业的主要途径。灵活就业人员一部分是正规部门的非正规就业人员,但更多的是自雇性就业,没有劳动关系,流动性以及就业形式灵活程度更高,由此造成各级经办机构无法掌握其就业失业状态。灵活就业人员参加失业保险制度,当前在国家层面并没有明确的制度设计,只是在市级层面有个别地区的试点。

虽然若干地区已经开始了灵活就业人员参加失业保险体系的试点工作,但就全国来看失业保险仍然属于城镇单位职工即正规就业部门从业人员的"特权"。对于那些灵活就业人员,由于缺乏稳定的就业岗位和劳动关系,现行的失业保险制度难以适应其收入低、就业关系不稳定特征,纳入失业保险的难度相当大。本书主要对南京市、哈尔滨市、黄石市、昆明市的失业保险覆盖灵活就业人员的做法进行了调研,各地基本情况请参见附表。

7.4.2.1 哈尔滨市

从2010年初,哈尔滨市灵活就业人员可以以个人身份参保失业保险[①],截至2016年年中,接近5000人处于参保缴费状态。

[①] 《哈尔滨市灵活就业人员参加失业保险实施细则》第二条规定,灵活就业人员是指为社会、单位、家庭或个人提供临时性、季节性服务并获得相应劳动报酬,且未与任何用人单位建立劳动关系,经本人户籍所在社区劳动保障工作站登记备案,以灵活就业人员身份参加本市基本养老保险并按月足额缴费的城镇户籍人员。未与用人单位建立劳动关系且未参加本市基本养老保险的本市高校毕业生,也可以灵活就业人员身份参加失业保险。第十六条规定,失业人员享受失业保险待遇期间,不得同时享受灵活就业人员社会保险补贴。

哈尔滨灵活就业人员参加失业保险费的缴费基数，按照该市上年城镇职工平均工资的60%确定。缴纳失业保险费的比例为缴费基数的3%。灵活就业人员参加失业保险人数开始呈逐步上升趋势，在2013年底达到高峰，其后稳定在4000人左右，累计征缴失业保险费超过1000万元。从2011年7月起，开始有灵活就业人员领取失业保险金，之后领取人数逐步上升，在2014年12月达到峰值，其后领取人数逐渐回落至1350人，累计为6000多万人次发放失业保险金。

灵活就业人员参保失业保险积极性高的原因有如下几点。一是失业保险缴费比例低的同时，可以享受较高的失业待遇。2016年失业保险缴费基数为2578元，缴费比例为1.5%，计算可得每名灵活参保人员每年缴纳费用为464元；当前失业金发放标准为每人每月986元，再加上代缴医疗保险费413元，缴纳一年失业保险费可申领3个月失业保险待遇，待遇总和为4188元，是1年缴纳费用的9倍。二是允许失业人员的二次参保。2005年国有并轨企业人员逐渐开始领取失业保险金，在待遇期结束后，又以灵活就业人员身份参保失业保险。三是自2010年以来，通过媒体的宣传以及失业人员的口口相传，逐渐有越来越多的人开始了解灵活人员的政策，加入到灵活参保的队伍中来。

7.4.2.2 南京市

2002年，南京市开始失业保险覆盖灵活就业人员的试点工作[①]。《南京关于灵活就业人员参加失业保险的操作细则》规定，灵活就业人员是指从事合法社会经济活动且岗位不固定、工作时间不固定、收入不固定和劳动关系不固定，以灵活就业人员身份参加南京市基本养老保险并按月足额缴费的人员，包括市劳动保障局、财政局《关于扶持下岗失业人员就业再就业的社会保险费补贴办法》（宁劳社就管〔2006〕11号、宁财社〔2006〕

---

① 《南京市失业保险办法》第二条规定，本市行政区域内的国有企业、城镇集体企业、外商投资企业、城镇私营企业和其他城镇企业及其职工，事业单位及其职工，社会团体及其专职人员、民办非企业单位及其职工、有工勤人员的国家机关及其工勤人员、有城镇职工的乡镇企业及其镇职工、有雇工的城镇个体工商户及其雇工（以下统称缴费单位、缴费个人），依照本办法的规定，参加失业保险。第四十一条规定，实行非全日制就业、季节性等灵活就业形式人员参加失业保险的具体办法，由市人力资源和社会保障部门根据本办法另行制定。

370号）规定享受社会保险补贴的对象，以及符合上述条件的其他自谋职业、自主就业、帮扶就业的对象。

南京市参加失业保险的灵活就业人员规模一直呈递减趋势，当前制度已经处于停摆状态。主要原因是在执行过程中遇到难以克服的问题：一是就业失业登记管理难，灵活就业人员参保和享受待遇分属于就业和失业两种状态，对于具体状态完全由个人自己掌握申报，无法控制；二是违背社会保障宗旨，失业保险应当保障的是职业群体，且因制度不完备，造成权利义务不对等；三是制度设计有缺陷，现行制度，实际缴费每满一年，可以享受2个月的失业金，不足一年部分不计算享受月数，参保人员为了利益最大化，一方面会继续缴至整年数再申领待遇。但往往会有一些人自己缴费超过了数月，又不想续缴至下一个整年，就要求工作人员退保，现行政策中除了退休或重复交费外，又没有明确退保的法律依据，造成参保人员和社保工作人员矛盾不断。因此南京市也建议取消灵活就业人员参加失业保险政策。

截至2016年6月，南京市灵活就业参加养老保险59万人；参加医疗保险57万人；参加失业保险6.5万人。灵活就业人员参加失业保险，按最低缴费基数的2%费率缴纳，2015年7月至2017年6月，月缴费基数为2600元，月缴费额52元。截至2016年6月，全市在领失业金人数10.2万人，人均失业金水平1024元，其中就业转失业人员人均1133元。灵活就业人员参加失业保险一年缴费624元，可以领取两个月失业金2080元（人均每月1040元），基金为其缴纳医疗保险费420元（人均每月210元），合计2500元，还不包括物价补贴等。

7.4.2.3 黄石市

湖北省失业保险将城镇个体工商户、自由职业者等纳入了失业保险体系，为黄石市开展试点工作奠定了制度基础[①]。

---

① 《湖北失业保险实施办法》规定，本省境内城镇企业事业单位及其职工、社会团体及其专职人员、民办非企业单位及其职工、有雇工的城镇个体工商户及其雇工、国家机关和与之建立劳动合同关系的工人（以下统称缴费单位和缴费个人）都必须按国家和省有关社会保险费征缴的规定，按时足额缴纳失业保险费。参加失业保险的人员失业后依照《条例》和本实施办法的规定，享受失业保险待遇。无雇工的城镇个体工商户、自由职业者，可本着自愿的原则参加失业保险，依照本办法规定履行缴费义务后，享受失业保险待遇。

2004年,《黄石市失业保险实施细则》(黄政发〔2004〕8号)规定,黄石市境内城镇企事业单位及其职工、社会团体及其专职人员、民办非企业单位及其职工,有雇工的城镇个体工商户及其雇工、国家机关和与之建立劳动合同关系的工人,都必须按国家和省、市有关社会保险费征缴的规定,按时足额缴纳失业保险费。参加失业保险的人员失业后,按规定享受失业保险待遇。无雇工的城镇个体工商户、自由职业者,可本着自愿的原则参加失业保险。第七条规定,无雇工的城镇个体工商户、自由职业者,自愿参加失业保险的,按不低于当地上年全部职工月平均工资2%缴纳失业保险费。凡与企事业单位签订半年以上劳动合同的职工不论户籍所在都应按规定缴纳失业保险费,记入失业保险个人账户。

据统计,2006年黄石市参加社会保险职工人数约20万,其中有9万多名属于灵活就业人员。2006年10月,黄石市出台了《黄石市灵活就业人员失业保险实施意见》,细化了参加失业保险的对象、失业保险缴纳程序及灵活就业人员失业认定标准,在全省范围内率先启动灵活就业人员失业保险工作。通过不断探索,黄石市研究出一套较为简洁严密的办理流程,采取低费率可灵活操作、方便简易的参保办法。规定其失业保险的缴费标准为全市上年度企业在岗职工平均工资,并按季或年度缴纳。

2006年下半年至2011年上半年,黄石市本级4万余人享受社保补贴对象中,按当时市本级实行灵活就业人员自愿参加失业保险的试行办法,有22919人参加了失业保险,由于社保补贴的期限为三年,失业保险参保缴费规定不超过三年,社保补贴期满且失业保险参保缴费人员,可办理领取失业保险金手续,领取失业保险金期限按缴费年限计算。缴费1年领取3个月,缴费2年领取5个月,缴费4年领取7个月,从2011年7月《社会保险法》实施以后,黄石市本级实行的阶段性政策已停止。

7.4.2.4 总结

从各地实际情况看,灵活就业人员参加失业保险的主要政策嫁接于当前的失业保险制度体系,仅根据灵活就业人员的特点稍做调整,主要有以下几种做法。

关于覆盖范围,以没有建立劳动关系的当地户籍灵活就业人员为主,少数地区覆盖劳动关系不稳定的从事临时性、季节性生产服务的灵活就业人员。

关于参保登记，以参加灵活就业备案为前提，多数以参加灵活就业人员基本养老保险为条件，具体经办上结合养老保险经办体系。

关于缴纳保费，缴费基数以上年度企业在岗职工平均工资或社会平均工资的一定比例（60%~70%），费率为当地失业保险总费率，缴费按照基本养老保险缴费的自动扣减。

关于待遇领取条件，主要有以下几项：一是参保缴费满1年，二是进行失业登记（如哈尔滨）或失业备案（如南京），三是进行求职登记，四是参加安排的职业技能培训。同时，为防止随意领取失业保险金，各地还增加了一些中止申领待遇的附属条件，如中断基本养老保险缴费（昆明），中断社保补贴享受条件（黑龙江）。

关于失业保险待遇项目，包括失业保险金、职业介绍、职业培训、生育补助金（哈尔滨）、丧葬补助金、一次性生活补助等。

关于失业保险金，水平标准参照当地失业保险金标准，领金期限一般是缴费每满1年，领取失业保险金期限延长2个月，最长不超过24个月。对于没有领取的待遇期限则予以保留。

关于制度的推行，各地都是制定相关办法和实施细则，如昆明市龙盘区2015年在推行过程中，采取规范流程、加大政策宣传力度、提升服务水平和质量的方式方法。

关于制度的实施效果，总体看是不成功的。黄石市已经终止了政策，南京市处于停摆状态，哈尔滨市参保人数一直稳定在4000~5000人。从基金运行情况看，南京市和哈尔滨市均存在灵活就业人员缴纳失业保险金入不敷出现象，需要从当地失业保险基金中调剂补充。

7.5 灵活就业人员参加失业保险的制度设计

灵活就业人员是职业风险相对较大的群体，把这个群体纳入失业保险覆盖范围，对于保障其失业期间的生活和促进其就业具有重要意义。由于失业保险的对象主要是就业相对稳定的、以工资为主要来源的劳动者。对于灵活就业人员，由于这些人员没有劳动关系或劳动关系不稳定，收入和工作时间弹性很大，流动性较强，收入形式比较灵活多样，在设计具体制度时，要充分考虑到灵活就业的自身特点以及由此带来的困难，并结合失业保险管理服务能力和灵活就业人员个人愿望及要求。

7.5.1 必要性和可行性分析

从必要性上看，一是灵活就业已经成为，而且愈加成为就业的主流趋势和主要形式。从20世纪末开始，世界就业状况已经发生了根本的变化，非正规就业所占比例越来越大，美国上升到30%，欧盟统计口径下的"无固定工作"劳动者已占40%，印度则为90%。根据日本总务省2016年数据，日本2016年第一季度正规从业人员为3325万人，非正规从业人员2007万人，占37.6%，较上年同期增加28万人。二是灵活就业人员失业风险大，灵活就业人员中，与用人单位签订劳动合同的，劳动关系不稳定，工作时间、工作状态、收入水平不稳定；没有用人单位与之签订劳动合同，自己创业或自我雇佣的灵活就业人员，工作状态更加不稳定，失业后没有收入来源的风险更大，这种灵活就业人员的失业风险更大。三是传统的以正规就业人群为保险对象的失业保险，无法用于保障灵活就业人员失业时的基本生活和促进就业。现行的失业保险最基本的制度设计理念或前提是"充分就业"，从失业保险待遇期限的设计看，有6个月、12个月、18个月，我国最长期限达到24个月，这一期限设计的前提是在这段时间内大多数失业者可以重新找到工作。在失业和非正规就业规模不断增大的大背景下，以充分就业为理论基础建立的失业保险制度的不足日益显现，即工作时缴纳失业保险费，失业后可在规定期限内领取失业保险金以保障其基本生活，并促进其实现就业的制度，相对于灵活就业人员来说，已经是虚空的制度设计。那些从制造业失业的工人，尤其是蓝领产业的失业人员，很难再次进入正规部门从事传统意义上的正规就业。因此，这种有期限的失业保险根本无法解决真正的劳动力市场矛盾（唐钧，2010），需要针对灵活就业人员的特点进行修订，或建立适合灵活就业人员的失业保险制度体系。

从可行性上看，一是从世界失业保险制度演变的趋势和发展方向看，其从被动的防御性的对基本生活的物质保障向主动的激励性的对就业能力的服务性保障转变，与灵活就业向创新型、智能化方向转变而引起的对新知识、新技能的服务需求是相契合的，也就是说，将失业保险的大数法则应用于灵活就业人员抵御失业风险，在失业期间保障其基本生活的基础上，为灵活就业人员提供提升就业创业能力的服务，对于实现其尽快就业创业，具有积极的激励作用。而这种激励作用在主动性上要优于社会救助等制度体系。

二是现行的失业保险制度经过100多年的发展，已经形成了较为完善的运作体系，其科学性和有效性经过实践检验。制度的功能定位日趋完善，经办体系有效运转，已经为纳入灵活就业人员搭建了成熟的制度框架，而且灵活就业人员参加医疗保险、养老保险的经验也为参加失业保险积攒了经验。

从我国实际情况看，将失业保险覆盖灵活就业人员已经具备一定的基础条件：一是我国失业保险基金有相当规模的结余；二是我国若干地区已经开始试点失业保险覆盖灵活就业人员，为全国范围内的全覆盖积累了一定的实践经验；三是社会保险的其他险种在覆盖灵活就业人员的制度设计上，也提供了政策工具选择。比如我国基本养老保险和基本医疗保险将灵活就业人员纳入制度体系，其在人群定义、基金收缴方式、保险待遇支付方式和经办管理方面都积累了丰富的经验。

7.5.2 困难与关键问题

灵活就业人员难以参加失业保险，主要有以下原因。

一是灵活就业劳动关系的特殊性或去劳动关系化。灵活就业劳动关系的基本特征是"非标准化"，灵活就业可以没有劳动关系，属于"自我雇佣"，如个体户、自由职业者；还可以以完成某项任务而建立劳动关系，如在企事业单位正规部门从业的临时工、季节工、小时工等。与传统就业模式相比，灵活就业方式的特点是灵活性强、适应范围广、劳动关系非标准或比较松散或不存在劳动关系。随着共享经济的日益兴盛，工作内容越来越难以清晰界定。正因为此，灵活就业人员的确定也较为困难。各地对灵活就业人员的定义也存在较大差异，比如哈尔滨2010年将灵活就业人员纳入失业保险覆盖范围，其所规定的灵活就业人员与北京市《基本养老保险规定》以及西安关于灵活就业人员的定义存在差异。

二是灵活就业人员的就业失业状态难以定义和监测。现行《就业服务与就业管理规定》对失业人员的界定在鉴别灵活就业人员的失业状态时，仍面临着操作难问题。如对于临时工、季节工、承包工、小时工、派遣工等，虽然可以和用人单位建立劳动关系，但其工作时间不固定，纳入失业保险覆盖范围后，会大大增加社保管理部门工作量和工作难度，而且当前经办体系信息化程度无法追踪其就业状态的变化。而对于自雇型就业（如个体经营和合伙经营）、自主就业（如作家、自由撰稿人、律师、中介服务工作者）、临时就业（如家庭小时工、街头小贩和其他类型的打零工者），其"失业"和"就业"更难以界定。这也是将灵活就业人员纳入失业保险的主要障碍。

三是容易发生套现道德风险。正因为灵活就业人员的就业与失业状态的难以界定和监测，实施灵活就业人员参加失业保险试点的地区，均发生不同程度的套现风险。根据2015年的相关数据，按照缴费1年可以申领2个月失业保险金测算，缴费和失业保险金的比值达到100∶267，即每缴纳100元失业保险费可申领267元失业保险金。随着缴费年限的增加，灵活就业人员领取失业保险金总额与缴费额之间的差距还有可能拉大，此外，失业保险基金还为领取失业保险金人员支付参加职工基本医疗保险费用（2015年全国月人均缴纳基本医疗保险费为265元），加上其他如丧葬抚恤金、生育、取暖补贴以及相关的再就业服务等，灵活就业人员能享受到的失业保险各项待遇是其缴费额的数倍，如果将灵活就业人员纳入失业保险，制度设计不当将存在较大的套现风险。

四是易引发不平衡。失业保险具有较强的互济性，多数人一生也不会面临失业问题。2015年底，全国参加失业保险人数为17326万人，而当月领取失业保险金人数为228万人，领取人数在参保人数中的占比较低。如果将灵活就业人员纳入覆盖范围，由于他们的职业特性，在当前环境下，绝大多数都能领到失业保险金，这将对现行制度是较大冲击，易造成不平衡。

7 失业保险覆盖灵活就业人员研究

五是现行失业保险政策对灵活就业人员的吸引力差。这主要源于两方面,一方面是相对养老保险、医疗保险而言,失业保险所保障的"失业"风险较为特殊,有的参保者可能在职业生涯中不存在失业问题;另一方面是与养老保险和医疗保险制度不同的是,失业保险制度无个人账户,缴费激励性差。

六是新就业形态的灵活就业具有新特点。随着科技进步,信息产业的发展引起共享经济等新就业形态中灵活就业的比重越来越大,而且出现新的特点,例如,劳动关系愈加灵活;收入波动大,差距大;灵活就业人员的流动性加强;就业机会互联网化更加剧了工作任务碎片化、工作弹性化和身份个人化。这些新特点对于判断失业保险所覆盖灵活就业人员的范围、身份确定、就业与失业状态提出了挑战,也为当前失业保险业务经办机构的能力等提出新的挑战,增加了制度设计的难度。

因此,要建立灵活就业人员参加失业保险的制度,需要根据失业保险的制度特征,充分考虑失业保险经办现状,对参保范围、缴费机制、待遇范围与水平等进行限定,并解决以下关键问题。

第一,灵活就业人员的界定。要与我国社会保险法和相关法律、有关政策文件规定的灵活就业人员具有同等内涵。在具体经办过程中,对于灵活就业人员的界定,主要根据以下几点:一是实际以灵活形式就业,二是灵活就业形式经过确认或备案,三是以灵活就业人员形式参加养老保险。考虑到灵活就业人员参加失业保险面临的困难和当前失业保险经办机构的碎片化分布现状以及经办队伍的经办能力,在建立灵活就业人员失业保险制度时,按照先易后难、逐步扩展的原则,在覆盖范围上,按照失业保险现有统筹地区划分,暂将统筹地区内本地城镇户籍灵活就业人员划入失业保险覆盖范围。

第二,建立灵活就业人员就业与失业的鉴别机制。尤其是没有劳动关系的灵活就业人员。可以考虑以缴费而不是以建立劳动关系来确定其就业与失业动态,以灵活就业人员到经办机构办理参保登记并按规定缴费作为建立失业保险关系的必要条件。从全国各地实践情况看,可以通过失业就业登记(备案),并将灵活就业人员参加失业保险与养老保险的参保缴费工作进行对接来鉴别就业失业状态，即灵活就业人员参加养老保险且足额缴费，可以视为就业；进行失业登记或失业备案的，则视为失业，同时中断所有社会保险缴费。

第三，通过制度设计规避灵活就业人员参加失业保险的道德风险。首先可以从正向激励的角度，增加领取失业保险金的机会成本，比如建立失业保险金个人账户，将领取失业保险金与中断养老保险缴费进行捆绑设计，加大当前领取失业保险金的预期养老金损失；其次可以从负向激励的角度，加大惩戒力度，对违规或恶意领取失业保险金的行为进行严惩，通过建立失业保险缴费记录、领取记录、再就业培训档案记录，追踪灵活就业人员领取待遇情况，对失信参保人员加大惩戒力度。

第四，结合灵活就业人员参保特点和目前世界失业保险发展趋势，确立灵活就业人员失业保险制度的理念与基本功能。首先要摒弃保生活是失业保险最主要功能的认识误区，明确三位一体功能的内部联系，即促就业是失业保险政策的落脚点；保生活是促就业的基础，失业人员积极参加促就业活动是领取失业保险金的前提条件；防失业是失业防线的前移，是失业保险体现促就业功能的高级表现形式，也是我国积极就业政策的一部分。其次要从提升灵活就业人员就业能力的角度，设计积极的失业保险政策，从传统意义上的事后被动的失业救济向事前主动的失业预防转变，从消极的基本生活保障向积极的职业能力提升转变，要将预防失业和促进就业作为灵活就业人员失业保险制度的最重要功能。最后要通过扩大支出范围保障灵活就业人员失业保险政策的实施。本着确保失业保险基金安全的原则，将失业保险与促进再就业紧密结合，加大灵活就业人员的开发力度，不断提高灵活就业人员的稳定就业能力。

第五，建立适合灵活就业人员参保的经办体系。经办体系是失业保险制度运行的承载主体，没有运转良好的经办体系，再好的制度设计都是空中楼阁。目前，我国的失业保险经办体系存在碎片化的现状，表现在全国各省份的失业保险业务经办模式、经办机构、经办标准、经办规程均不统一，而且不同层级的经办体系也不统一。相比于现行的失业保险业务经办而言，灵活就业人员的失业保险业务经办更为复杂。对于没有用人单位的灵活就业人员,只能推行个人参保制,需要一对一式的服务,要做好参保缴费、审核监督以及落实有关失业保险待遇等工作,对目前失业保险业务经办体系来说是新的挑战。

7.5.3 基本原则

考虑到灵活就业人员参加失业保险面临的困难和需要解决的关键问题,建立灵活就业人员的失业保险制度必须坚持以下原则。

一是坚持社会保险的广覆盖、保基本、可持续原则。要明确失业保险属于社会保险范畴,要坚持广覆盖、保基本、多层次、可持续的方针,社会保险水平应当与经济社会发展水平相适应。广覆盖原则是指应尽可能地将灵活就业人员纳入失业保险覆盖范围,只要申请参加失业保险的灵活就业人员,都应被纳入。保基本原则是指失业保险待遇以保障参保灵活就业人员的基本生活和基本需要为原则,避免过高标准造成参保人员的负担过重,也能避免产生对保险金的过分依赖。可持续原则保证灵活就业人员参加的失业保险制度能够长期稳定发展,基金收支能够实现长期平衡,自身良性运行。

二是坚持发挥失业保险三位一体功能。灵活就业人员的失业保险制度不是只注重预防失业和促就业,更不是仅将失业保险金作为失业保险基金的支出项目。要明确促就业是系统工程,失业治理与劳动政策、产业政策及人力政策息息相关,必须把提升劳动者就业能力与促进产业发展、扩大就业机会的制度机制相结合。相应地,灵活就业人员的失业保险制度设计要把失业保险金与稳定就业、加强职业训练和促进就业服务的机制相结合,形成失业治理与就业保障的一体化、全过程治理。因此,灵活就业人员的失业保险基金支出范围需要进一步扩大,除了要保障灵活就业人员的基本生活以外,还可以用于鼓励创业,鼓励参加技能培训等。

三是要从服务就业工作的大局出发,考虑灵活就业人员参加失业保险的政策问题。一方面,我国的就业矛盾开始从总量矛盾向总量矛盾和结构性矛盾并存转变,而且结构性矛盾日益突出;另一方面,灵活就业的主流化趋势,也为就业和失业保险相关工作提出挑战。我国就业和失业具有自己的特点。首先，人员失业后在企业、行业和产业内部的转移大于向外转移，失业人员的知识类型和技能结构较为定型，失业后需要更长时间和更大投入去转变、提升就业技能，在经济结构调整背景下解决失业问题更为困难。其次，我国失业周期较长，2014年城镇登记失业人员失业超过2年的比重占19.3%，失业时间1年以上的比重达到36.2%，平均失业时间超过1年（为12.3个月）。失业人员的失业时间越长，越难实现重新就业，而持续的失业状态伴随着更为严重的社会问题，如社会孤立、家庭破裂的概率上升、影响家庭教育等，容易造成贫困状态的代际延续。所以失业是一连串的事，并非只是经济社会众多因素导致的终点，而是一系列社会问题的起点。当前经济面临下行压力，经济结构调整进程加快，去产能过程中的职工安置任务加大，更需要实施积极的就业政策，多渠道筹集促进就业资金保障就业政策的实施。因此，灵活就业人员参加失业保险的政策体系，必须突出其防失业促就业功能，在政策功能定位和基金支出项目上要突出对灵活就业人员就业能力的提升作用，进一步将其纳入积极就业政策体系的一部分。

四是要结合我国经济社会发展的不均衡性特点，在制度设计上基于地方自主权。我国各地经济水平、经济结构、人口总量与结构、劳动力素质、就业结构、失业水平以及各地各级财政力量等发展不平衡，尤其是东部沿海地区和中西部地区相比较更为明显，由此造成各省份在以下两方面存在较大差异性：首先，各地就业问题的性质不同，有的省份以总量矛盾为主，有的地区结构性矛盾突出，有的省份灵活就业人员总体规模较大，有的则较小；其次，各地失业保险发展不平衡，即使在省级行政区划范围内，失业保险的不同统筹地区间的发展发展水平不一，表现在各地参保人数、覆盖范围、统筹层次、缴费基数、待遇水平、基金收支结余水平、失业保险业务经办能力以及经办工作的信息化程度等都存在较大差异。如截至2016年6月底，同是非东部7省（市）的四川省失业保险基金结余336.2亿元，海南省结余33.7亿元，仅为四川省的1/10。因此各地对失业保险基金的功能定位也存在差异，有的省份突出促就业功能，有的省份着重于保生活，尤其是去产能过程中职工安置任务重的省份，更是以保证按时足额发放失业保险金为首要任务。同时考虑到稳定就业局势和失业保险工作的责任主体是省级政府。在失业保险三位一体功能的选择偏重和具体支出项目的设计上，应在保持制度框架总体统一的前提下，兼顾地方差异，赋予地方一定自主权以增强制度的灵活性和活力。应该允许各地根据自身就业工作的需要和失业保险基金收支情况等多方面因素，结合本地灵活就业的总体规模特征、产业行业特征等因素，设计适合实际的失业保险政策体系。

五是坚持灵活就业人员自愿参保原则。从发达国家的经验看，以个体劳动者参加社会保险为例，都曾经历过从"排除"、"自愿"到"强制"参保的不同阶段。目前我国一些城市对于灵活就业人员参加社会保险大多主张自愿性原则，各地灵活就业人员参加失业保险都是采取自愿原则，即全员接受，自愿参加。

六是改善失业保险制度的激励机制。灵活就业人员参加失业保险属于个人参保行为，需要在制度设计上更加体现激励功能。首先，灵活就业人员失业保险制度设计要更加体现权利义务对等，在参保缴费的权利上，体现应保尽保原则，即只要灵活就业人员申请参加失业保险并按规定缴纳失业保险费的，就有资格享受失业保险待遇。其次，在待遇享受资格条件上，进一步简化，可以考虑删除现行《条例》关于非因本人意愿中断就业的限制。最后，在享受待遇标准上，与缴费标准相对等。

7.5.4 制度设计

将失业保险制度扩大到城镇灵活就业群体的关键是要增强制度的激励性。为增强激励性，除了提供失业保险金外，要提供更为有效的就业创业帮扶服务，同时要加大灵活就业人员套现的机会成本，将失业保险与社保补贴、养老保险缴费相结合。

7.5.4.1 基本目标

通过建立灵活就业人员的失业保险制度，达到以下基本目标：一是保障灵活就业人员在失业时的基本生活；二是为灵活就业人员提供就业创业培训，提高灵活就业人员就业创业能力，提高就业质量；三是通过建立灵活就业人员失业保险制度与养老保险制度的对接，加强灵活就业人员养老保险待遇的保障力度；四是通过建立制度，实现失业保险制度的全覆盖，充分发挥失业保险反经济周期的稳定器作用，服务于就业稳定和经济社会发展。

7.5.4.2 覆盖范围

灵活就业人员，是指各省份在失业保险统筹地区内为社会、单位、家庭或个人提供临时性、季节性服务并获得相应劳动报酬，且未与任何用人单位建立劳动关系，经本人户籍所在社区社会保障工作站登记备案，以灵活就业人员身份参加统筹地区养老保险并按月足额缴费的城镇户籍人员。统筹地区内的高校毕业生，也可作为灵活就业人员参加失业保险。

7.5.4.3 建立灵活就业人员失业保险基金账户

现在有很多学者提出建立失业保险账户制度，即为大量的城镇灵活就业人员设计新型的失业保障制度。如郑秉文（2015）提出要为城镇灵活就业人员单独建立"失业保险储蓄账户"，为鼓励职工建立账户和进行缴费，失业保险基金作为配比缴费可适当对其账户进行缴费。当经济周期到来并达到某个指标时，经审批同意，账户储蓄额可作为失业保险津贴予以提取，从而实现经济上行期（就业状态）向下行期（失业状态）的消费平滑、正规部门（企业主的缴费）向非正规部门的经济扶助，公共部门（机关和事业单位的缴费）向私人部门的"转移支付"、国家（失业保险制度）对社会（灵活就业群体）的政策倾斜。为提高效率和减少行政成本，"失业保险储蓄账户"可与灵活就业人员的养老保险个人账户实行"绑定管理"和分账核算。

在综合借鉴文献综述、国内外经验和相关学者丁煜（2008）、郑秉文（2015）研究的基础上，本书建议构建灵活就业人员失业保险基金账户，并将失业保险账户与养老保险账户进行对接，建立失业保险账户与养老保险账户的关联，即如果在参保期间没有享受过失业保险待遇，或是在支付了失业保险金之后仍有剩余，则其失业保险缴费的部分账户积累可转入其养老保险账户，增强其养老保障的能力。

账户设计借鉴养老和医疗保险中的"统账结合"模式，在灵活就业人员的失业保险基金管理中建立个人虚拟账户和统筹账户。其中，失业保险个人虚拟账户基金主要来自灵活就业人员参保缴费，部分来自政府补贴和社会捐赠等，主要支出用于灵活就业人员失业时的失业保险金支出，同时用于领取失业金期间的就业培训、职业介绍等就业促进项目的支出。当基金出现赤字时，由统筹地区失业保险基金予以调剂，当地失业保险基金出现赤字时，政府财政给予补充。账户资金虽然称为个人账户，但参保灵活就业人员不能自由支配，作为虚拟账户在参保期间只能发挥记录参保缴费的功能，当参保人员退休、退保或参加城镇企事业单位及其职工的失业保险制度时，个人账户所缴纳失业保险基金转入基本养老保险个人账户。当灵活就业人员转而参加非灵活就业人员失业保险制度，灵活就业期间的缴费年限等同对待。

灵活就业人员失业保险统筹账户基金，全部来自参保缴费，用于统筹地区灵活就业人员的防失业促就业支出项目，如创业培训补贴、技能提升培训补贴、技能鉴定补贴等。基金管理遵循以收定支、收支平衡原则。

关于缴费基数，可以根据灵活就业人员收入不稳定和收入差距较大的特点，采取等级缴费制，设计若干个等级的费基，按照固定费率缴费，参保人可以根据实际情况自愿选择。最低缴费基数设定为当地最低工资标准，最高一级可设定为社平工资的3倍，具体情况由统筹地区自行设定，或参考灵活就业人员养老保险缴费基数。

关于缴费费率，结合现行《失业保险条例》、《关于调整失业保险费率有关问题的通知》（人社部发〔2015〕24号）、《关于阶段性降低社会保险费率的通知》（人社部发〔2016〕36号）的规定，以及各地降费率的实际情况，本书将灵活就业人员的失业保险费率确定为2%，其中1%费率的缴费纳入个人虚拟账户，其余1%费率的缴费纳入统筹账户（见图7-2）。

关于缴费方式，虽然就业人员收入不稳定，但考虑到灵活就业人员失业保险制度与养老保险的对接，可以统一规定失业保险费按月缴纳，缴费时间累计折算成标准缴费年限。明确灵活就业人员逾期未缴纳失业保费的，不予补缴。灵活就业人员缴费自动扣缴的，当参保账户存款余额不足时，按照失业保险费、基本养老保险费的顺序依次扣缴。

关于灵活就业人员失业保险基金支出项目，可参照《失业保险条例》、东7省（市）扩大失业保险基金支出范围试点政策、困难企业社保补贴和岗位补贴、价格临时补贴的相关规定和文件精神，确定灵活就业人员失业

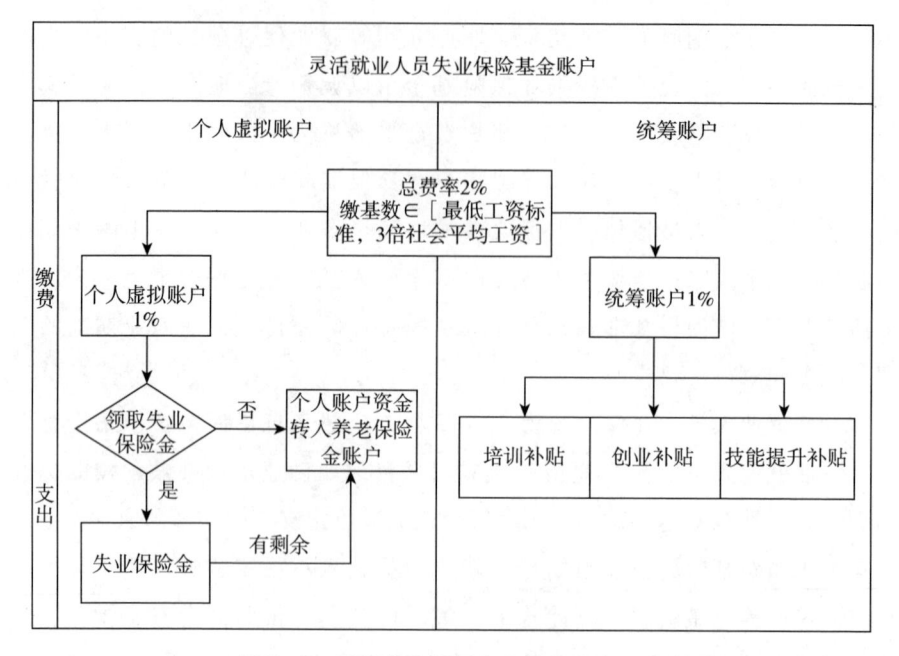

```
┌─────────────────────────────────────────────────────────────┐
│                 灵活就业人员失业保险基金账户                    │
│  ┌──────────────────────────┬──────────────────────────┐   │
│        个人虚拟账户                     统筹账户           │
│                    总费率2%                                 │
│                缴基数∈[最低工资标                            │
│                准,3倍社会平均工资]                           │
│        个人虚拟账户                     统筹账户1%          │
│              1%                                             │
│                                                             │
│        领取失业    否   个人账户资金                         │
│        保险金  ───→  转入养老保险    培训补贴 创业补贴 技能提升补贴│
│                      金账户                                 │
│           是                                                │
│        失业保险金  有剩余                                    │
└─────────────────────────────────────────────────────────────┘
```

图7-2 灵活就业人员失业保险账户设计

保险基金可用于以下支出：①失业保险金；②领取失业保险金期间的医疗补助金；③领取失业保险金期间死亡的失业人员的丧葬补助金和其供养的配偶、直系亲属的抚恤金；④领取失业保险金期间接受职业培训、职业介绍的补贴；⑤职业技能鉴定补贴；⑥社会保险补贴；⑦小额贷款担保基金和小额担保贷款贴息；⑧价格临时补贴；⑨创业补贴；⑩国务院规定或者批准的与失业保险有关的其他费用。

上述支出项目、补贴的办法和标准由省、自治区、直辖市人民政府规定。除此之外，还应根据灵活就业特点，增加创业补贴，主要考虑：一是当前双创事业的蓬勃发展为灵活就业人员提供了良好机会和政策环境；二是国外发达国家的成功经验和效果。

7.5.4.4 失业保险待遇

7.5.4.4.1 待遇享受条件

失业保险所指的失业，是指非自愿失业，是指劳动者愿意接受现行工资水平与工作条件，但仍找不到工作而形成的失业。虽然各国失业保险制度不同，但享受失业保险待遇的资格条件具有共性：一是被保险人在失业前已经缴纳保险费达到特定的数额,或投保期、就业年限符合领取失业保险金的条件;二是非自愿失业,即失业保险金只能支付给那些达到就业年龄、有劳动能力、有从业意愿并在职业介绍所登记的失业者。

我国《失业保险条例》规定领取失业保险金的条件包括三项:①按照规定参加失业保险,所在单位和本人已按照规定履行缴费义务满1年的;②非因本人意愿中断就业的;③已办理失业登记,并有求职要求的。其中,第①项体现了失业保险权利义务对等原则;第③项体现了"失业"状态;但是第②项"非因本人意愿中断就业的"不能准确体现失业的"非自愿",并且这一规定条件在现实中产生了一系列问题,有必要适当放宽这一条件。

非自愿失业,是失业的一种状态,描述的是失业者对当前失业状态的不认可,而通过积极寻找工作的求职行为能够检验失业的是否自愿。"非本人意愿中断就业的"体现的是失业者对中断前一份工作的行为意愿,是对某一个时点的就业行为的描述,不能用于刻画失业者对非自愿失业的常态延续。基于此,可以考虑简化申领条件,删除非因本人意愿中断就业的规定。由此,灵活就业人员领取失业保险待遇的资格条件包括:①按照规定参加失业保险,按照规定履行缴费义务满1年;②已办理失业备案;③有求职要求。

7.5.4.4.2 待遇水平

现行《失业保险条例》规定,失业保险金的标准按照低于当地最低工资标准、高于城市居民最低生活保障标准的水平,由省、自治区、直辖市人民政府确定。

目前,全国各地确定失业保险金标准的方式有四类,其中,23个省份和新疆建设兵团以当地最低工资标准的一定比例(平均约70%)确定;北京等4个省份根据本地经济发展状况、工资水平、居民生活水平、个人缴费年限等因素确定;吉林、西藏以当地城市居民最低生活保障标准的一定比例(120%~165%)确定;江苏和海南以职工失业前12个月平均缴费基数的一定比例(40%~50%)确定。

失业保险金最高标准和最低标准的规定,体现了失业保险妥善协调保障和激励的功能,可以使失业保险金的发放标准随着最低工资标准和城市最低生活保障标准的调整而调整,这也是保障失业人员享受社会进步和经济发展成果的措施。2015年，全国领取失业保险金人员月人均领取水平为960元，比上年增加108元，增长12.7%；比2010年增加465元，年平均增长14.2%。

我国失业保险金与城镇单位就业人员平均工资相比，水平不高。2015年我国城镇私营单位、非私营单位就业人员月平均工资分别为3299元和5169元，全国人均月失业保险金水平的替代率分别为29.1%和18.6%，低于发达国家的替代率水平（50%~90%）。但从总体看，我国失业保险待遇总体水平并不低，体现在以下几个方面。一是当前失业保险金月平均水平与最低工资月平均标准的比值，高于国际劳工组织第168号公约确定的50%的参考标准。2015年我国各地最低工资标准的平均值为1408元，失业保险金月平均水平为最低工资标准的68.2%。二是我国失业保险待遇给付期限较长，提高了失业保险待遇总体水平。我国失业保险给付期最长为24个月，除斯洛文尼亚（同是24个月）外，高于其他实施失业保险制度的国家和地区规定的最长领取失业保险金期限。这种较长给付期与较长的失业期相适应。2014年我国城镇登记失业人员平均失业时间为12.3个月，而且失业时间超过1年的比重占36.2%，超过2年的比重为19.3%。三是除了失业保险金外，我国失业保险待遇还包括为领取失业保险金人员缴纳的基本医疗保险费，为失业农民工发放的一次性生活补助，失业人员在领取失业保险金期间死亡的，为其家属一次性发给丧葬补助金和抚恤金等。这些项目丰富了失业保险待遇内容，提高了失业保险待遇总体水平。

基于以上分析，灵活就业人员的失业保险金标准，应参照当前失业保险制度规定，由各地结合当地失业保险基金的承载能力自行确定制定标准，并根据参照标准的提高而适度提高灵活就业人员失业保险待遇水平。

7.5.4.4.3 待遇期限

关于灵活就业人员的失业保险待遇期限，可参照《条例》规定[①]，也可参照各省份失业保险规定的做法，即各地结合实际情况对失业保险领金期

---

① 《失业保险条例》第十七条规定，失业人员失业前所在单位和本人按照规定累计缴费时间满1年不足5年的，领取失业保险金的期限最长为12个月；累计缴费时间满5年不足10年的，领取失业保险金的期限最长为18个月；累计缴费时间10年以上的，领取失业保险金的期限最长为24个月。重新就业后，再次失业的，缴费时间重新计算，领取失业保险金的期限可以与前次失业应领取而尚未领取的失业保险金的期限合并计算，但是最长不得超过24个月。

限稍做调整,将缴费年限和领金期限结合更为紧密,每满1年缴费年限,领金期限增加2个月,最长不超过24个月。

7.5.4.4.4 待遇终止条件

关于灵活就业人员领取失业保险金的终止条件,可参照《条例》规定[①]。除此之外,考虑到灵活就业人员领金道德风险,需要强化失业保险待遇给付与工作搜寻以及职业技能培训之间的联系,同时,考虑到灵活就业人员失业保险制度与养老保险的对接,可以将参加养老保险并缴费等同于实现就业,一旦养老保险项目恢复缴费,则失业保险金的发放就自动中止。基于此,可以在中止领金条件中添加以下内容:一是失业待遇享有期间没有定期到有关部门报告求职情况的;二是不参加有关部门安排的职业培训的;三是参加基本养老保险并缴纳养老保险费的。

7.5.4.5 管理和监管

灵活就业人员失业保险基金管理可参照现行失业保险相关政策规定。考虑到制度的特殊性,基金账户要独立于现行的失业保险基金。同时对灵活就业人员失业保险基金的个人虚拟账户和统筹账户要采取相互独立的管理模式,并且专款专用。

要加强灵活就业人员参加失业保险的业务经办与监管力度。首先,建立以镇、街道失业保险经办机构为依托的灵活就业人员个人申报机制,由灵活就业人员持个人有效证件在其居住地的镇、街道失业保险经办机构确认已实现灵活就业,并同时填写灵活就业人员参保申报书,然后经办机构办理缴费手续并汇总缴费名册,定期缴纳失业保险费。其次,要为灵活就业人员建立单独的个人缴费数据库,实时管理和动态维护灵活就业人员缴费记录,并通过各种信息化终端告知参保人员的缴费记录、待遇享受情况以及个人账户基金变化情况。再次,经办工作建立实时公布机制。提供失业保险信息查询服务,为灵活就业人员参保提供方便、快捷的网络服务。

---

① 《失业保险条例》第十五条规定,失业人员在领取失业保险金期间有下列情形之一的,停止领取失业保险金,并同时停止享受其他失业保险待遇:(一)重新就业的;(二)应征服兵役的;(三)移居境外的;(四)享受基本养老保险待遇的;(五)被判刑收监执行或者被劳动教养的;(六)无正当理由,拒不接受当地人民政府指定的部门或者机构介绍的工作的;(七)有法律、行政法规规定的其他情形的。

最后，建立灵活就业人员参加失业保险信用评价惩戒体系，对于恶意骗取、浪费失业保险基金的违规行为加大处罚力度。

7.6 政策建议

灵活就业人员参加失业保险制度的设计，要按照我国失业保险制度顶层设计的总体要求，保持与现行制度的衔接，适应灵活就业人员的就业特征以及基本制度诉求，还要结合当前失业经办体系的实际情况。为此，关于制度设计和推行，提出以下政策建议。

7.6.1 建立灵活就业人员参加失业保险的政策体系

建立和实施灵活就业人员的失业保险制度，必须有相应的法规才能保证其有效运行。把灵活就业人员纳入失业保险法律法规体系，明确灵活就业人员参加失业保险的权利和义务，保障灵活就业人员参加失业保险实现规范化和制度化。通过立法明确灵活就业人员以自愿方式参保，确定参加失业保险的灵活就业人员法定地位，统一对灵活就业人员的界定，制定科学合理的参保机制和业务经办规范，衔接灵活就业人员失业保险政策与就业失业登记、现行失业保险政策、养老保险政策和其他政策体系。

7.6.2 建立灵活就业人员参加失业保险备案制度

一是建立灵活就业登记备案，明确在法定劳动就业年龄内的从事灵活就业的人员并取得劳动报酬的，均可到户籍所在地街道（乡镇）劳动保障服务机构办理灵活就业人员备案手续。明确只有办理备案手续后，才能进行参保缴费。二是建立灵活就业人员失业备案，将失业备案与终止缴纳失业保险费、养老保险费相连接，明确进行失业备案的灵活就业人员不计入城镇登记失业人员。三是建立失业保险待遇享受备案，记录参保人员待遇享受与个人账户资金变动情况。

7.6.3 严格基金独立管理模式，实行专款专用

考虑到灵活就业人员失业保险制度的特殊性，其失业保险基金实行专

账制度，专款专用，原则上不与现行失业保险基金账户资金调剂使用。灵活就业人员失业保险基金的管理和使用，实行统筹账户和个人虚拟账户相结合的方式，且统筹账户和个人虚拟账户资金专款专用，严禁内部调剂。在失业保险基金的管理上，个人虚拟账户主要用于失业保险金支出；统筹账户资金在失业保险基金的使用上，要拓宽其受益范围。对于结余资金的投资收益渠道应适当放宽，增强其盈利能力。

7.6.4 扩大失业保险基金支出范围

为保障失业保险制度对灵活就业人员的防失业与促就业的激励作用，需要在失业保险待遇上进一步扩大，除失业保险金外，需要添加防失业促就业支出项目。在具体项目设计上，可按照《就业促进法》规定的原则，结合《失业保险条例》修订进程和失业保险基金支出项目修订内容来设定相应的制度细节，并根据灵活就业人员的就业特点对《条例》规定做适应性调整，比如对于防失业项目的调整、对于促就业培训的调整等。

7.6.5 建立适合灵活就业人员参保的经办体系

对于灵活就业人员的失业保险业务经办，要从人本理念出发，按照权利和义务相统一，公平和效率相对应，保障水平和承受能力相适应的总体原则，加强基础建设、规范业务操作、简化办事流程，充分尊重灵活就业人员基本意愿和个人选择，为参加失业保险创造宽松便捷的环境。

考虑到失业保险业务经办的特殊性和灵活就业人员就业的特殊性，要充分发挥基层失业保险经办机构的基础性作用，进一步充实镇、街道劳动保障事务所（站）的职能，对本辖区内灵活就业人员的就业和失业情况进行在册登记、跟踪服务、动态管理。

在失业保险金申领和失业保险关系转迁过程中，尽量简化程序。可以根据《失业保险条例》《失业保险金申领发放办法》的修订进程，适时制定适合灵活就业人员的失业保险经办规范。

7.6.6 加强监控惩戒，规避道德风险

规避道德风险，除前述制度设计的正向引导激励外，需要从惩戒行为

的角度做出政策规定。可以参照国外（如美、英、法、澳）失业保险待遇领取的监管机制，失业人员在领取失业保险金之前，必须进行求职登记；在领取失业保险金期间必须定期到社保经办机构报告求职情况和被拒绝的情况。否则，将被取消领取失业保险金的资格。

对于灵活就业人员的失业保险待遇领取，尤其要加大监督监控工作力度：一是要完善失业监控体系，通过信息共享加强就业、社保、工商、税务等部门的工作协调配合，实时追踪、更新灵活就业人员的就业和失业状态变动情况；二是对失业保险基金实行定期和不定期的监督检查，及时解决失业保险基金在征收、管理和支出中不规范的问题，增强失业保险基金的透明度；三是要建立灵活就业人员就业信息和参保信息的跟踪系统，建立信息公开机制，对于恶意骗取、浪费失业保险基金的违规行为加大处罚力度，增加灵活就业人员对失业保险的信任度，促进灵活就业人员积极参保。

7.6.7 多方面施策，保障制度顺利实施

失业保险横跨就业和社保量大领域，灵活就业人员的失业保险政策，需要多方面施策，多项制度配合实施。一是要充分发挥劳动力市场配置资源的基础性作用。政府要加强劳动力市场的建设，重视中介服务机构硬件和软件建设，做好灵活就业人员的登记工作，对灵活就业人员的基本信息、就业状况、社会保险参保状况进行登记。二是加快社保体系信息网络建设。通过建立灵活就业人员信息数据库，并进行横纵结合的网络化管理，逐步在统筹地区、省级行政区划内建立起上下畅通的信息共享机制，最终实现失业保险关系的转移和接续，减少断保现象，避免重复参保。三是完善公共就业服务体系建设。就业服务实行"一站式"及"一条龙式"服务模式，进一步简化灵活就业人员参加失业保险的各项业务办理程序和流程，保障制度顺畅运行。

7.6.8 有序推进制度实施

按照先易后难、有序推进的原则来制定、推行灵活就业人员参加失业保险制度。首先要做好试点工作，制度设计完成后，选择若干地区先行试

点，根据试点情况对制度进行修订与完善。其次是对加强政策宣传，强化灵活就业人员对失业保险的功能认知和政策认知，进一步将更多的灵活就业人员纳入失业保险体系中。在制度推行过程中，加强政策的宣传力度，让灵活就业人员明白失业保险的功能和目的，并对政策有深入了解。通过基层经办机构的宣传和政策解读，让社会各界认识到失业保险的重要意义，以及在促进就业和治理失业过程中的重要作用。三是要做好失业保险基金的精算，要结合试点情况，预测参保人数总体规模和失业保险金申领比率，利用失业保险精算方法对失业保险个人虚拟账户、统筹账户基金的短期平衡和中长期平衡情况进行预测，对制度进行总体效用评估。

8
建设具有中国特色的积极的失业保险政策体系

建设具有中国特色的积极的失业保险政策，就是要充分考虑失业保险的二重性，从我国失业保险功能演进的趋势和总体特征出发，结合失业保险制度面临的形势，以保生活、防失业、促就业三位一体功能为政策导向，将失业保险的保生活政策、促就业政策、防失业政策和参保政策、费率政策统筹考虑，并与积极的劳动力市场政策、积极的就业政策协同推进，在保障失业人员基本生活、提升参保职工职业能力、降低企业成本增强企业活力、促进就业形势总体稳定方面发挥积极作用，共同服务于人力资源供给侧改革，服务于经济社会发展。

8.1 保生活政策

新修订的《条例》规定，保障失业人员基本生活的待遇项目包括：失业保险金、代缴基本养老保险费、代缴基本医疗保险费、死亡丧葬补助金和抚恤金。与原《条例》相比，新增了为失业人员代缴基本养老保险费，将医疗补助金调整为代缴基本医疗保险费。新《条例》对失业人员待遇做出的调整，是执行《社会保险法》的体现，也是贯彻落实党中央、国务院关于保障和改善民生战略部署的体现。代缴基本养老保险费，解决了失业人员养老保险缴费中断的问题，解除了失业人员"老有所养"的后顾之忧；代缴基本医疗保险费，确保失业人员享受医疗保险待遇，解决了失业人员领金期间"病有所医"问题。这样调整，保障了失业人员的基本生活、养老、医疗的需求，保障范围更广，内容更丰富，保障水平更高，解决了领金人员最关心、最直接、最现实的问题，进一步兜牢了民生底线。

失业保险的保生活政策主要是关于失业保险金的发放政策，涉及失业保险金的标准、领取条件和领取期限等。保生活政策的确定和调整，要从失业保险受益率低的基本问题入手，结合失业保险的基本方针，在提高受益率和坚持保基本的方针之间取得平衡，同时，保生活政策要和促就业政策统筹考虑，领金条件和领金期限的设计要有利于促就业政策的实施。

8.1.1 保生活政策的基本原则

一是在受益面上坚持应保尽保的原则，最大限度保障失业人员的基本生活，逐步放宽失业保险金的领取资格条件，从权利义务对等的角度保障已经履行缴费义务的、处于失业状态并对失业保险金有需求的劳动者，使其享受基本生活的权益保障。

二是在待遇水平上坚持保基本的方针，失业保险金的标准要确保失业人员在当地的基本生活，要逐步提高失业保险金标准，但不能高于当地最低工资标准，尽量避免失业保险金"养懒汉"的情况出现。

三是失业保险金的发放方式要有利于促进领金人员再就业，通过失业保险金给付期限和发放标准的设计，鼓励失业者脱离对失业保险金的依赖，引导失业者积极从事劳动力市场的职业搜寻，尽早实现再就业。

8.1.2 放宽失业保险金领取条件

失业保险待遇受益率低，已经成为我国失业保险制度发展的障碍。在具体工作中，较为严格的领金条件是受益率低的重要原因，有必要通过适当放宽领金条件来提高失业保险待遇受益率。目前，全国经济社会发展总体平稳，失业保险基金具有一定规模的累计结余，失业保险政策调整不会对就业形势产生重大影响，是失业保险政策调整的机遇期。因此，可以考虑通过适当放宽申领条件，提高失业保险待遇受益率。而从全国领金人数变动原因及其对基金运行影响的分析结果看，现阶段放宽失业保险金领取资格条件基本可行。

中国积极的失业保险政策

（1）失业保险待遇受益率较低

2016年底，全国领取失业保险金人数（以下简称领金人数）为230万，城镇登记失业人员为982万，失业保险受益率（=领金人数÷城镇登记失业人员×100%）仅为23.4%，约有76.6%的失业人员无法享受失业保险待遇。

（2）全国领金人数的变动情况

从1999年颁布《失业保险条例》到2016年底，我国领金人数经过了快速上升、快速下降、缓慢递增三个明显的变化阶段（见图8-1）。

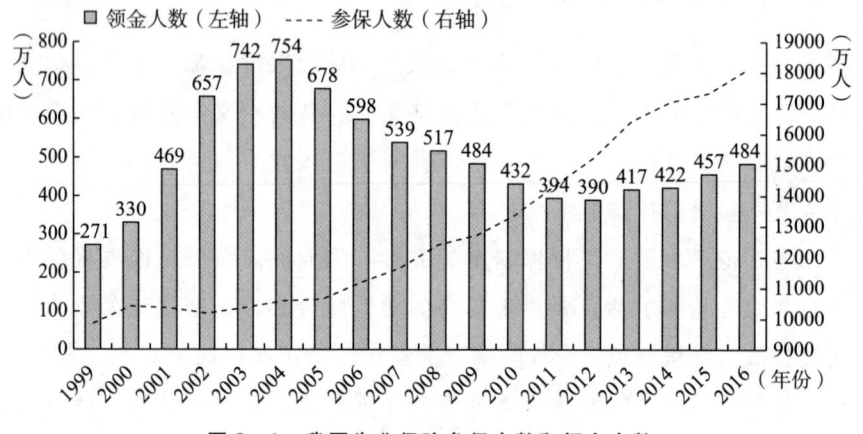

图8-1 我国失业保险参保人数和领金人数

领金人数规模变化的原因主要有两个：参保面的变化和经济形势的变化。从参保面角度分析，在其他因素不变的情况下，领金人数随参保规模的增大而同向增加，反之减少。1999~2016年，我国失业保险参保人数和领金人数变化趋势差异性较大，参保人数呈现逐年增加的趋势，由1999年的9852万人增加到2016年的18089万人，尤其是2005年以后，这种增加趋势更为明显；而领金人数变化却经过了快速上升、快速下降和缓慢递增三个较为明显的变化阶段。由此可以看出，我国失业保险参保规模的变化，不是领金人数变化的主要原因。

从经济运行角度分析，劳动力需求是引致需求，经济形势与就业、失业状况密切相关，进而影响领金人数变化。在经济繁荣时期，对劳动力的需求剧增，失业率下降，造成领金人数减少；反之，经济不景气时期，对劳动力的需求减缩，失业人数增加，领金人数相应增加。因此，经济增速和领金人数应该存在反向变化关系。2012~2016年我国GDP增速逐年递减，领金人数逐年递增，符合这一规律。但在1999~2012年，GDP增速与领金人数的变化恰恰与这一规律相反，二者基本同向变化，即在GDP增速提高的同时，领金人数随之增加，而在GDP增速下行时，领金人数也随之减少。GDP增速和领金人数变化如图8-2所示。

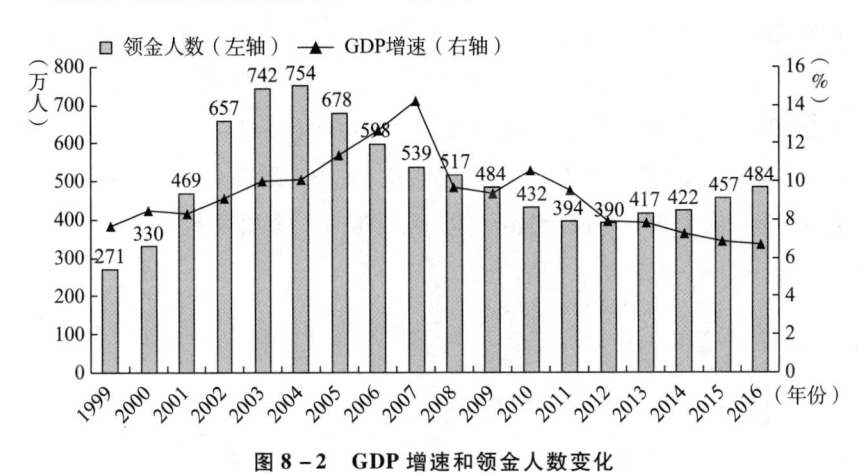

图8-2 GDP增速和领金人数变化

1999~2004年，我国GDP增速由7.7%增加到10.1%，领金人数不降反增，从271万增加到754万。原因在于：经济的高速增长虽然引起劳动力需求增加，造成就业规模扩大，对失业人员总体规模有消减作用，但高速运行的经济对劳动力要素的配置速度也在加快，有相当一部分冗余劳动力被排除劳动力市场，部分人员难以短时期内实现就业，造成领金人员增多；同时这一时期正是国企改革、下岗分流的重要阶段。从1998年开始，为推动国有企业改革和经济结构调整，党中央明确提出实施"实行鼓励兼并，规范破产，下岗分流，减员增效和再就业工程"，全国国有企业下岗职工累计近3000万人进入再就业服务中心，2003年逐步实现平稳"并轨"，进行失业登记和重新就业，造成领金人数增多，2004年达到峰值754万人。

2007~2012年，我国GDP增速逐步放缓，由14.2%下降到7.9%，而领金人数不增反降，由539万下降到390万。主要原因在于：一方面，前期高速的经济增长对就业仍有一定的吸纳作用，有助于减少领金人数；另一方面，失业保险政策的实施，发挥了预防失业和促进就业功能，对领金人数有消减作用。一是从2006年开始实施的东7省（市）扩大失业保险基金支出范围试点政策；二是为应对2008年国际金融危机实施的阶段性"一缓一减二补贴"援企稳岗政策。仅在2009年，东7省（市）政策支出近80亿元，受益人群达到577万人；援企稳岗政策减收失业保险费120亿元，支出社保补贴和稳岗补贴80亿元，稳定企业职工740万人[①]。这些政策发挥了失业保险稳定就业的功能，保障了不发生规模性失业风险，减少失业。

2012~2016年，我国GDP增速放缓，由7.9%下降到6.7%，全年领金人数由390万增至484万，增长24.1%，年均增长5.5%。从两项指标的线性数量关系看，2012~2016年，GDP增速（x）每提高1个百分点，全年领金人数（y）减少65.7万；当GDP增速为0时，全国全年将有914.5万领金人员（见图8-3）。

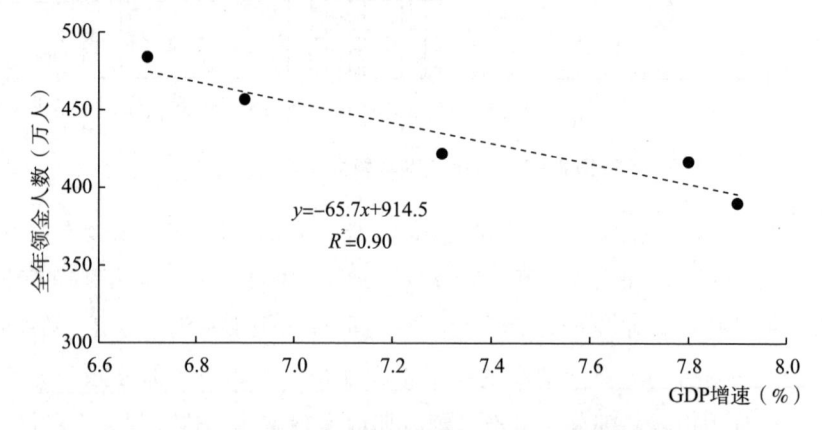

图8-3 2012~2016年全国全年领金人数和GDP增速散点图

2012年以后，虽然领金人数不断增加，但相对于城镇登记失业人数，失业保险待遇受益率仍维持在较低水平，2016年底，仅为23.5%。而从失业保险受益率的更长时期的总体水平看，从2002年达到峰值57.1%之后迅速下降，2011年仅为21.4%（见图8-4），之后虽有所增加，但总体水平较低。

---

① 数据来源：《人力资源和社会保障统计年鉴》（2010）。

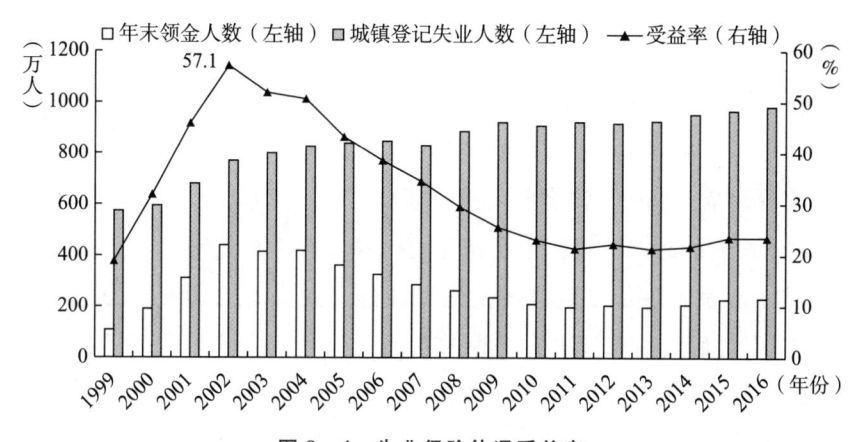

8 建设具有中国特色的积极的失业保险政策体系

图 8-4 失业保险待遇受益率

另外,我国失业保险受益率与西方发达国家相比,差距较大。以英国为例,如图 8-5 所示,1999 年英国失业人数为 172.7 万,领取失业保险金(求职津贴)人数 124.8 万,受益率为 72.3%;随后几年受益率有所下降,2008 年为 50.7%;国际金融危机后,失业人数和领金人数有所增加,同时受益率也随之增加,到 2012 年总体水平超过 60%,之后下降至 2016 年的 47.5%,约为我国失业保险受益率的 2 倍。

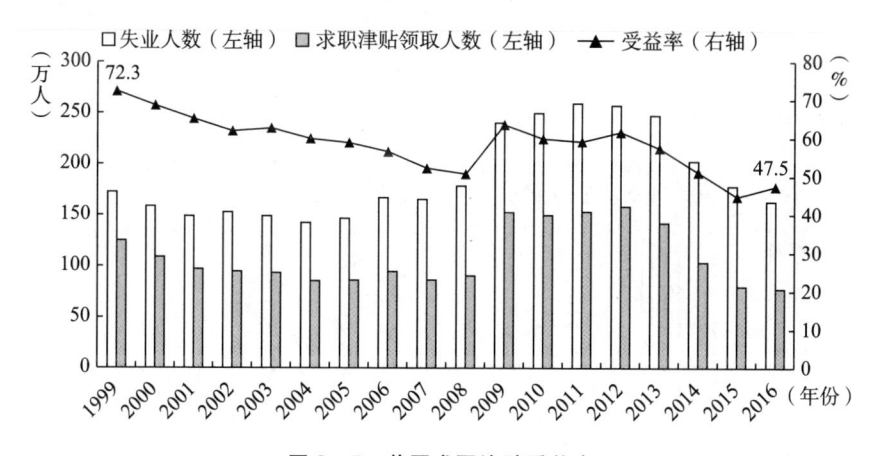

图 8-5 英国求职津贴受益率

资料来源:英国统计局网站,https://www.ons.gov.uk/employmentandlabourmarket/peoplenotinwork/outofworkbenefits/timeseries/bcjd/lms

综上,1999 年至今,领金人数的变化与参保人数的变化不直接关联,

1999~2012年受经济增速变化的影响并不明显。主要原因在于：1999~2004年我国经济增速不断提高，但国企改革、下岗分流造成的大量结构性失业，形成规模庞大的失业人员，领金人数反而增多；2007~2012年经济增速放缓，由于长期的经济高速增长对领金人数有吸纳作用，以及东7省（市）试点政策、援企稳岗政策实施，领金人数反而减少。由此可见，17年中有13年左右的时间，相比于经济运行对领金人数的影响力，重大经济结构调整和积极就业一揽子政策的实施对领金人数变动的影响更为直接和明显。2012年之后，由于没有大规模的人员分流和重大扶持政策的出台，领金人数的变化逐渐符合经济运行的规律，经济增速下降，领金人数增加。但失业保险待遇受益率较低，有必要采取有效措施保障更多失业人员享受失业保险待遇。

（3）领金人数变化对基金运行的影响

全国领金人数和人均领金水平的变化直接决定了基金支出规模，并影响基金结余和支付能力。如图8-6所示，1999~2012年，全年领金人数和人均领取水平存在此消彼长的关系，即领金人数的增加与领金水平为反向变化。其中，1999~2004年，全年领金人数增加迅速，同期人均领取水平由2000年的286元降低到246元；2004~2012年，领金人数不断下降，而人均领取水平由246元快速增加到707元。2012~2016年，全国领金人数和人均领取水平双增长，且领金水平的增速高于领金人数增速。

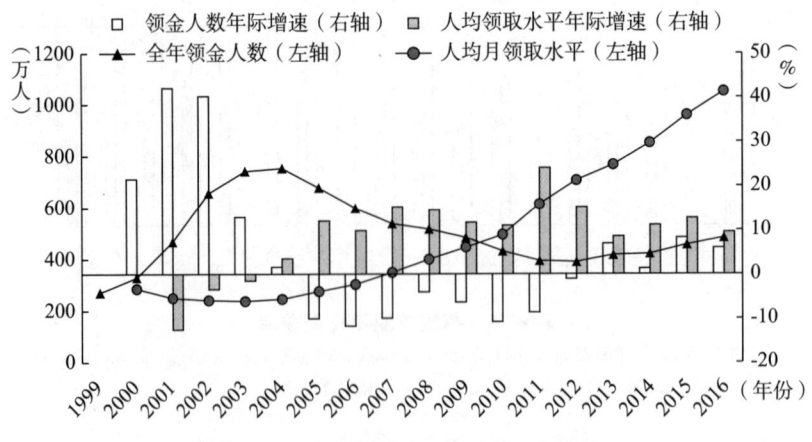

图8-6 全国领金人数和领金水平情况

8 建设具有中国特色的积极的失业保险政策体系

正因为领金人数和领金水平不同的增长态势，全年发放失业金总额呈增长趋势，由 1999 年的 32 亿元增加到 2016 年的 313 亿元（见图 8-7），年均增速为 14.4%；同时，失业保险基金支出也呈不断增加趋势，由 92 亿元增加到 976 亿元，年均增长 14.9%。

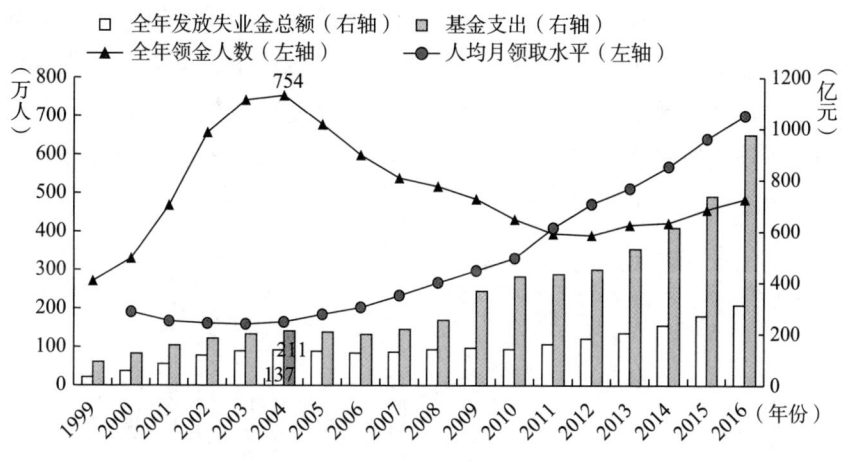

图 8-7 全国失业保险领金情况与基金支出

如前所述，1999~2016 年，与领金人数的波动变化态势不同，失业保险参保人数呈递增趋势，加之参保缴费基数不断提升，费率在 1999~2014 年维持在 3% 的水平。全国失业保险基金收入呈增长趋势，由 1999 年的 125 亿元增加到 2014 年的 1380 亿元，年均增速为 17.4%。2015 年和 2016 年的降费率政策虽然造成基金收入降低，但仍保持在 1200 亿元以上。由此造成

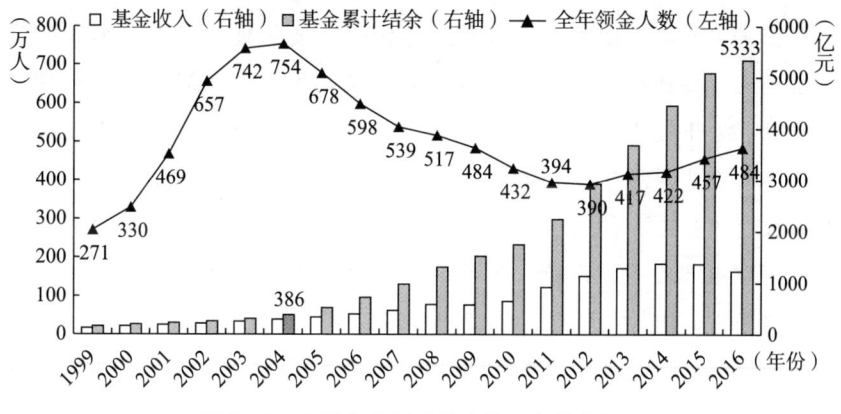

图 8-8 全国失业保险领金情况与基金运行

187

全国失业保险基金累计结余不断增加,由1999年的160亿元增加到2016年的5333亿元,年均增速为22.9%,基金的保障能力不断增强。即使是在领金人数最多的2004年,基金累计结余仍增加82亿元。

从领金人数和基金备付期限的走势看,二者大体呈反向变动态势,即随着领金人数的增加,基金备付期限呈下降趋势,反之增加。从基金备付能力大小看,在1999~2014年领金人数递增的过程中,基金备付期限先降后增,总体水平低于2年。其余年份基金备付期限均高于2年,2014年曾达到7.2年,即使是2015年和2016年降费率之后基金结余增速放缓,备付期限有所下降,但仍高于5年。

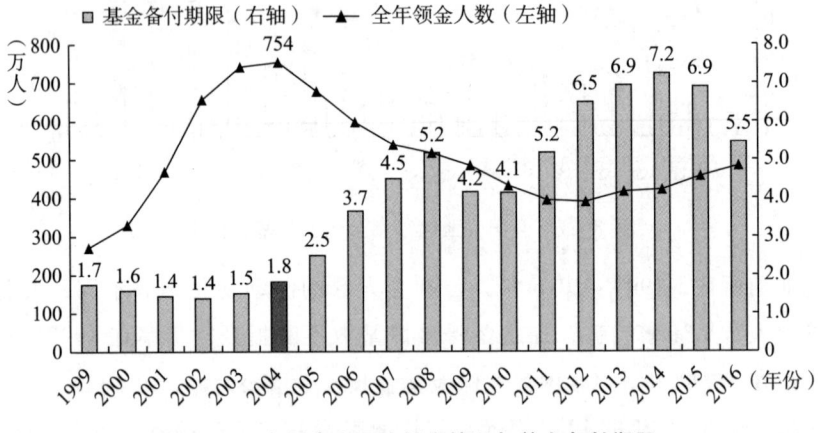

图8-9 全国失业保险领金情况与基金备付期限

(4) 放宽失业保险领金条件已基本可行

目前,失业保险面临的形势相对稳定,主要体现在三个方面:一是我国经济进入中高速增长时期,经济总量持续扩大,就业局势相对稳定,经济社会发展处于较为平稳的发展时期,全国失业保险领金人数将维持在较低规模,为失业保险制度功能的发挥提供了较为适宜的政策调整窗口;二是暂时没有出台更新的与经济结构调整配套的就业和失业保险政策,领金人数因为政策调整而出现较大波动的可能性较低,为适当放宽失业保险金领取资格条件而增加的领金人数留出保障空间,增加了政策调整的可行性;三是失业保险累计结余自2017年底已经超过5500亿元,基金备付能力处于较高水平,为政策调整提供了较为坚实的资金支付基础。

随着我国供给侧结构性改革的不断深化，去产能、去杠杆、降成本等重大任务的逐步推进，新就业形态、新就业方式和生活方式不断衍生，失业人员对于参保交费后的失业保险权益的保障和诉求越来越高。在全国经济社会发展总体平稳和失业保险基金累计结余规模较大的前提下，为回应人民群众关于提高失业保障水平、放宽领金条件的期盼，可以考虑通过精简失业保险待遇申领程序、放宽申领条件来提高失业保险待遇受益率，让更多的失业人员享受经济社会发展成果，且这一政策调整不会对就业形势产生重大影响，出现规模性失业风险或其他社会风险的可能性不大。

（5）放宽领金条件的主要措施

放宽失业保险金领取条件，重点在于修订《条例》规定的申领条件中的"非因本人意愿中断就业"。主要理由为以下几点。

一是"非因本人意愿中断就业"不能准确替代非自愿失业。非自愿失业，是失业的一种状态，描述的是失业者对当前失业状态的不认可，通过积极寻找工作的求职行为能够检验失业的"是否自愿"。而"非因本人意愿中断就业"体现的是失业者对中断前一份工作的行为意愿，是对某一个时点的就业行为的描述，不能用于刻画失业者对非自愿失业的常态延续。

二是"非因本人意愿中断就业"是造成我国失业保险受益率低的原因之一。在具体经办过程中，失业者的辞职被定义为自愿失业，作为失业保险金的拒付条件，使一部分非自愿失业者被排除在外。辞职的原因很多，一种是劳动者自行改变当前就业的状态，彻底退出或阶段性退出劳动力市场；第二种是劳动者基于当前工作性质、工作内容、工作环境、工作前景以及自身职业发展、家庭选择等条件的综合考虑，离开当前工作单位而进入劳动力市场寻找更为适合的就业岗位；还有一种是劳动者为了应对企业粗暴管理而做出的无奈之选。从本质上看，第二、三种情况都不属于自愿失业，是失业保险应该覆盖的人群。

三是"非因本人意愿中断就业"不利于和谐劳动关系建设。现实中，一方面，许多企业为了改变人力资源状况想辞退员工，而不想支付经济补偿金，采取加大工作量等手段迫使员工主动提出辞职，而职工辞职后无法领取失业保险金，企业与职工的心理契约关系被打破。另一方面，部分有离职意向想重新找工作的职工为了能够享受失业保险金，常以打架或违反厂规厂纪等形式来"逼迫"企业将其开除，以此获得"非因本人意愿中断就业"的资格条件，同样不利于劳动关系和谐。

基于以上考虑，建议将无故自动离职作为失业保险待遇拒付条件，将因工作原因或家庭原因而辞职并进行失业登记，且积极主动寻找就业岗位的非自愿失业者纳入失业保险待遇给付对象。同时在失业保险待遇的支付过程中，加强对这部分人就业意愿与就业状态的追踪，并根据就业意愿与就业状态的变化而改变失业保险待遇的支付。

在具体的法规条文上，借鉴国外关于辞职的正当理由的解释和界定，建议修订《失业保险金申领发放办法》，对"非因本人意愿中断就业"的规定做出更加合理的解释，将下列原因作为辞职的"正当理由"而可以申请领取失业保险金：一是由于体力不足、身心障碍、疾病、负伤、视力减退、听力减退等原因辞职；二是由于结婚而搬迁住所，或由于育儿等原因而无法或有困难到企业上班而辞职；三是因要赡养年老的父母等家庭因素的突变而辞职；四是因工作调动或其他原因造成无法继续与配偶或应当抚养的亲人分居生活而辞职；五是因录用条件和实际的工作条件有显著差异而辞职；六是因支付的薪金不足应当支付薪金月额的2/3的月份持续2个月以上而辞职；七是由于薪金低于或预计要低于过去（前6个月）薪金的80%而辞职；八是被上司或同事故意排挤，或受明显冷遇，以及性骚扰等就业环境明显恶化而辞职；九是由于用人单位的责任而停业3个月以上而辞职；十是因工作地变动而违背自己意愿，不得不搬到交通困难的地方长期居住而辞职。

8.1.3 建立失业保险金标准的增长机制

失业保险金给付标准是指根据法律规定对参加失业保险的人员在失业时给予物质帮助的数额或水平。失业保险制度功能的有效发挥，取决于失业保险金标准的科学合理确定：标准过低，难以保障失业人员的基本生活；标准过高，一方面可以对失业人员的消费水平起到平滑作用，不至于让失业人员生活水平下降速度过快，影响其基本生活，但另一方面过高的失业保险给付水平会导致失业金领取者延长失业时间，抑制再就业的积极性，产生"养懒人"现象，不利于人力资源的合理利用。合适的失业保险金标准应该在这两种效应之间达到平衡。

(1) 失业保险金标准的确定依据

失业保险金的标准，在理论上有"最低生活费说"和"地位说"两种观点。前者认为要促进失业人员尽快就业，失业保险金应以维持其最低生活水平为原则；后者认为，为了维持失业人员的地位，使其以相同的条件寻求工作，同时也是为了维护失业人员家庭的正常生活水平，使其家庭不因失业遭受变化，失业保险金应与失业前的工资相同。目前国际上失业保险金标准的确定模式主要有三种。一是薪资比例制，即按照失业人员失业前一定时期内平均工资或缴费工资的一定比例计算失业保险金，这一方法体现了失业保险金是对失业前工资收入的替代程度，同时体现了失业保险缴费义务和领取失业保险金的权利之间的对等。二是固定金额制，即不考虑失业人员过去的工资收入，一律按相同的绝对额来支付失业保险金，往往以社会平均工资、法定最低工资或社会最低生活保障线为参照基准。三是混合制，即采用薪资比例制和固定金额制相结合的方式来发放失业保险金，一部分按失业前工资的一定比例计算，另一部分按固定数额支付。

而且各国失业保险给付水准存在较大差异。除了部分国家根据有无工作配偶和未成年子女等具体情况调整给付水准以外，目前世界上最通行的计算基准有四种：①按近期社会平均工资的一定比例，如加拿大是60%，美国是50%；②按本人失业前工资的一定比例，如德国是53%；③按本人失业前工资的一定比例，再加定额给付，如法国是40%的比例，额外再加46.32法郎/月，合算约为本人失业前工资收入的58%；④按最低工资标准的一定比例，如波兰是最低工资标准的95%。而我国在失业保险给付标准上，《社会保险法》将失业保险给付标准的决定权留给了省、自治区、直辖市人民政府。

(2) 我国失业保险金标准的确定依据

从1986年待业保险制度建立至今，我国失业保险金标准的确定经历了三个阶段：第一阶段是1986年《国营企业职工待业保险暂行规定》实行期间，规定待业救济金以职工离开企业前两年内本人月平均标准工资额为基数，按以下办法发放；第二阶段是 1993 年《国有企业待业保险规定》实行期间，规定待业救济金的发放标准为相当于当地民政部门规定的社会救济金额的 120%～150%；第三阶段是到 1999 年《失业保险条例》规定失业保险金标准应介于最低工资和城市最低生活标准之间。2011 年《社会保险法》又重申了失业保险金标准不能低于城市最低生活标准。我国失业保险金标准的确定依据见表 8-1。

表 8-1　我国失业保险金标准的确定依据

文件	内容
《救济失业工人暂行办法》（1950）	第三十五条　失业工人的救济金，按下列标准发给之： （一）失业工人每月发给当地主要食粮四十五市斤至九十市斤，由工会基层组织根据每个失业工人的具体情况评定，提交失业工人救济处审核决定之； （二）失业学徒每月发给三十市斤； （三）半失业的工人，所得工资低于失业工人所领的救济金额而无法维持生活者，得按实际情况酌量予以临时救济
《国营企业职工待业保险暂行规定》（1986）	第七条　待业救济金，以职工离开企业前两年内本人月平均标准工资额为基数，按以下办法发放：（一）宣告破产的企业职工和濒临破产的企业法定整顿期间被精减的职工，在宣告破产和宣告濒临破产法定整顿以后，工龄在五年和五年以上的，最多发给二十四个月的待业救济金，其中：第一至十二个月，每月为本人标准工资的 60% 至 75%，第十三至二十四个月，每月为本人标准工资的 50%；工龄不足五年的，最多发给十二个月的待业救济金，每月为本人标准工资的 60% 至 75%。（二）终止、解除劳动合同的工人，在扣除已发给本人的生活补助费的月份后，按照本条（一）项规定领取待业救济金。（三）企业辞退的职工，按照本条（一）项规定领取待业救济金
《国有企业职工待业保险规定》（1993）	第十三条　待业救济金的发放标准为相当于当地民政部门规定的社会救济金额的百分之一百二十至百分之一百五十。具体金额由省、自治区、直辖市人民政府规定
《失业保险条例》（1999）	第十八条　失业保险金的标准，按照低于当地最低工资标准、高于城市居民最低生活保障标准的水平，由省、自治区、直辖市人民政府确定
《社会保险法》（2011）	第四十七条　失业保险金的标准，由省、自治区、直辖市人民政府确定，不得低于城市居民最低生活保障标准

失业保险金标准之所以不低于城市最低生活标准，体现的是失业保险的保生活功能，即保障失业人员的基本生活，主要考虑有三：一是失业保

险保障的是失业人员的基本生活,而不是最低生活;二是居民获得最低生活保障不需要缴纳任何费用,而失业保险还需要履行缴费义务,领金标准应体现差别;三是失业保险覆盖范围是城镇企事业单位及其职工,失业人员领取失业保险金后,主要用于维持其在城镇的基本生活和再就业,因此要以城镇最低生活保障标准作为失业金的制定依据,而不是农村最低生活标准。失业保险金标准不高于最低工资标准,体现的是失业保险的促就业功能,即失业保险金标准要具有抑制失业人员依赖失业保障的作用,低水平的失业保险能够促使失业人员尽快返回劳动力市场。

《失业保险条例》规定了失业保险金标准的水平范围,将具体依据和水平权限交由各省份确定。具体来看,各地以四种方式确定失业保险金标准(见表8-2)。

表8-2 各地失业保险金标准确定依据

依据	水平比例	地区
最低工资标准	55%~80%	19省份和1个地区:北京、河北、内蒙古、辽宁、浙江、安徽、福建、江西、河南、湖北、湖南、广东、广西、四川、贵州、陕西、甘肃、宁夏、新疆、新疆建设兵团
城市最低生活保障标准	120%~165%	2省份:吉林(120%)、西藏(155~165%)
个人缴费	40%~60%	2省份:江苏(40%~50%)、海南(60%)
其他	—	8省份:天津、山西、黑龙江、上海、山东、云南、青海、重庆

一是19个省份和新疆兵团参照最低工资标准的一定比例确定,一般相当于最低工资标准的55%~80%,其中比例最低的为新疆和新疆建设兵团,按照最低工资标准的55%~60%确定;比例最高的为广西,累计缴费时间超过15年以上的,在当地最低工资标准70%的基础上,每超过1年,以当地最低工资标准为基数增加一个百分点发放,但最高发放标准应当低于当地最低工资标准。

二是2个省份参照城市最低生活保障标准确定,吉林和西藏分别以城市最低生活保障标准的120%和155%~165%确定失业保险金标准。

三是2个省份参照失业前的平均缴费基数确定,江苏和海南分别以失业人员失业前12个月平均缴费基数（工资）的40%～50%和60%确定失业保险金标准。

四是8个省份按照其他方式确定，主要是根据当地经济发展情况、工资变动情况、最低工资标准、城市最低生活保障标准、物价上涨等因素综合确定失业保险金标准，或确定固定给付标准，并进行不定期调整。

（3）我国失业保险金标准水平较低

由于制定失业保险金标准所依据的最低工资标准和城市最低生活标准已经建立制度性增长机制，如最低工资标准每两年至少调整一次，城市最低生活保障标准每年调整一次，各地失业保险金标准也随之不断调整，带动失业保险金水平不断变化，具体体现在以下方面。

一是失业保险金水平逐年递增。总体来看，2000～2016年人均领取失业保险金水平经历了先降后升的变化过程。2000年人均月领取286元，小幅下降到2003年的238元后，逐步上升到2016年的1051元（见图8-10），年均增长8.5%，略低于同期GDP增速9.4%。具体来看，1999～2012年，全年领金人数和人均领取水平存在此消彼长的关系，即领金人数增加伴随着领金水平的反向变化。其中，1999～2003年，全年领金人数增加迅速，同期人均领取水平由2000年的286元降低到238元；2004～2012年，领金人数不断下降，而人均领取水平由246元快速增加到707元。2012～2016年，全国领金人数和人均领取水平双增长，且领金水平的增速高于领金人数增速。

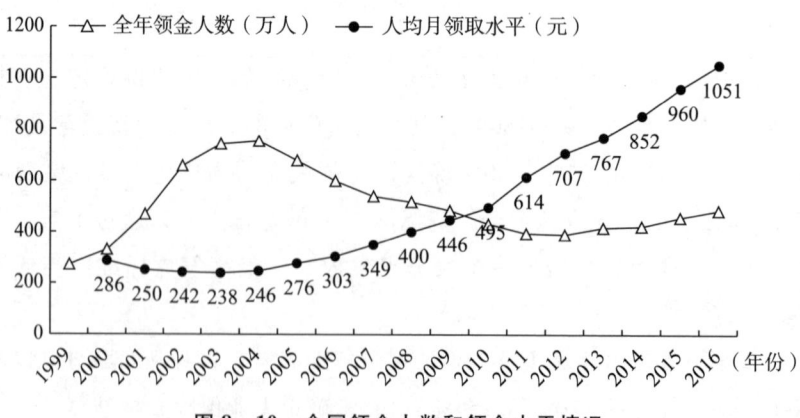

图8-10 全国领金人数和领金水平情况

8 建设具有中国特色的积极的失业保险政策体系

从 2003 年开始,失业保险金平均领取水平持续增加,从 238 元提高到 2016 年的 1051 元(见图 8-11),增长 342%,年均增速 12.1%。

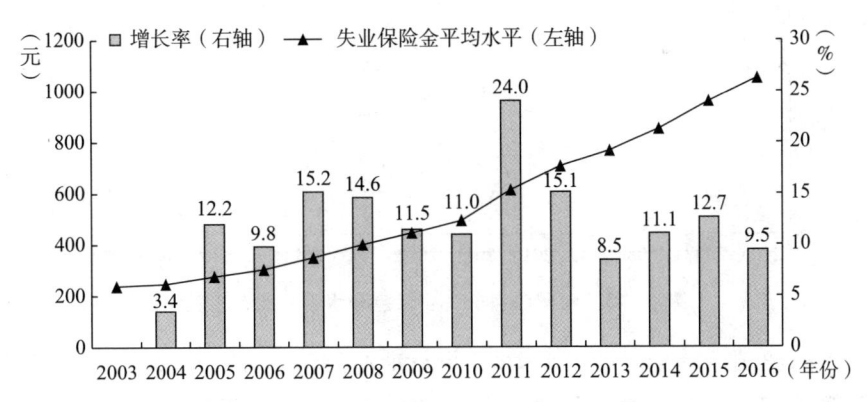

图 8-11　全国月平均失业保险金水平和增长率

二是失业保险金水平地区差距逐步缩小。从历史数据看,我国失业保险金水平的地区差距呈逐步缩小态势,从图 8-12 可以看出,2006~2014 年,失业保险金平均水平最高的省份与最低省份的差距都超过 2 倍,2015~2017 年均低于 2 倍。而从图 8-13 各省份失业保险金水平的离散系数[①]可以看出,从 2010 年以后,离散系数逐步走低,说明地区间失业保险金水平差距逐步缩小。

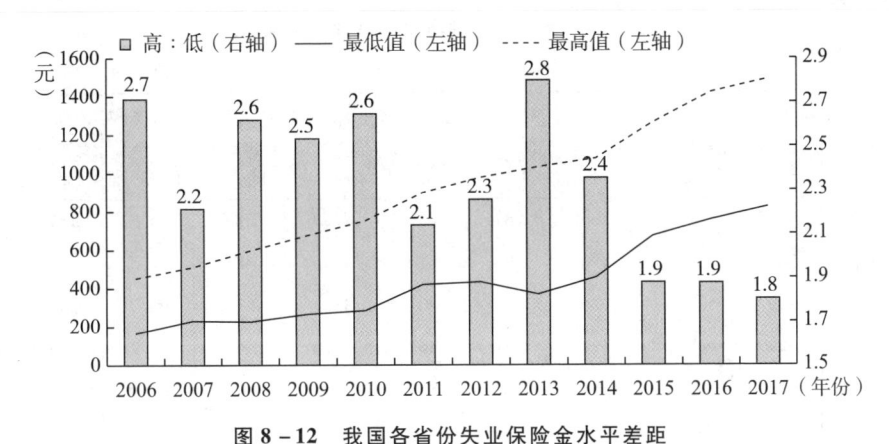

图 8-12　我国各省份失业保险金水平差距

---

① 离散系数又称变异系数,主要用于比较不同水平的变量数列的离散程度,为变量数列的标准差与其相应的均值之比。

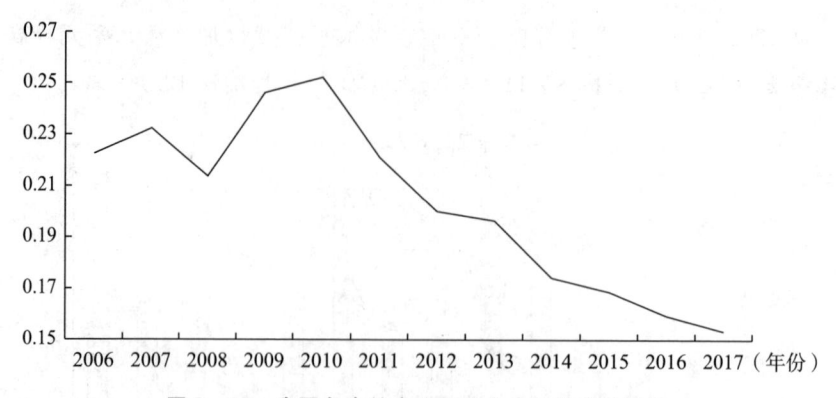

图 8-13 我国各省份失业保险金水平的离散系数

三是失业保险金水平达到最低工资标准的 74%。2010 年我国失业保险金标准与最低工资标准的比例关系为 64.7%，到 2016 年提高至 72.3%（见表 8-3）。2017 年 1~4 月，全国失业保险金水平达到最低工资标准的 73.8%，共有 11 个省份超过全国平均水平，其中，海南失业保险金标准稍高于最低工资标准，主要原因在于海南按照领金人员失业前 12 个月的本人缴费工资的 60% 发放，另外，失业人员在领取失业保险金期间自主创业，可以一次性领取剩余期限的失业保险金，造成失业保险金标准较高。新疆（不包括新疆建设兵团）和天津失业保险金水平与最低工资标准的比例较低，不足 60%。

表 8-3 失业保险金水平与其他指标比较

单位：元，%

年份	城镇单位月平均工资	城镇私营单位月平均工资	最低工资标准平均水平	城市最低生活标准	失业保险金平均水平	失业保险金:城镇单位工资	失业保险金:私营单位工资	失业保障金:最低工资标准	失业保险金:最低生活标准
2010	3045	1730	765	267	495	16.3	28.6	64.7	185.1
2011	3483	2046	896	305	614	17.6	30.0	68.5	201.1
2012	3897	2396	1026	347	707	18.1	29.5	68.9	203.7
2013	4290	2726	1150	391	767	17.9	28.1	66.7	196.1
2014	4697	3033	1271	430	852	18.1	28.1	67.0	198.1
2015	5169	3299	1384	476	960	18.6	29.1	69.4	201.7
2016	5631	3569	1454	522	1051	18.7	29.4	72.3	201.4
趋势									

四是全国失业保险金水平约为城市最低生活标准的2倍。2010年全国失业保险金水平是城市最低生活标准的185.1%，2016年提升到201.4%，2017年1~4月，进一步提高至202.4%，共有16个省份超过全国平均水平，其中，河南和海南的比例关系最高，接近300%；北京、天津和西藏较低（不足150%），西藏仅为127%，不符合《西藏自治区实施〈失业保险条例〉办法》（2002）规定的失业保险金领取标准按照当地城市居民最低生活保障标准的155%~165%发放的要求，原因在于西藏现执行的失业保险金标准是依据2014年数据制定的，而现行城市最低生活标准数据是2017年第一季度。

五是失业保险金水平对城镇单位就业人员平均工资的替代率较低。2010~2016年失业保险金平均水平与城镇私营单位从业人员平均工资的比例较为稳定，接近30%。但与城镇非私营单位从业人员平均工资相比，失业保险金水平较低，2010年仅为城镇非私营单位平均工资的16.3%，2016年增加到18.7%，但仍低于20%。

六是失业保险金替代率低于发达国家平均水平。从失业保险的替代率看，国际劳工组织第168号公约中，对失业保险金的支付标准做了如下规定：一是不能低于失业者失业前收入的50%；二是不能低于法定最低工资的50%；三是不能低于满足生活需要的最低水准。一般来说，失业者的失业金支付标准是由一国的社会经济发展水平和生活水平决定的。大多数国家的失业保险金标准是按照失业者失业前工资收入的一定比例计算。发达国家的失业保险金的替代率远远高于我国水平，如欧盟国家，2008年丹麦、西班牙失业保险金与参考工资的替代率达到90%，较低水平的法国、比利时，其替代率也超过50%（具体如表8-4所示）。

表8-4 欧盟部分国家失业保险待遇标准

国家	失业保险金水平
德国	参考工资的60%~70%，并根据家庭成员情况调整
比利时	参考工资的55%~60%，并根据家庭成员情况调整
丹麦	参考工资的90%到最高工资

续表

国家	失业保险金水平
西班牙	参考工资的90%到最高工资
法国	参考工资的57.4%~75%
荷兰	前两个月为参考工资的75%，之后调整到70%
葡萄牙	参考工资的65%到最高标准
卢森堡	参考工资的80%，如有子女抚养，可提高到85%

资料来源：〔英〕阿塔·侯赛因《欧盟各国的失业保险计划》，《中国社会保障》2009年第1期。

（4）调整失业保险金标准的建议

总体来看，我国失业保险金标准随着最低工资标准和城市最低生活保障标准的提高而增加，基本保障了失业人员享受社会进步和经济发展成果，实践证明，这种联动机制是符合我国国情的。但是，相对于发达国家失业保险金水平达到平均工资的50%~60%，我国失业保险金水平对于城镇单位工资的替代率较低，与最低工资标准尚有近30%的差距，并且部分地区失业保险金水平与最低工资标准差距仍较大，有必要适当提高失业保险金标准，进一步提高失业人员的生活保障水平，增强领金人员的获得感。另外，从失业保险基金支出结构看，2012~2016年失业保险保生活支出占总支出的比重分别为49.9%、49%、48.7%、48.9%、43.2%，呈下降趋势，保生活功能有待加强。因此，从功能发挥上也需要适当提高失业保险金标准。

本书认为，失业保险金水平应逐步缩小与最低工资标准的差距，现阶段尚不宜大幅提高失业保险金标准，不宜将失业保险金标准提高至最低工资标准，甚至超过最低工资标准，主要理由包括以下几点。一是过高的失业保险金水平不符合我国社会保险"保基本"的基本方针。失业保险金是对失业人员在失业期间失去工资收入的一种临时补偿，其目的是保障失业人员的基本生活，不同于发达国家的"体面生活"。二是当前人们的认知水平还不能认同失业保险金水平高于最低工资标准。最低工资标准的获得是以就业或提供劳动为前提，如果失业人员在失业状态下获取的收入高于在岗职工获取的工资，容易使有劳动能力的人过分依赖失业保险金，不宜在全社会营造鼓励劳动的就业氛围。三是过高的失业保险金标准不利于促就业功能的发挥。失业保险是为了反失业，世界各国对失业保险的认识已经从救济模式向机制模式转变，更主动、更积极、更注重从根本上解决失业人员的社会排斥、就业信息失灵、就业能力提升等问题。在这种模式下，有必要弱化失业保险金水平的高标准要求，以此减少失业人员对失业保险金的依赖，使其更加注重提升自身能力，更积极地寻找工作。

基于此，本书认为调整我国失业保险金标准的基本目标是，在保证失业保险基金安全运行的前提下，提高失业保险金的基本生活保障能力，同时防止较高水平失业保险金对失业人员再就业的抑制作用。基本思路是，在保持现有失业保险金发放政策不变的前提下，适当提高部分地区的失业保险金标准，逐步将全国失业保险金水平与最低工资标准平均水平的比值由现在的73.8%提高至90%，并建立失业保险金标准与最低工资标准协调调整的机制。2017年9月，人力资源和社会保障部、财政部印发的《关于调整失业保险金标准的指导意见》（人社部发〔2017〕71号）提出，各省份要在确保基金可持续前提下，适当提高失业保障水平，逐步将失业保险金标准提高到最低工资标准的90%，切实保障失业人员的基本生活。

8.1.4 建立递减式发放办法

待遇给付递减机制在许多国家已经建立，如在中东欧经济转型国家中，捷克前3个月替代率为50%，此后3个月为40%；爱沙尼亚前100天替代率为50%，此后为40%；斯洛伐克替代率前3个月为60%，此后9个月为50%。在发达国家，荷兰前两个月为参考工资的75%，之后调整到70%；瑞典前200天为失业前工资的80%，随后300天为70%，之后的100天为65%。拉丁美洲地区的智利等国亦实行这一办法。以智利为例，尽管给付期只有5个月，但替代率从50%一直下降至30%。上海也有这样的制度规定，依据缴费时间和年龄确定待遇递减标准。通过这样的制度设计，能够较好地规避道德风险，激励失业者早日就业。欧洲工会研究院（ETUI）高级研究员 Lefresne（2010）也认为，最优的失业保险制度设计必须包含这种失业金随失业期延长单调递减的机制。

8.1.5 合理设置失业保险给付期限

失业保险给付期限的变化，对于再就业有两种相反的效应：抑制效应和促进效应。给付期限延长之后，抑制效应降低了失业早期的再就业率，但是当接近最后期限时，资格效应就会导致较高的再就业率。过短的失业保险金给付期限无法保证失业者找到真正适合自己的工作，容易促使失业者仓促就业，起不到优化劳动力资源配置的作用；同时过短的失业保险金给付期限也无法支持低技能和知识结构欠缺的失业者进行必要的就业培训。但是过长的失业保险金给付期限会导致失业保险金领取者对失业保险制度的过度依赖而引发道德风险。因此需要规定失业保险金的最长给付期限。目前采用的是根据缴费年限划分的固定给付期限和固定给付标准的失业保险制度，根据累计缴费年限的不同，失业保险金给付期限为12~24个月，失业保险金给付期限不与经济周期关联。Woodbury（2013）研究显示，失业保险替代率每上升10%，会导致失业时间增加1周；而每增加失业保险金的潜在期限1周，则会导致失业期延长1天的时间。实践表明，享受失业保险者的失业持续时间要长于不享受失业保险者，享受24个月失业保险者的失业持续时间要长于享受12个月失业保险者（王元月、马驰骋，2005）。《社会保险法》《失业保险条例》《失业保险金申领发放办法》规定，失业保险金最长领取期限为24个月。从失业保险金实际领取期限和国外情况看，24个月的申领期限较长，有必要适当调整。

（1）我国领取失业保险金期限以中短期为主

从全国范围看，领金期限以中短期为主，2016年全国领取失业保险金人员中，领取期限为3个月以内的，所占比重为30.1%；4~6个月的占18.1%。随着领金期限的延长，每3个月内的领金人员所占比重逐步递减，领金期限为19~21个月的领金人员仅占4.2%，但22~24个月的领金人员所占比重有所增加，为6.5%（见图8-14）。

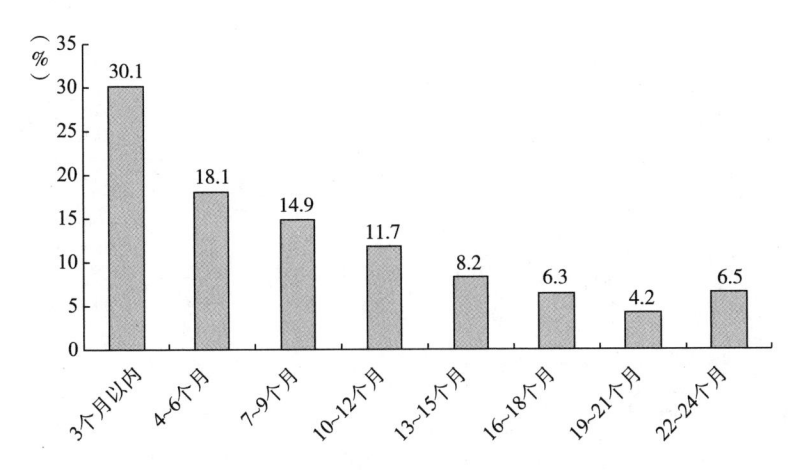

8 建设具有中国特色的积极的失业保险政策体系

图 8-14 全国失业人员领取失业金的期限分布

数据来源：全国失业保险联网数据（2016年，下同）。

全国大多数省份领金人员的领金期限分布情况较为一致，即随着领金期限的延长，每3个月的领金人员数量越来越少，如江苏领金期限为3个月以内的比重达到了53.2%，领金期限为22~24个月的比重仅为1.9%。也有极少数省份较为特殊，期限为22~24个月的领金人员所占比重较大，如湖南为17%，海南为22.6%，吉林达到39.5%（具体见图8-15）。

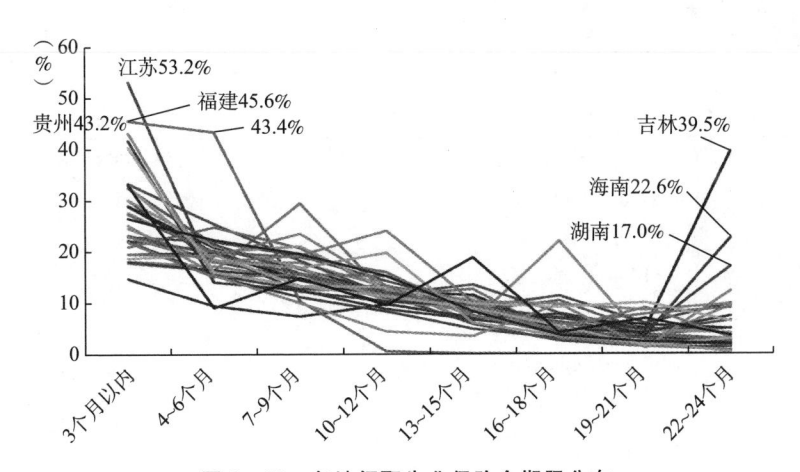

图 8-15 各地领取失业保险金期限分布

从累计比重看，领金期限在3个月以内的，所占比重为30.1%，6个月以内的比重为48.3%，12个月以内的比重为74.8%，18个月以内的比重接

201

近 90%（见图 8-16）。

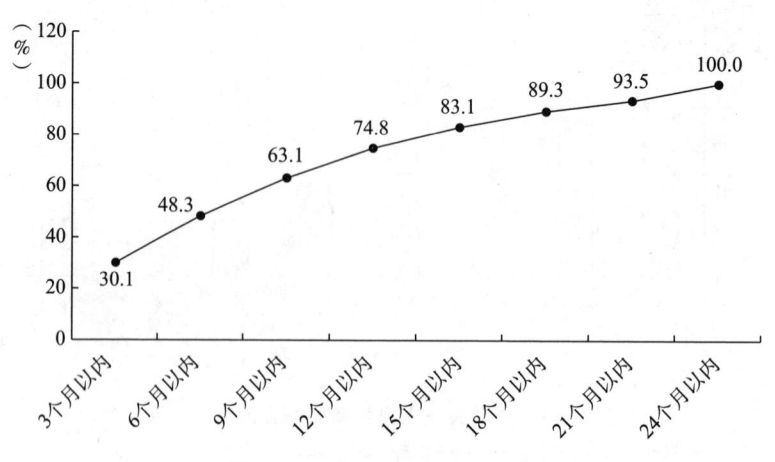

图 8-16 领金期限的累计比重

根据领金期限及其人员所占比重，可以近似计算全国和各地区领取失业保险金的平均期限。假设每 3 个月的领金期限组的具体领金期限为第二个月，根据全国各领金期限人数所占总体领金人数的比重，可以计算平均领金期限为 8.5 个月（见表 8-5），即 2×30.1% + 5×18.2% + … + 23×6.5% ≈ 8.5。

表 8-5 全国领取失业保险金平均期限估算

单位：月，%

序号	领金期限	假设具体领金期限	各领金期限所占比重
1	3 个月以内	2	30.1
2	4~6 个月	5	18.2
3	7~9 个月	8	14.8
4	10~12 个月	11	11.7
5	13~15 个月	14	8.3
6	16~18 个月	17	6.2
7	19~21 个月	20	4.2
8	22~24 个月	23	6.5
平均领金期限			8.5

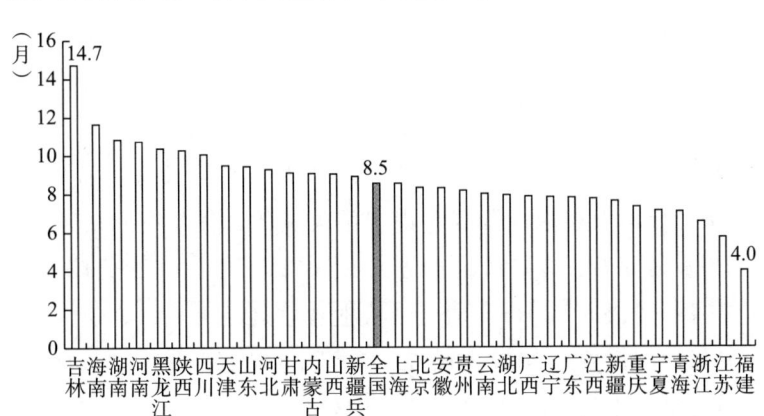

8 建设具有中国特色的积极的失业保险政策体系

同理可计算各地区领取失业保险平均期限,如图8-17所示。

图8-17 领取失业保险金平均期限

从图8-17可以看出,领取失业保险金期限最长的省份是吉林,达到14.7个月,其次是海南、湖南、河南、黑龙江、陕西和四川,上述7省份领取失业保险金期限超过10个月。另外天津、山东、河北、甘肃、内蒙古、山西和新疆建设兵团的领取失业保险金期限也超过全国平均水平8.5个月。其他省份领取失业保险金期限较短,其中福建最短,为4个月。

(2) 我国失业保险给付期较长

目前,我国失业保险金最长领取金期限为24个月,与其他国家相比,我国失业保险给付期显得太长。与同处于经济转型的中东欧国家相比,除了斯洛文尼亚亦为24个月之外,其他国家待遇给付期都较短,如保加利亚为12个月,捷克为6个月,爱沙尼亚为12个月,波兰待遇给付期较长,也仅为18个月;与发达的欧美国家相比,英国为6个月,美国大多数州规定一般情况下失业给付期不超过26周。削减给付期,增加缴费期限已成为大多数国家的做法,如匈牙利于1993年将给付期限由2年降至1年,其后在1998年又降至9个月;德国2005年哈茨改革(Hartz Reforms)之后,50岁以下的最长给付期由32个月调低至12个月;2008年4月,瑞典最长给付期限由600天削减至300天。

(3) 调整失业保险金给付期限的建议

因此,从促进就业的角度看,我国应该适当缩短失业保险给付期限。

世界各国大都规定了失业保险给付期限为 90 天至 1 年，并对连续领金期限做了限制，以此方式引导失业者积极地实现再就业。在具体操作上主要有两种模式：一是统一缩短领金期限，即凡具有申领资格者，其给付期限都是相同的，如埃及为 16 周，加拿大为 25 周等；二是变动式期限，即在规定的最高期限内，随保险年资、就业期间，以及投保薪资总额而有所不同。我国调整失业保险金领取期限要考虑我国失业的具体情况。从我国失业人员的平均失业时间看，有降低的趋势，由 2012 年的 13.4 个月降调 2015 年的 10.1 个月（见表 8-8）。同时短期失业比重逐渐增加，表现为失业时间在 12 个月以内的比重从 2009 年的 62.43% 增加到 2015 年的 73.71%（见表 8-7），即只有约 26% 的失业者失业时间超过 1 年，而失业时间超过 24 个月的比重从 2012 年的 22.18% 降到 2015 年的 14.4%（见表 8-6）。考虑到仍有约 15% 的失业者失业时间超过 2 年，因此在最长领金期限的设计上，建议仍旧规定 24 个月不变，但在领取期限的缴费时间规定上，可以详细规定以达到在统一的领取期限范围内，增加长期领取失业保险金的缴费成本，实现保障短期失业者基本生活并兼顾引导长期失业者尽快实现就业的双重目的。具体可以在全国推广北京、河北等地的做法，规定累计缴费不足 5 年的，每满 1 年可领取 3 个月失业保险金，累计缴费高于 5 年的，每多缴费 1 年可多领取 1 个月失业保险金，并以明确的条文在修订《失业保险金申领发放办法》时予以明确。

表 8-6 我国城镇失业人员的失业时间分布

单位：%

年份	合计	1 个月	2~3 个月	4~6 个月	7~12 个月	13~24 个月	25 个月以上
2009	100.0	4.33	13.06	16.23	28.81	21.75	15.82
2010	100.0	6.03	18.69	22.03	29.88	11.83	11.53
2011	100.0	5.45	13.03	15.82	28.55	16.45	20.70
2012	100.0	4.58	11.25	16.19	26.44	19.36	22.18
2013	100.0	6.04	13.84	13.52	27.29	17.41	21.89
2014	100.0	6.10	14.40	14.80	28.50	16.90	19.30
2015	100.0	9.9	19.8	17.2	26.8	11.9	14.4

资料来源：《中国劳动统计年鉴》（2010—2016）。

表 8-7 我国失业人员的累计失业时间分布情况

单位：%

年份	1 个月	3 个月以内	6 个月以内	12 个月以内	24 个月以内	高于 24 个月
2009	4.33	17.39	33.62	62.43	84.18	100.00
2011	5.45	18.48	34.30	62.85	79.30	100.00
2012	4.58	15.84	32.03	58.47	77.82	100.00
2013	6.04	19.89	33.41	60.70	78.11	100.00
2014	6.10	20.50	35.30	63.80	80.70	100.00
2015	9.9	29.72	46.91	73.71	85.57	100.00

表 8-8 我国失业人员的平均失业时间

单位：月

年份	平均失业时间（低）	平均失业时间（中）	平均失业时间（高）
2009	9.8	12.3	14.8
2010	7.8	9.8	11.8
2011	10.3	12.7	15.0
2012	10.8	13.4	15.0
2013	10.5	13.0	15.3
2014	10.0	12.4	14.6
2015	8.2	10.1	12.1

8.1.6 完善保生活政策的建议

（1）建立失业保险与社会救助的有效衔接

当前我国对失业者实行的生活保障，属于一种"保险+救助"的混合型模式。劳动者失业后，首先可以享受一定期限的失业保险金，保障此阶段的生活，并支持劳动者再就业。如果超过这一期限，失业者仍未找到工作，根据其家庭收入情况，可以进入社会救助的制度框架中。加强失业保险与社会救助的衔接，可以通过两条路径，一是要更好地保障那些不能享受失业保险的失业人员的生活水平，可以考虑在失业保险金期限截止前一个月，对可能进入社会救助体系的失业人员进行登记、审查，提前做好准备工作。一旦他们停止领取失业保险金，仍未找到工作，则可以马上开展社会救助工作，及时发放救助金，防止在两个制度衔接过程中的"保障空白期"，更好地发挥两项制度保障生活的功能。二是可以将失业保险基金支出范围扩展至失业救济金，可参照国外或上海的做法，对符合领取失业保险金但已领取满24个月，或生活有困难的，可以申领失业补助金。如上海市规定申领失业补助金的条件包括：①本市城镇户籍人员，在法定劳动年龄内非本人意愿中断就业，在职期间按照规定缴纳失业保险费，并按规定办妥失业、求职和失业保险登记手续，但缴费年限不满1年，生活确有特殊困难的；②已缴纳失业保险费单位招用本市农民合同制工人（个人不缴纳失业保险金的就业期间），连续工作满一年，劳动合同期满未续订或者提前解除劳动合同，且返回农村后暂无劳动收入、生活确有特殊困难的；③领取失业保险金期满，因患严重疾病短期内难以就业或因其他原因造成生活有特殊困难的。失业补助金的标准为本市当年城镇居民最低生活保障线，期限为1~6个月。

（2）延长申领失业保险金

可参照上海市做法，失业人员领取失业保险金或失业补助金期满时距法定退休年龄2年或不足2年的，经就业服务机构多次职业介绍，确属非本人主观原因不能重新就业的，由本人提出申请经区县就业服务机构核实审批后，可继续享受失业保险待遇至其到达法定退休年龄。

（3）增加保生活支出项目

主要目的是切实保障较为困难的领取失业保险金人员基本生活，如可增设困难家庭特别补助金、双失业家庭特别失业金等项目，具体可参照河北、上海的做法。河北省对困难家庭未就业的应届高校毕业生从第二年起，发放不超过6个月的失业补助金，标准为当地失业保险金最低标准的90%。上海市规定，符合申领失业保险金条件，但缴费年限不满一年，生活确有特殊困难的失业人员、失业农民工、因患严重疾病短期内难以就业或因其他原因造成生活有特殊困难的人员，可向户籍所在地的就业服务机构申领失业补助金，经审核批准后按上海市当年城镇居民最低生活保障线标准给予1至6个月的失业补助金。

8.2 防失业政策

防失业，就是"预防失业"。失业保险预防失业政策从2008年《促进就业法》的实施正式起步，逐步演化为稳岗补贴政策和失业预警。目前的失业保险政策主要有三个着力点：援企稳岗政策、技能提升补贴、岗位监测和失业预警制度。新修订的《条例》已经将稳岗补贴和技能提升补贴列入了失业保险基金的支出项目，作为企业和在岗职工享受的失业保险待遇，将其上升到立法高度加以规定，标志着我国失业保险防失业政策的制定和实施进入新的历史时期。

8.2.1 援企稳岗政策

8.2.1.1 援企稳岗政策的发展

我国的援企稳岗政策，起源于1998年为支持全国建立下岗职工再就业服务中心所指定的资金使用"三三制"原则，试点于2008年为应对国际金融危机影响而实行的"五缓四减三补贴"政策，成型于2014年人社部发76号文，并在2015年通过国发23号文在全国范围内得到普遍推广，2017年修订《条例》时，已经将其纳入失业保险基金的支付范围，制度化为失业保险旨在预防失业的常规政策（见图8-18）。

```
源起于1998年"三三制"
        ↓
试点于2008年"五缓四减三补贴"
        ↓
成型于2014年人社部发76号文
        ↓
普适于2015年国发23号文
        ↓
制度化于《条例》修订
```

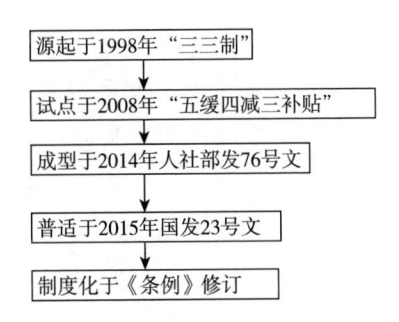

图8-18 我国援企稳岗政策的发展历程

1998年，《中共中央国务院关于切实做好国有企业下岗职工基本生活保障和再就业工作的通知》（中发〔1998〕10号）提出各地自下而上地建立再就业服务中心组织体系，要求国有企业建立再就业服务中心，负责为本企业下岗职工发放基本生活费和代下岗职工缴纳养老、医疗、失业等社会保险费用，组织下岗职工参加职业指导和再就业培训，引导和帮助他们实现再就业。原则上采取"三三制"的办法解决，即财政预算安排 1/3、企业负担 1/3、社会筹集（主要是从失业保险基金中调剂）1/3，具体比例各地可根据情况确定。"三三制"原则实行于 1998 年，彼时的失业保险制度还停留在《国有企业职工待业保险规定》时期，但"三三制"原则成为《条例》出台后首次参与国家大政方针的实施计划，而失业保险在其中的角色是为国有企业建立再就业服务中心出资"减负"，1999 年共拨付资金 14.6 亿元，占当年失业保险基金支出总额 51.9 亿元的 28%，自 1998 年全国普遍建立国有企业再就业服务中心至 2005 年末，失业保险基金累计向中心调剂资金 248.7 亿元[①]，为确保国有企业下岗职工基本生活提供了资金支持。2005 年末国有企业下岗职工人数由 1999 年的 623.8 万减少到 20.2 万，已基本完成向失业人员的并轨，失业保险在这两种保障形式总量中所占比例由 1999 年末的 15% 提高到 95%，失业保险已成为下岗失业人员基本生活保障的主要方式。因此，失业保险基金在"三三制"中的角色，在本质上算是援企稳岗，发挥了失业保险制度预防失业的作用，为稳定职工队伍和就业形势做出贡献。

2008 年，为应对国际金融危机对我国实体经济产生的影响，稳定就业局势，经国务院同意，人力资源和社会保障部、财政部、国家税务总局联合下发《关于采取积极措施减轻企业负担稳定就业局势有关问题的通知》（人社部发〔2008〕117 号），采取允许困难企业在一定期限内缓缴社会保险费，阶段性降低城镇职工基本医疗保险、失业保险、工伤保险、生育保险费率，扩大失业保险基金使用范围等措施，减轻企业负担，帮助困难企业稳定就业岗位。在失业保险方面，采取了"一缓一减两补贴"政策，"一缓"是指在一定条件下，允许困难企业缓缴失业保险费；"一减"是指在一定时期内适当降低失业保险费率；"两补贴"是指使用失业保险基金为困难

---

① 数据来源：《人力资源和社会保障统计年鉴》（2004 年，2005 年，2006 年）。

企业稳定就业岗位支付社会保险补贴和岗位补贴，即失业保险基金结余较多的统筹地区在确保当前和今后一个时期按时足额支付失业保险待遇的前提下，可扩大失业保险基金的使用范围，对采取在岗培训、轮班工作、协商薪酬等办法稳定员工队伍，并保证不裁员和少裁员的困难企业，使用失业保险基金对其支付社会保险补贴和岗位补贴，发挥失业保险稳定就业的作用。《关于进一步做好减轻企业负担稳定就业局势有关工作的通知》（人社部发〔2009〕175号）明确提出，对困难企业减负稳岗的政策措施延长至2010年底。从2008年开始实施近3年的阶段性援企稳岗政策，累计使用失业保险基金支持企业减负稳岗资金约449亿元。其中，稳岗补贴124亿元，社保补贴59亿元，其他补贴2亿元，降低费率减收和缓缴费用近264亿元[①]，惠及企业近250万户，涉及职工近7000万人。

2014年11月，根据十八届三中全会关于增强失业保险制度预防失业促进就业功能的精神，经国务院批准，人力资源和社会保障部会同财政部、国家发展改革委、工业和信息化部印发了《关于失业保险支持企业稳定岗位有关问题的通知》（人社部发〔2014〕76号），明确规定，在实施兼并重组、化解产能严重过剩、淘汰落后产能等调整优化产业结构过程中，对采取有效措施不裁员、少裁员的企业，由失业保险基金给予稳岗补贴。稳岗补贴主要用于职工生活补助、缴纳社会保险费、转岗培训、技能提升培训等相关支出；补贴标准为不超过本企业及其职工上年度实际缴纳失业保险费的50%，享受条件主要是企业依法参保并且上年度未裁员或裁员率低于统筹地区（当地）城镇登记失业率；补贴的具体比例由省级人力资源和社会保障部门、财政部门确定；政策执行到2020年底。2015年4月，国务院印发了《关于进一步做好新形势下就业创业工作的意见》（国发〔2015〕23号），要求将失业保险支持企业稳岗补贴政策实施范围由兼并重组企业、化解产能过剩企业、淘汰落后产能企业等三类企业扩大到所有符合条件的企业。2017年国务院发布《关于做好当前和今后一段时期就业创业工作的意见》（国发〔2017〕28号），提出对去产能企业要降低稳岗补贴政策门槛，

---

① 数据来源：《人力资源和社会保障统计年鉴》（2009年，2010年，2011年）。

提高稳岗补贴标准。从稳岗政策近几年的变化可以看出，2014年稳岗补贴政策所秉持的原则是对困难企业进行帮扶，即坚持"三救"原则（救困、救难、救急），到2015年采取的是普适原则，即不管企业经营状况好坏，都可申请享受补贴，2017年在普适原则基础上又突出了2014年对困难企业的重点帮扶，政策聚焦点更为准确。2015年到2017年6月，全国向近64万户企业发放稳岗补贴424亿元，惠及职工7926万人，援企稳岗政策效果显著。

我国援企稳岗政策的发展见表8-9。

表8-9 我国援企稳岗政策的发展

年份	文件	主要内容	主要功能
1998	《中共中央国务院关于切实做好国有企业下岗职工基本生活保障和再就业工作的通知》（中发〔1998〕10号）	三三制：要求国有企业建立再就业服务中心，为下岗职工发放基本生活费，并代缴社会保险费。所需资金按照企业负担1/3、财政负担1/3、社会筹集（主要由失业保险基金承担）1/3的原则调剂解决	援企稳岗的政策的雏形
2008	《关于采取积极措施减轻企业负担稳定就业局势有关问题的通知》（人社部发〔2008〕117号）	五缓四减三补贴：缓缴社会保险费、阶段性降低四项社会保险费率、使用失业保险基金帮助困难企业稳定就业岗位（社保补贴、岗位补贴和培训补贴）	阶段性援企稳岗政策
2009	《关于进一步做好减轻企业负担稳定就业局势有关工作的通知》（人社部发〔2009〕175号）	对困难企业减负稳岗的政策措施延长至2010年底	延续政策
2014	《关于失业保险支持企业稳定岗位有关问题的通知》（人社部发〔2014〕76号）	对在兼并重组、化解产能过剩、淘汰落后产能中采取措施稳定职工队伍的企业，由失业保险基金给予稳岗补贴，补贴标准为不超过本企业及其职工上年度实际缴纳失业保险费的50%，享受条件主要是企业依法参保且上年度未裁员或裁员率低于统筹地区（当地）城镇登记失业率 稳岗补贴主要用于职工生活补助、缴纳社会保险费、转岗培训、技能提升培训等相关支出。稳岗补贴的具体比例由省级人力资源社会保障和财政部门确定。稳岗补贴政策执行到2020年底	稳岗补贴政策（三救）
2015	《国务院关于进一步做好新形势下就业创业工作的意见》（国发〔2015〕23号）	要求将失业保险支持企业稳岗补贴政策实施范围由兼并重组企业、化解产能过剩企业、淘汰落后产能企业等三类企业扩大到所有符合条件的企业	普惠式稳岗政策

续表

年份	文件	主要内容	主要功能
2017	《国务院关于做好当前和今后一段时期就业创业工作的意见》（国发〔2017〕28号）	鼓励去产能企业多渠道分流安置职工，支持企业尽最大努力挖掘内部安置潜力，对不裁员或少裁员的，降低稳岗补贴门槛，提高稳岗补贴标准对出现严重规模性失业风险的地区，省级人民政府可通过提高稳岗补贴标准、开展以工代赈、组织跨地区劳务对接、合理降低企业人工成本、阶段性延长领取失业保险金期限、开展生活帮扶等措施，化解失业风险	加大稳岗补贴力度

随着供给侧结构性改革的推进，援企稳岗政策在去产能过程中充分发挥了预防失业、稳定就业的作用，已经成为当前失业保险的重要任务之一。本轮次去产能改革过程中的职工安置渠道，与以往国有企业改革以减员增效为主的方式不同，有了根本性转变，主要是以内部安置为主，尽量减少向社会排放人员。为更好地发挥稳岗政策预防失业作用，人力资源和社会保障部办公厅下发《关于实施失业保险援企稳岗"护航行动"的通知》，决定从2018年至2020年在全国实施失业保险援企稳岗"护航行动"，旨在进一步完善援企稳岗政策，将其打造为失业保险的品牌政策，通过政策实施提高企业履行稳定就业岗位社会责任的积极性，促进职工岗位稳定，从源头上减少失业。

8.2.1.2 援企稳岗政策的问题和建议

稳岗政策正式出台3年来，在执行过程中出现的最大问题是政策的目标落脚点与实际落脚点存在错位，稳岗补贴本意在于帮助困难企业，但实际中困难企业在裁员率和缴费期限上很难满足享受补贴的资格，所以实践中出现很多经营良好的企业领取稳岗补贴，而实际困难的企业无法享受。如某地区反映，某大型电子设备制造企业在当地分厂主动裁员不多，拿到3000万元补贴，但该厂每年有大量员工辞职，仅2016年总人数从最初的12万下降到8万。

目前，稳岗补贴已经确定为失业保险基金的常规支出项目，建议在新《条例》实施过程中，借助护航行动的推动，对稳岗补贴的享受条件进一步细化，在工作层面建立稳岗补贴企业实名信息系统，并结合岗位动态监测数据与工商注册等信息对接，分行业、分企业规模制定裁员率的标准，对切实经营困难的需要帮扶的企业，进一步降低政策门槛，提高补贴比例，提高政策的目标精准度。

8.2.2 技能提升补贴政策

劳动者提升技能，增强就业竞争力，是稳定就业的根本。用失业保险基金支持劳动者提升技能，尽量减少失业，是失业保险促就业功能的必然要求。长期以来，失业保险只对失业人员有救济措施，但对持续参保缴费且就业稳定的人员，没有政策激励，失业保险权利与义务相对应的原则体现得不充分，职工的参保积极性不高。建立引导机制，加强政策扶持，鼓励参保职工积极参加在职技能提升培训，引导其获得更高技术等级或实现一专多能，提高就业技能和职业转换能力，实现岗位成长和发展，有利于降低失业风险，实现稳定就业和高质量就业。同时也有助于缓解就业结构性矛盾，提高企业劳动生产率，弘扬工匠精神，推动我国由人力资源大国向人力资源强国迈进，为中国产业转型升级提供强有力的人才支撑。2017年，国务院发布的《关于做好当前和今后一段时期就业创业工作的意见》（国发〔2017〕28号）提出从失业保险基金中列支参保职工技能提升补贴的政策，为贯彻落实这一意见关于从失业保险基金中列支参保职工技能提升补贴的政策，人力资源和社会保障部、财政部联合印发了《关于失业保险支持参保职工提升职业技能有关问题的通知》（人社部发〔2017〕40号）（以下简称《通知》），规定依法参加失业保险并累计缴纳失业保险费36个月以上的企业职工，自2017年1月1日起取得初级（五级）、中级（四级）、高级（三级）职业资格证书或职业技能等级证书，可按规定申领技能提升补贴。这项技能提升补贴政策的实施，是我国失业保险制度发展史上的大事件，为我国失业保险制度的长远发展奠定了坚实基础。

8.2.2.1 政策内容

技能提升补贴政策规定的申领资格条件：一是依法参加失业保险，累计缴纳失业保险费36个月（含36个月）以上；二是自2017年1月1日起取得初级（五级）、中级（四级）、高级（三级）职业资格证书或职业技能等级证书。补贴标准由省级人力资源和社会保障部门、财政部门根据本地失业保险基金运行情况、职业技能培训、鉴定收费标准等因素综合确定，并适时调整，应根据取得等级证书有所区别，取得初级（五级）证书的，补贴一般不超过1000元，中级（四级）一般不超过1500元，高级（三级）一般不超过2000元。同时，政策还授权各省份可根据产业发展方向和人力资源市场需求，研究制定本地区紧缺急需的职业（工种）目录，补贴标准可向紧缺急需职业（工种）倾斜。同一职业（工种）同一级别只能申请并享受一次补贴。

鼓励参保职工积极提高就业技能和职业转换能力，引导其提高技术等级或一专多能，实现岗位成长和发展，不仅有利于降低失业风险，实现稳定就业和高质量就业，也有助于缓解就业结构性矛盾，提高企业劳动生产率，弘扬工匠精神，推动我国由人力资源大国向人力资源强国迈进，为中国产业转型升级提供强有力的人才支撑。

8.2.2.2 政策的意义

技能提升补贴政策的推行，更加体现失业保险在积极预防失业和促进就业方面的基本属性和功能定位，标志着将这项保险制度的重心从被动地为失业者提供基本生活保障向积极地抑制失业和促进就业转变。这种政策导向已经成为国际上失业保险发展的主流。不仅符合当前和今后一段时期全面推行"大众创业、万众创新"，以积极促进就业创业来稳定就业局势的客观需要，而且也顺应国际上失业保险的发展趋势（金维刚，2017）。用失业保险基金帮助参保职工提升职业技能，适应产业升级和岗位技能要求，进而预防失业、稳定就业，是积极主动地治理失业、促进就业的有效措施。帮助职工提升技能是从源头上减少因技能素质不足而下岗失业的根本性措施，也有利于减少和降低由于下岗失业给职工及其家庭带来的痛苦和伤害。使用失业保险基金支持职工提升技能，而不是等到职工失业以后再进行救济，是变被动为主动，变消极为积极，化风险为机遇的好政策；同时，也是更加积极的就业政策的重要组成部分（刘燕斌，2017）。总体来看，推行技能提升补贴政策，对于失业保险制度发展、缓解当前的结构性就业矛盾以及实施技能强国战略等都有重要的积极作用。

(1) 推行技能提升补贴政策，助力失业保险制度自我完善。失业保险属于社会保险，参保主体的缴费义务和待遇享受必须全方位对等，即参保单位和职工在履行缴费义务后，可以享受对应的失业保险待遇，这对制度的有效运行至关重要。而权利义务的不对等，一直是我国失业保险制度运行机制上的常态。从失业保险各阶段制度规定的支出项目可以看出，2011年之前，失业保险基金支出主要是用于劳动者失业之后的失业保险待遇，2006年陆续开展的东7省（市）扩大失业保险基金支出范围试点政策和2014年稳岗补贴政策使参保企业的权利义务得到较为全面的对等。但对于在岗职工，仍存在失衡现象，大多数只履行了参保缴费义务，没有相应的待遇与之对应。这一方面影响了失业保险覆盖人群的进一步扩大，制约制度发展；另一方面也成为社会上质疑失业保险制度的主要理由，即失业保险的待遇享受率低，在1.8亿参保职工中，能够领取失业保险金的人数不足500万，绝大部分人员履行参保交费义务后，无法享受到失业保险待遇。失业保险参保主体的权利和义务见图8-19。

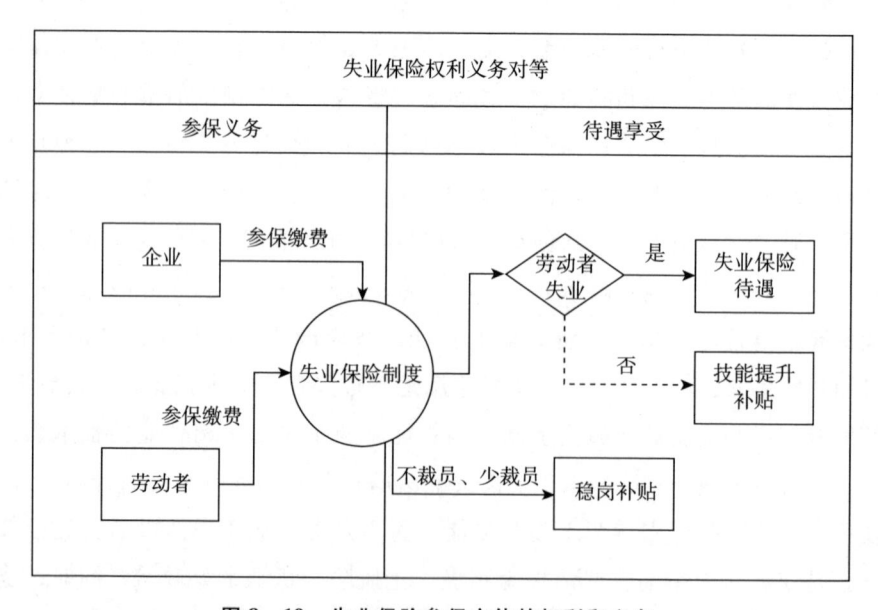

图8-19 失业保险参保主体的权利和义务

技能提升补贴政策，规定了参保职工享受失业保险待遇的资格条件和待遇标准，补全了参保主体权利义务对等的最后一环，是我国失业保险制度自我完善的关键之选。这一政策的推行，必将大大提高我国就业人群的参保积极性，对于扩大失业保险的参保覆盖范围有极大的促进作用。

(2) 推行技能提升补贴政策，助力积极的失业保险制度建设。我国失业保险制度建立和发展的30多年，正是我国历史上绝无仅有的经济社会大发展的30年，其间经济体量不断增大，经济结构不断调整，科学技术不断进步，人民生活水平不断提高，同时我国就业矛盾逐步从以总量矛盾为主向就业总量与结构性矛盾并存转变，就业形势逐步向多元化、灵活性转变，这就要求我国的失业保险必须不断适应经济社会发展和就业形势变化的总要求，逐步调整政策方向、转变功能定位，变被动的基本生活保障向积极的就业保障，保险理念由事后救济失业向事前预防失业转变，政策目标人群由失业人员向在职职工拓展，失业治理方式由解决失业增量向稳定就业存量拓展，由此逐步建立起具有中国特色的积极的失业保险制度。

实施具有中国特色的积极的失业保险制度，其核心是必须坚持失业保险的"三位一体"功能，并坚持"保生活是基础、防失业是重点、促就业是目标"。技能补贴政策是实施积极的失业保险制度的关键。一方面，技能提升补贴政策围绕失业保险制度预防失业、促进就业功能，发挥政策的激励导向作用，鼓励广大企业职工积极参加在职技能提升培训，引导职工获得更高技术等级或一专多能，增强就业稳定性，提高职业转换能力，促进劳动者实现岗位成才和发展，实现稳定就业和高质量就业，降低失业风险。另一方面，技能提升补贴政策降低了企业和职工的培训成本，同时为企业提供了高素质员工队伍，提高企业生产率，增强经济活力，有助于在宏观上促进就业稳定，达到防失业促就业目标。

(3) 推行技能提升补贴政策，助力失业保险事业发展。失业保险支持参保职工技能提升，政策目标单纯而明确，就是要通过补贴参保职工的技能提升，发挥失业保险制度的防失业促就业功能。但因这一政策的特殊性质，决定了其对我国失业保险制度建设的重要意义。当前推出这一政策，标志着我国建设积极的失业保险制度迈出扎实一步（田大洲，2017）。

首先，技能提升补贴政策是积极的失业保险的组成部分，对其他政策的推行有促进作用。积极的失业保险政策不是单一政策，而是一系列政策共同发力,作为系统工程来发挥作用,具体包括参保政策、费率政策、待遇标准调整政策、促就业政策、稳岗补贴政策、技能提升补贴政策等。一方面技能补贴政策解决了参保主体的权利义务失衡问题,有助于参保政策实施;另一方面与稳岗补贴政策共同发力,增强了失业保险防失业促就业功能,也引导企业积极参加失业保险;技能提升补贴政策还提高了基金支出的精准度,增强了基金使用效率,使失业保险功能更为具体。

其次,失业保险制度的运行具有正外部性,体现在通过制度运行促进其他制度体系的有效运转。技能提升补贴政策使失业保险的外延功能更加丰富。一是与现有企业职工技能培训政策形成完整链条,促进技能人才队伍建设。党的十八届五中全会和国家"十三五"规划提出,推行终身职业技能培训制度,对转岗职工等开展免费职业培训行动。目前财政就业促进资金对企业新型学徒制培训、技师培训两项予以补贴,但对除此之外广大企业职工的职业技能提升尚无政策性安排。通过实施这一政策,可以使失业保险基金与就业补助资金形成互补,实现政府对企业在职职工技能提升补贴的全覆盖。二是有助于提高职工技能水平,缓解就业结构性矛盾。当前就业结构性矛盾非常突出,职工技能水平总体不高,人岗不适的矛盾突出。实行这一政策,可以更好地发挥政府的激励引导作用和企业主体作用,鼓励用人单位积极开展技能培训,鼓励企业职工提高自身技能水平,提升劳动者素质,调整劳动力供求的结构性错位。三是引导企业提升员工素质,增强企业竞争力和经济活力,同时稳定员工队伍,促进和谐劳动关系建设。更重要的是,这一政策使失业保险具有人力资本投资功能,促进人的全面发展。

最后,推行技能提升补贴政策,为《失业保险条例》的修订工作打开良好局面。在《条例》修订过程中,各界对于失业保险的最主要分歧在于功能定位,有的部门和学者仍坚持我国失业保险制度的最主要功能是保障基本生活,而失业保险支持技能提升政策,释放出坚决推行积极的失业保险制度的强烈信号,有利于统一社会各界对于失业保险的认识,为《条例》修订以及修订后的实施奠定总基调,成为失业保险制度建设的重要起点。

(4)技能提升补贴政策为职工搭建通往职业发展的"技能之桥",有利于缓解结构性就业矛盾。我国经济增长进入新常态后,国家实施创新驱动发展战略，科技型新兴中小企业不断涌现，急需大量的高素质劳动力，但是我国劳动力整体素质和职业技能偏低，不适应企业用人需求。近年来，全国性的经济结构调整几乎涉及所有传统企业，涉及职工约占全社会从业人员的20%。本轮经济结构调整不仅要淘汰落后和过剩产能，还要关闭一批污染环境、浪费资源行业的企业，转移或改造一批传统的劳动密集型企业。招工难与就业难并存，表现为在岗职工从旧职业向新职业转换难。在劳动力市场上，企业用人需求趋于减少，特别是因人工成本上升，企业招用人员更加注重技术技能和业务能力，而在经济结构调整中出现的下岗失业人员，往往难以适应新的岗位需求，结构性失业依然是个突出问题，缓解矛盾不易。而且这次结构性矛盾且与过去有非常大的区别，解决的对策措施也有所差别。20世纪90年代末的结构调整面对的是数千万国有企业员工大规模的失业，当时保障基本生活、促进再就业是政策的出发点和着力点；金融危机期间结构调整面对的主要是众多企业的就业岗位不稳定，所以采取的对策措施是援企稳岗，稳住企业就稳住了岗位；目前进行的经济结构调整，重点在淘汰钢铁煤炭水泥等产能过剩企业，以及新工业革命下对劳动者素质的更高要求，就业政策的目标就要放在防止规模性失业和促进社会就业两个方面，而技能提升补贴政策的实施，使失业保险提前介入，不仅有利于产业结构调整，而且有利于化解潜在的失业风险（莫荣，2017）。

8.2.2.3 技能提升补贴政策的问题和建议

截至2017年底，全国31个省份和新疆建设兵团均已出台具体办法，技能提升补贴政策进入了全面实施阶段。在不到1年的实施过程中，各地反馈的首要问题是政策覆盖面较窄：一是没有覆盖事业单位的职工，二是资格证书没有涉及专业技术登记证书。其次是政策的定位问题，各地认为技能提升补贴的"技能"应该是和企业发展相适应的，是企业所需的技能，而不能是任由职工申报和本职工作无关的登记证书申请补贴。最后在工作层面上的数据对接问题，即申领审核过程中与技能证书主管部门的数据对接，与社保部门缴费数据对接方面存在障碍。

目前，技能提升补贴已经列入新修订的《条例》规定的基金支出项目。针对各地反馈的问题，提出以下建议。

一是授权地方根据实际情况将技能提升补贴政策的适用范围拓展到事业单位职工和专业技术等级证书。目前事业单位职工已经成为失业保险重要的参保人群。1999年《条例》实施后，全国各地大力推进参保扩面工作，参保规模不断扩大，由1999年的9852万人增加到2016年底的18088.8万人，增幅为83.6%，年均增长3.6%。其中，事业单位参保从1483.2万人增加到2530万人，占参保总量的14%。而有的地区比重更高，广西、云南、新疆、江西等地事业单位参保比重接近30%，西藏比重最高，为52.2%（见图8-20）。授权地方将技能补贴政策拓展至事业单位及其职工，有利于提高事业单位职工技术等级，提高工作效率。

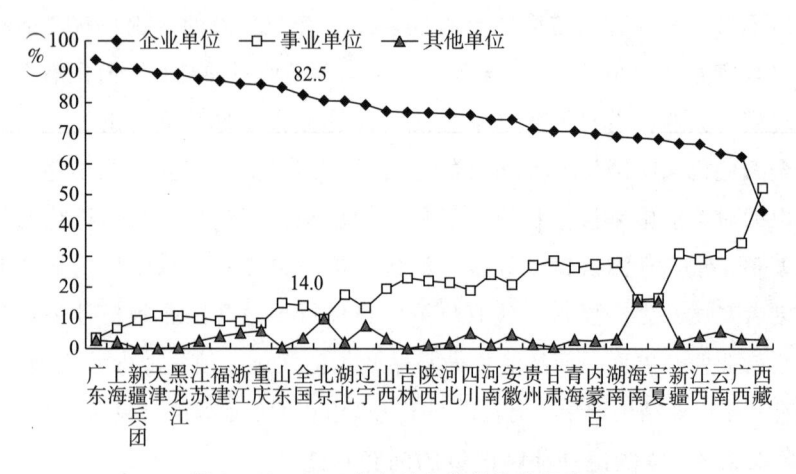

图8-20 2016年各地各类单位参保比重

另外，在事业单位推行技能提升补贴政策，也有利于在事业单位进一步扩大覆盖面。截至2016年底，全国共有事业单位法人82.2万户，比2010年增加9.6万户，增长13.2%，年均增长2.1%。2015年底，全国事业单位职工人数为3250万，从总体数量上看，还有近800万事业单位职工没有纳入失业保险覆盖范围，技能提升补贴政策的实施有助于扩大覆盖面。

二是在《条例》实施后，应加紧出台技能提升补贴政策的实施办法，并借鉴稳岗补贴政策利用护航行动计划推动的方式，制定技能提升补贴政策的3年或5年政策目标和行动方案。

三是加大宣传力度，尤其是技能提升补贴政策的目的不仅在于鼓励职工提升所在企业所需要的工作技能,而且在于鼓励职工积极拓展多方面技能,横向发展,为更为顺畅的职业流动奠定基础。

8.2.3 失业动态监测与预警

8.2.3.1 失业动态监测

失业动态监测从 2008 年 6 月开始试点到现在,已经开展了近 10 年时间,工作大体可以分为 3 个阶段(见表 8-10)。

表 8-10 失业动态监测工作进展阶段

发展阶段	政策文件	监测范围
试点阶段 2008 年 6 月至 2009 年 12 月	《关于开展建立失业动态重点监测报告制度试点工作的通知》(人社部发〔2008〕53 号)	吉林、江苏、浙江、福建、河南、广东 6 个省份 18 个城市开展试点,监测企业户数 900 多家,涉及 100 多万个工作岗位
逐步推广阶段 2010 年 1 月至 2012 年 12 月	《关于做好失业动态监测工作有关问题的通知》(人社部发〔2009〕152 号)	全国 31 个省份和新疆生产建设兵团的 198 个城市,监测企业户数增加到 11626 家,涉及 1100 多万个就业岗位
规范发展阶段 2013 年 1 月至今	一是从过去注重扩面到现在注重样本结构、数据质量和分析运用; 二是从过去仅为部里上报数据到现在各省级、各地级人社部门都建立失业动态监测分析报告制度; 三是从过去仅为就业形势分析提供数据参考到现在为建立失业预警制度服务	

一是试点阶段(2008~2009 年)。2008 年 6 月,人力资源和社会保障部印发《关于开展建立失业动态重点监测报告制度试点工作的通知》(人社部发〔2008〕53 号),决定在吉林、江苏、浙江、福建、河南、广东 6 个省份 18 个城市开展试点,监测企业户数 900 多家,涉及 100 多万个工作岗位。随着国际金融危机的进一步蔓延,2008 年 10 月,将原定的季度监测调整为月度监测。失业动态监测数据与国家宏观经济走势相吻合,与其他就业失业数据相印证,为判断就业失业形势和科学制定就业失业政策发挥了数据支撑作用。

二是全国推开阶段(2010~2012 年)。在总结试点经验的基础上,2009 年 11 月,人力资源和社会保障部印发了《关于做好失业动态监测工作有关问题的通知》(人社部发〔2009〕152 号),决定从 2010 年 1 月起,监测范围扩展到全国。2010年和2011年，全国31个省份和新疆生产建设兵团的105个城市，3568家企业参加了全国监测，涉及500多万个就业岗位；2012年，全国失业动态监测城市增加到198个，监测企业户数增加到11626家，涉及1100多万个就业岗位。同时部分省份还根据本地工作需要，确定了本地的监测企业样本，定期分析报送监测结果，失业动态监测数据已成为各级政府和相关部门科学判断就业失业形势的重要参考依据。

三是全面覆盖、规范发展阶段（2013年至今）。其间不断加强对全国31个省份和新疆生产建设兵团的336个城市共33651户企业用工情况的监测，采取措施优化监测企业样本结构，提高监测数据质量，加强数据分析应用，为各级政府分析就业形势和宏观决策提供参考。

同时，从2013年开始，人力资源和社会保障部在9个地区探索开展失业预警试点，在完善预警指标体系、探索预警方法、建立失业应急预案等方面取得了阶段性成效。

8.2.3.2 失业预警

失业预警通过对宏观经济指标、就业失业指标及其他相关经济指标进行分析，对可能影响社会稳定、引发群体性事件的较大规模失业风险进行监测预警，研判预测维护社会稳定面临的失业形势和问题，有助于各级政府掌握工作主动权，提前采取有针对性的失业调控政策措施。

《就业促进法》第四十二条规定："县级以上人民政府建立失业预警制度，对可能出现的较大规模的失业，实施预防、调节和控制。"失业预警的基础是失业动态监测，其中的岗位流失率是失业预警的核心指标，同时结合宏观经济指标、其他就业失业指标和相关经济指标，对未来一段时期的就业失业形势进行预判，在预测即将发生较大规模失业风险时，按照既定的应对预案投放政策措施，确保就业失业形势稳定。目前，失业预警工作正在全国10个省份进行试点，待条件成熟时，逐步在全国推广。

8.3 促就业政策

党的十九大报告指出，"要坚持就业优先战略和积极就业政策，实现更高质量和更充分就业。大规模开展职业技能培训，注重解决结构性就业矛盾，鼓励创业带动就业"，加强职业培训，提高职业技能和鼓励创业是促进就业的重要手段和工作重点。从失业人员角度看，实现再就业是最大的保障。为促进失业人员尽快就业，新修订的《条例》规定，失业人员领金期间可以享受职业培训、职业技能鉴定和创业三项补贴。职业培训和职业技能鉴定补贴，有利于激发领金人员加强学习、提高劳动素质和职业技能水平的积极性，增强再就业能力；创业补贴有利于提高领金人员自主创业的积极性和主动性。三个项目从不同角度，形成多层次的精准的政策供给，努力提高领金人员就业竞争力，促使其尽快实现再就业。失业保险基金用于支出三项补贴是我国失业保险制度促就业功能的具体体现，是落实中央精神的重要举措，也是从实际出发促进失业人员再就业有效的制度安排。而这些补贴政策的出台，源于东7省（市）政策的试点，也源于各地在促就业方面的积极探索。

8.3.1 关于东7省（市）试点政策的评估与延续

8.3.1.1 东7省（市）政策的沿革

为充分发挥失业保险制度促就业的功能，经国务院同意，原劳动保障部会同财政部印发《关于适当扩大失业保险基金支出范围试点有关问题的通知》（劳社部发〔2006〕5号，以下简称5号文），明确自2006年1月起，在北京、上海、江苏、浙江、福建、山东、广东7省（市）开展扩大失业保险基金支出范围试点工作，政策执行期限为3年［以下简称"东7省（市）政策"］。2009年和2011年，人力资源和社会保障部、财政部连续发文将试点期限延长，并要求界定好失业保险基金与财政就业补助资金在促进就业方面的对象范围和支出项目，实行分账管理。2012年，《关于东部7省（市）扩大失业保险基金支出范围试点有关问题的通知》（人社部发〔2012〕32号，以下简称32号文）再次将试点期限延长，到修订《失业保险条例》实施之日，并将支出项目整合规范为社会保险补贴、公益性岗位补贴、职业培训补贴、职业介绍补贴、职业技能鉴定补贴、小额贷款担保基金及贴息共7类。东7省（市）政策的沿革见表8-11。

表 8-11 东 7 省（市）政策的沿革

年份	政策文件	主要内容
2005	《国务院关于进一步加强就业再就业工作的通知》（国发〔2005〕36号）	进一步发挥失业保险制度促进再就业的功能。东部地区在认真分析失业保险基金收支、结余状况，统筹考虑地方财政就业再就业资金安排的前提下，可以结合本地实际进行适当扩大失业保险基金支出范围试点
2006	《关于适当扩大失业保险基金支出范围试点有关问题的通知》（劳社部发〔2006〕5号）	失业保险基金可用于国发〔2005〕36号文件规定的职业培训补贴、职业介绍补贴、社会保险补贴、岗位补贴和小额担保贷款贴息支出。享受上述补贴和贴息的对象为领取失业保险金期间的失业人员。政策执行期限为3年
2009	《关于延长东部7省（市）扩大失业保险基金支出范围试点政策有关问题的通知》（人社部发〔2009〕97号）	延长劳社部发〔2006〕5号政策执行时间，期限为1年。江苏、浙江、福建、山东、广东5省可以参照北京、上海两市做法，在符合劳社部发〔2006〕5号文件规定条件的前提下，根据本地实际情况，适当增加支出项目，主要用于预防失业、促进就业项目支出
2009	《关于进一步做好减轻企业负担稳定就业局势有关工作的通知》（人社部发〔2009〕175号）	东部7省市扩大失业保险基金支出范围试点政策延长到2010年底
2011	《关于东部7省（市）扩大失业保险基金支出范围试点有关问题的通知》（人社部发〔2011〕95号）	《关于进一步做好减轻企业负担稳定就业局势有关工作的通知》（人社部发〔2009〕175号）规定的试点政策，延长执行至2011年底
2012	《关于东部7省（市）扩大失业保险基金支出范围试点有关问题的通知》（人社部发〔2012〕32号）	《关于东部7省（市）扩大失业保险基金支出范围试点有关问题的通知》（人社部发〔2011〕95号）规定的政策，延长执行到修订的《失业保险条例》正式实施之日； 失业保险基金用于促进就业的对象范围为参加失业保险且符合《关于进一步加强就业专项资金管理有关问题的通知》（财社〔2011〕64号）规定条件的人员和单位。 失业保险基金促进就业的支出项目包括职业培训补贴、职业介绍补贴、职业技能鉴定补贴、社会保险补贴、岗位补贴、小额贷款担保基金、小额贷款担保贴息

随着支出项目的扩大，东部7省（市）失业保险基金用于预防失业、促进就业的支出逐年加大。试点期间，各地从预防失业、促进就业实际需要出发，逐步扩大支出项目，主要有职业培训补贴、职业介绍补贴、社会

保险补贴、岗位补贴和小额担保贷款贴息、困难企业稳定岗位补贴、参保人员职业技能鉴定补贴、失业人员一次性创业补贴等。另外，一些地区还结合各自实际，将就业困难人员社会保险补贴、高校毕业生见习补贴、返乡农民工和城镇复转军人创业补贴纳入试点政策范围（见本章附录）。在保障失业人员基本生活的前提下，各地失业保险基金用于促进就业资金逐年增加，一些地区失业保险基金成为促进就业资金的主要来源。

东7省（市）政策的受益群体几乎涵盖了城镇所有登记失业人员和已参加失业保险的就业困难人员。在扩大失业保险基金支出范围试点政策、援企稳岗政策、更加积极就业政策、扩大内需政策等多方面政策的共同作用下，试点地区就业局势基本稳定，城镇登记失业率稳中有降。东部7省（市）城镇登记失业率全部低于全国平均水平。

东部7省（市）在政策实施中形成了一些长期性支出项目和受益群体，对稳定就业局势起到了重要作用。特别是在应对危机稳定就业中，东部7省（市）通过实施降低费率、缓缴保费、援企稳岗补贴等政策，有效预防了金融危机影响下有可能发生的大规模失业问题，在稳定本地区就业局势的同时，也为全国就业局势的稳定做出了重大贡献。扩大失业保险基金支出范围试点政策和援企稳岗政策的实施，初步形成了政府支持、企业承担社会责任、共同稳定就业的新型关系，体现了权利义务对等的原则，提高了企业和职工参保缴费的积极性，增强了失业保险制度的活力。

试点政策实施11年以来，东部7省（市）按照人力资源和社会保障部、财政部的要求，逐步开展相关工作，支出规模不断扩大，受益人群不断增多，充分发挥了失业保险促就业功能，为实施积极的就业政策提供资金来源，为维护东部7省（市）和全国的就业形势总体稳定发挥了积极作用，具体体现在以下方面。一是支出规模大。政策实施11年来，累计支出共计1200亿元。二是政策受益人群广。由于东7省（市）政策适用范围参照就业补助资金政策，受益人群不限于领取失业保险金人员，要比《条例》规定的促就业范围广。比如：2016年北京市试点政策受益人群为47.3万人；上海市试点政策实现新增就业岗位59.93万个，共帮扶引领成功创业11795人，帮助8802名长期失业青年实现就业创业；山东省试点政策支出使49.4万人享受到各种补贴。三是政策地区属性强。32号文虽然规定了试点政策的项目范围，但各地还是从实际出发有所调整：第一是在支出项目上有所选择，如江苏、浙江严格按照32号文规定将试点政策用于7项补贴，而福建仅用于支出社会保险补贴和小额贷款担保基金；第二是在支出金额上有所侧重，从总体看，东7省（市）政策支出主要用于社保补贴和岗位补贴，2015年分别占比57.7%和30.2%，但各地的侧重点差异较大，如北京90%的支出用于社会保险补贴，而上海则将更大比重（58.5%）用于岗位补贴。

8.3.1.2 东7省（市）政策的评估

按照32号文规定，试点政策执行期限为修订的《条例》正式实施之日。目前《条例》修订已经结束，新的《条例》即将实施，新《条例》在总结东7省（市）政策经验的基础上，将职业技能鉴定补贴纳入了基金支出范围，扩大了原有条例的促进就业功能。同时，东7省（市）政策也将在东部7省（市）终止施行，但作为实施了11年的失业保险政策，对东部区域的就业形势稳定做出了突出贡献，并对我国就业形势总体稳定也有积极作用，仍有必要对东7省（市）政策进行科学、客观、公正的评估，为我国失业保险制度的进一步完善提供可借鉴经验。

（1）东7省（市）政策的决策是正确的

东7省（市）政策是国务院的重要决策，实践证明这一决策是正确的，充分体现了党中央、国务院为解决促进就业资金问题的创新精神，在错综复杂的经济社会发展环境中，结合我国就业形势实际情况，创造性地将失业保险基金和就业补助资金这两种不同性质的资金来源，在就业总量占全国近50%的东部7省（市）这一重要区域进行有效结合，形成独特的促就业资金的有效供给机制，这一资金使用模式充分考虑了当地就业面临的具体问题，以及采取措施所必要的差异性，兼顾了制度的统一性和灵活性，为因地制宜解决当地就业问题提供了切实有效的资金保障平台，极大地提高了就业资金的使用效率。目前，东7省（市）政策成为我国积极的就业政策的重要特征，也是我国失业保险制度发挥促就业功能的重要体现。

（2）东7省（市）政策的实施效果是不容否认的

开展东7省（市）政策11年的实践表明，其发挥失业保险促进就业预防失业功能的尝试无疑是成功的。其成功之处不仅体现在试点政策为积极的就业政策提供了超过1100亿元的资金来源，其对于就业稳定和经济发展的功绩不容忽视、否认和抹杀，而且体现在试点政策的实施效果受到了社会各界的普遍认可，其他地区对于试点政策的羡慕和渴望，更说明这是得民心的好政策；更重要的是，试点政策创造出了具有中国特色的促进就业资金使用模式，在东部7省（市）形成了"中央把握方向，明确负面清单，授权地方根据实地情况决定失业保险基金促进就业支出项目"的机制。

（3）东7省（市）政策停止后与其他政策衔接存在风险

经过长达11年实施，试点政策在东部7省（市）已经具有了制度惯性，就业资金来源模式较为稳定，失业保险基金促就业支出和就业补助资金二者共同为促进就业政策提供保障资金。新《条例》实施后，东7省（市）政策的终止以及其他政策的后续衔接如果不畅，将会给就业工作带来以下影响。

一是东部7省（市）由各级财政资金补足近6成的就业总支出，在当前经济下行、财政增收困难的情况下，将给各级财政带来压力。部分省份的有些县市明确表示财政有困难，一旦财政力量无法补足就业资金缺口，原有的政策将出现空档。

二是东7省（市）政策终止后，如果财政资金不能一步到位补足资金缺口，就业政策的持续性会受影响，危及就业的稳定性。尤其是上海、北京、浙江等地，失业保险促就业支出金额较大，所占就业总支出比重较高，易发生规模性失业风险。从2015年东7省（市）政策资金使用情况看，57.7%和30.2%分别用于社会保险补贴和岗位补贴，政策覆盖者多为就业困难人员，技能低、年龄偏大，有些人员即将退休，而且政策涉及人群规模较大。如果针对上述人群的就业政策没有资金支撑，极易发生规模性失业风险，成为影响社会的不稳定因素。

三是东7省（市）政策终止后，影响其他省份失业保险基金促进就业工作的开展。目前部分地区也参照东7省（市）政策出台了利用失业保险基金促进就业预防失业的政策（见表8-12），政策终止造成全国较大范围的失业保险促就业功能回收，影响制度发展。

表8-12 部分地区参照东7省（市）政策的做法

地区	支出项目
天津	自2006年列支灵活就业人员社保补贴，2008年列支大龄人员续签长期合同社保补贴和在职职工继续教育培训补贴，2015年将上述政策写入《天津失业保险条例》
内蒙古	2008年规定，结余较多的地区可以提取上年度失业保险基金结余额度的50%纳入盟市就业专项资金统一使用
黑龙江	城镇就业转失业人员、在城镇寻找工作的失业农民工、参加失业登记的大学毕业生的职业技能培训和创业培训补贴
安徽	2015年，将失业保险两项补贴支出扩大到登记失业人员、应届毕业生、失地农民、当年度高校毕业生等就业资金群体。2016年，设立了一次性求职补贴、吸纳就业补贴、创业补贴和创业成功补贴等促进领金人员创业就业的支出
河南	企业在职职工培训补贴（2012）、就业安置补助、一次性创业补助、借用失业基金补充创业担保贷款（2015）；省政府还在新乡市开展扩大失业保险基金支出范围试点，濮阳市开展失业预防试点
湖北	失业保险基金累计结余额达到年度失业保险支出总额3倍以上的统筹地区，根据本地情况，按不超过当地实有小额贷款担保基金余额50%测算用于补充本级小额贷款担保基金支出
四川	在成都、攀枝花试点失业保险基金支出项目参照就业资金模式
云南	2011年底开始，借用失业保险基金结余补充全省小额担保贷款担保基金
甘肃	2008年经省政府同意后在金昌、嘉峪关、白银三市开展为期五年的失业保险基金扩大支出试点工作；还用失业保险作为全省小额贷款担保基金
青海	设立省级促进就业扶持资金，每年从失业保险基金结余中按10%比例提取，加大创业政策补贴力度，支持创业园发展；在留足失业保险待遇支付、应对失业保险基础上，建立省级创业促进就业扶持资金，用于首次创业补贴、一次性创业岗位开发补贴等方面

四是影响东部7省（市）和全国就业形势的稳定。东部7省（市）就业稳定对于全国就业稳定具有重要意义。首先，东部7省（市）领金人员占全国比重较高，2016年底共有95万人领取失业保险金，占全国领金人数的41.1%；其次，东部7省（市）就业占全国就业的比重较高，2015年底东部7省（市）城镇单位和城镇个体私营就业规模达到2.1亿，占全国

45.7%；最后，东部 7 省（市）的就业具有较高的外部性，按照第六次人口普查数据，2010 年全国跨省流动人口 8588 万，东部 7 省（市）的外省人口达到 6315 万，占全国总量的 73.5%，其中大部分流动人口为就业人员，因此东 7 省（市）政策的实施不仅促进当地就业，而且对中西部地区的流动就业有拉动作用。

8.3.1.3 东 7 省（市）政策与《条例》衔接的另一个选择

东 7 省（市）政策和《条例》修订的衔接问题，其本质是厘清就业补助资金促就业和失业保险基金促就业的关系问题，更进一步说，是明确政府促就业和失业保险促就业的责任划分问题。在就业资金的使用这一问题上，本书认为，失业保险基金和就业补助资金在促进就业的功能上是不矛盾的，东部 7 省（市）的试点也表明二者是可以共同发力、互为补充的。而 2017 年的《条例》修订和东 7 省（市）政策的终止，彻底划清了就业补助资金和失业保险基金促就业的领域，失业保险基金负责促进领取失业保险金人员的再就业，以及通过技能提升补贴和稳岗补贴提升就业质量的"促就业"，而就业补助资金负责其他部分的促就业。这样的衔接办法虽然厘清了二者的关系，但全国一刀切的办法忽视了各地经济发展水平、财政力量、就失业形势和失业保险发展水平的差异性，消减了促就业政策的灵活性，由此造成的可能后果是部分地区的失业保险基金累计结余越来越多，而部分地区的促就业资金存在较大缺口，在全国失业保险基金没有实现统筹的情况下，会影响促就业政策的顺利实施。

本书在研究总结东 7 省（市）政策实践经验，结合我国各地经济发展水平、财政实力、失业保险基金结余不平衡的实际情况，综合各地意见基础上，认为另一条东 7 省（市）政策与《条例》的衔接路径或许更为合理有效，即建立符合中国国情的促进就业资金使用模式：在东部 7 省（市）以失业保险基金为主，在其他省份以就业补助资金为主，具体项目和资金使用比例由各省份人民政府确定。在这一模式下，失业保险基金和就业补助资金共同为促进就业提供资金保障，并授权省级政府在充分考虑当地就业具体问题的基础上选择就业资金使用模式，提高就业资金的使用效率。在修订《条例》的过程中体现这一思路，主要是在充分吸收东 7 省（市）

政策成功经验的基础上，扩大失业保险基金的支出范围，要允许各省份根据实际情况合理有效地使用失业保险基金促就业，即将"规章规定的支出费用"列为失业保险基金的支出项目，并允许各地在制定本地失业保险法规时制度化为具体条文。

8.3.2 完善促就业政策的建议

借鉴国外促就业的措施和东7省（市）政策经验，从人力资源需求和供给的角度，从完善劳动力市场机制的角度，增加促就业支出项目，覆盖领金人员求职的全过程，包括以下建议。

一是增加针对企业的促就业支出项目。①社保补贴：对于吸纳长期领金人员并签订3年以上劳动合同，参保缴纳失业保险费的，给予一定比例的社保补贴。②大龄领金人员工资补贴：对于吸纳大龄领金人员并签订3年以上劳动合同，参保缴纳失业保险费的，可以给予不超过1年30%的工资补贴。③领金人员就业见习补贴：以项目合同等形式短期雇佣领金人员的，提供见习补贴，具体金额不超过工资收入的30%。

二是增加针对领金人员的促就业支出项目，如求职交通补贴，用于补贴领金人员的跨省份往来交通费。

8.4 参保政策

失业保险覆盖面是失业保险制度运行的基础，是失业保险制度的生命力。我国失业保险历来重视参保扩面工作。2016年底，全国失业保险参保人数突破1.8亿，达到18089万人，比2015年底增加762万人，增长4.4%。失业保险的覆盖范围从本质上说是一个公平与效率的问题。社会利益格局的形成过程，是经济政策和社会政策综合协调的利益分配过程，要促进社会公正，保证社会和谐。国家应当通过立法的形式适当介入收入分配过程，在初次分配中坚决体现效率原则，而在再分配环节则必须坚持公平原则。失业保险作为社会政策体系中的一个子系统，需要体现公平原则，在本质上需要具有普遍性，所有有劳动能力且愿意就业的劳动者都应包含在失业保险的保障范围内。

8.4.1 扩大覆盖面是失业保险制度发展的根本要求

扩大制度覆盖面是我国社会保险制度坚持的基本方针,是维护公民参加社会保险和享受社会保险待遇的合法权益,构建社会主义和谐社会的内在要求。社会保险法明确规定,社会保险制度坚持广覆盖方针,就是要求社会保险制度的覆盖面要广,使尽可能多的人纳入社会保险制度中来。失业保险作为解除劳动者后顾之忧和化解失业带来的不利影响的制度安排,为那些遭遇失业风险、收入暂时中断的失业者提供的一种收入保障,是社会稳定的一种安全阀机制。因此,从理论上说,它的覆盖范围应包括社会经济活动中所有劳动者,因为在社会经济活动中每一个劳动者都有可能成为失业者。

8.4.2 我国失业保险覆盖面较窄

从1986年初步建立失业保险制度开始至今,我国失业保险覆盖面依旧较窄,具体表现有以下几个方面。

一是制度覆盖范围不断扩大,但仍显较窄。客观地说,我国失业保险的覆盖范围不断扩大的。1986年《国营企业职工待业保险暂行规定》覆盖的待业职工包括四类人,即宣告破产的企业的职工,濒临破产的企业法定整顿期间被精减的职工,企业终止、解除劳动合同的工人和企业辞退的职工。1993年《国有企业职工待业保险规定》扩大到"七类九种人",但明确规定不涵盖农民合同制工人。1999年《条例》又将失业保险的覆盖范围实质性扩大为城镇企事业单位的职工,并规定各省级人民政府根据当地实际情况,可以决定将行政区域内的社会团体及其专职人员、民办非企业单位及其职工、有雇工的城镇个体工商户及其雇工纳入制度覆盖范围。虽然失业保险的覆盖范围在不断扩大,但从失业保险应该覆盖的范围来看,仍显较窄,并未将非正规就业人员或灵活就业人员纳入覆盖范围,而这部分人的失业风险较大。我国失业保险制度覆盖范围演变历史见表8-13。

表 8-13　我国失业保险制度覆盖范围演变历史

文件	覆盖范围
《救济失业工人暂行办法》（1951）	第三条　救济范围，原则上暂以原在各国营、私营的工商企业与码头运输事业中工作的工人和职员以及从事文化、艺术、教育事业的工作人员；在解放以后失业，尚无工作或其他收入者为限。在解放以前失业的职工，如有特殊困难请求救济者，须经各地失业工人救济委员会的批准
《国营企业职工待业保险暂行规定》（1986）	第二条　本规定适用于： （一）宣告破产的企业的职工； （二）濒临破产的企业法定整顿期间被精减的职工； （三）企业终止、解除劳动合同的工人； （四）企业辞退的职工
《国有企业职工待业保险规定》（1993）	第二条　本规定所称待业职工，是指因下列情形之一，失去工作的国有企业（以下简称企业）职工： （一）依法宣告破产的企业的职工； （二）濒临破产的企业在法定整顿期间被精简的职工； （三）按照国家有关规定被撤销、解散企业的职工； （四）按照国家有关规定停产整顿企业被精减的职工； （五）终止或者解除劳动合同的职工； （六）企业辞退、除名或者开除的职工； （七）依照法律、法规规定或者按照省、自治区、直辖市人民政府规定，享受待业保险的其他职工。 第二十三条　本规定不适用企业招用的农民合同制工人
《失业保险条例》（1999）	第二条　城镇企业事业单位、城镇企业事业单位职工依照本条例的规定，缴纳失业保险费。 本条所称城镇企业，是指国有企业、城镇集体企业、外商投资企业、城镇私营企业以及其他城镇企业。 第二十一条　单位招用的农民合同制工人连续工作满 1 年，本单位并已缴纳失业保险费，劳动合同期满未续订或者提前解除劳动合同的，由社会保险经办机构根据其工作时间长短，对其支付一次性生活补助。补助的办法和标准由省、自治区、直辖市人民政府确定。 第三十二条　省、自治区、直辖市人民政府根据当地实际情况，可以决定本条例适用于本行政区域内的社会团体及其专职人员、民办非企业单位及其职工、有雇工的城镇个体工商户及其雇工

二是全国统一规定覆盖范围，各地灵活调整。当前，各地依据《条例》规定确定失业保险的适用范围，并根据各地实际情况适当扩大了覆盖人群，扩展了适用范围。从实际情况看，绝大部分省份将社会团体及其专职人员、民办非企业单位及其职工纳入覆盖范围，超过一半的省份将有雇工的个体工商户及其雇工以及机关、参公事业单位及与其建立劳动关系的劳动者纳

入制度体系,而绝大部分地区将公务员群体和灵活就业人员排除在制度体系之外(见表8-14)。

表8-14 各地失业保险覆盖的特殊人群

人群	覆盖地区
社会团体及其专职人员、民办非企业单位及其职工	29个省份(上海、甘肃、西藏除外)
有雇工的个体工商户及其雇工	17个地区:北京、吉林、天津、山西、江苏、辽宁、浙江、福建、河南、湖北、广东、海南、重庆、贵州、云南、新疆、新疆建设兵团
机关、参公事业单位及与其建立劳动关系的劳动者	18个地区:北京、内蒙古、江苏、浙江、江西、山东、河南、湖北、广西、海南、重庆、四川、贵州、云南、陕西、青海、宁夏、新疆建设兵团
公务员	上海、大连
灵活就业人员	南京、昆明、哈尔滨等试点

三是实际覆盖面较窄,且逐年下降。2000年末失业保险参保人数10408万人,城镇单位就业人员[①]12852万人,覆盖率81%;2001年覆盖率低于70%,到2015年底,参保人数和城镇单位就业人数分别增加到17326万和28958万,但是覆盖率下降到59.8%,低于60%[②]。

四是实际参保率较低,且各地差异性较大。2016年底,失业保险参保人数达到18089万,但实际缴费人数为16058万,实际参保率(= 实际缴费人数÷参保人数×100%)为88.8%,其中,企业单位、事业单位、其他单位实际参保率分别为90%、83.8%和79.6%。《条例》规定,失业人员必须参保缴费才能有资格领取失业保险金,较低水平的实际参保率,进一步拉低了失业保险覆盖率,即约有12%的参保人员无法享受失业保险待遇。

[①] 包括国有单位城镇就业人员、城镇集体单位城镇就业人员、股份合作单位城镇就业人员、联营单位城镇就业人员、有限责任公司城镇就业人员、股份有限公司城镇就业人员、私营企业城镇就业人员、港澳台商投资单位城镇就业人员、外商投资单位城镇就业人员。

[②] 国际劳工组织第168号公约《促进就业和失业保护公约》确定的失业保护的覆盖范围,不少于全体雇员(包括公务人员和学徒工)的85%,在正常退休年龄之前受国家法律或法规保护的公务人员除外。如申请例外情况,失业保护范围应不少于雇员总数的50%,或与发展水平相适应的条件下,雇佣20人以上的工业企业中雇员总数的50%。

8.4.3 扩面较为困难

失业保险扩面困难，主要体现在以下几个方面。

一是参保人数增长速度有放缓趋势。1999年失业保险参保人数为9852万，到2016年底增加到18089万，增长83.6%，年均增长3.6%。从各年度增长率看，2006~2013年增长率最高，2014年以后增长率有放缓趋势，2015年仅增长1.7%，2016年虽然增长率达到4.4%，但实际增长率[①]仅为2.73%，低于《条例》颁布以来的平均增长率。

二是农民工参保率低。《条例》规定，农民合同制工人本人不缴纳失业保险费，由用人单位缴纳，被解除劳动关系时，根据其工作时间长短，支付一次性生活补助费。但实际情况是，农民工失业保险参保率极低。根据国家统计局抽样调查结果，2009年全国农民工总量为22978万人，但参加失业保险比重仅为3.9%。到2014年，全国农民工总量为27395万人，其中，外出农民工16821万人，本地农民工10574万人。但农民工参加失业保险的比重较低，仅为10.5%，外出农民工参保比重更低，仅为9.8%，本地农民工参保比重为11.5%。参保率低于工伤保险（26.2%）、医疗保险（17.6%）和养老保险（16.7%）。2014年农民工参加"五险一金"的比例见表8-15。

表8-15　2014年农民工参加"五险一金"的比例

单位：%

项目	工伤保险	医疗保险	养老保险	失业保险	生育保险	住房公积金
合计	26.2	17.6	16.7	10.5	7.8	5.5
其中：外出农民工	29.7	18.2	16.4	9.8	7.1	5.6
本地农民工	21.1	16.8	17.2	11.5	8.7	5.3

资料来源：《2014年全国农民工监测调查报告》，国家统计局网站。

三是个体工商户及其雇工参保政策操作难度大。虽然大部分地区将有雇工的个体工商户及其雇工纳入失业保险制度体系，但由于各种原因，无法真正参加失业保险。一方面是管理困难，对个体工商户缴费工资基数难

---

① 2016年4月，上海市将283.4万外来务工人员纳入失业保险，造成参保人数突增。

以确定，少报、瞒报用工数量和缴纳费用及滞纳现象严重，行政处罚执行困难。另一方面是参保意识差，雇主和雇员认为生产经营规模小，生产经营和就业不稳定，为减少成本和增加收入而不参加失业保险。

从扩面困难的原因分析，主要在于以下方面。一是失业保险制度的演变历程形成路径依赖，影响现行制度覆盖对象的参保意愿。我国失业保险制度覆盖范围经历了从国有企业推向非国有企业以及企事业单位的扩面过程。制度建立的初衷是作为国有企业改革配套，制度的发展始终被动地配合经济改革尤其是国有企业改革进程。而制度的路径依赖造成制度的定位不清晰，失业保险制度并没有作为一项独立的社会制度加以建设，导致制度的覆盖范围长期局限于国有单位内部。而非公有经济的基于市场竞争为导向的人工成本战略，往往没有动机和激励去参加失业保险，且现行的劳动监察力量较弱，无法彻底解决这一问题。目前，失业保险制度对城镇国有单位和集体单位及其职工几乎达到了全覆盖，但私营经济部门的覆盖率往往较低，尤其是非正规就业人员的覆盖率更低。二是受外部环境变化影响，尤其是当前经济增速放缓，有些地区经济下行压力较大，用人单位经营困难，有些地方政府在平衡企业减负、招商引资、财政增收等多重工作目标任务时，往往牺牲社保参保缴费目标，参保扩面和劳动监察工作受到多方面阻挠。三是微观层面用人单位和个人存在选择性参保问题，部分企业只参加养老保险、医疗保险，甚至有的企业只参加工伤保险，有些地区信息化发展滞后，目前部分省份还不能实现真正五险统一征缴，无法杜绝这一问题。还有一些用人单位和职工个人，对失业保险的理解存在误区，认为自己没有失业风险，没有必要参加失业保险，参保意愿较差。

8.4.4 扩大失业保险覆盖面是大势所趋

尽管世界各国失业保险的发展很不平衡，但扩大失业保险覆盖面的过程极为类似，即在失业保险制度建立的初期，覆盖范围仅限于"正规部门"劳动者，并逐步将"非正规部门"就业的劳动者纳入制度覆盖范围，我国失业保险覆盖面的扩大路径也不例外。另外，失业保险的覆盖范围与社会经济发展水平紧密相关，我国三次产业就业结构从 2000 年的 50.0∶22.5∶27.5

演变为2015年的28.3∶29.3∶42.4，非农产业就业比重已经超过70%，第三产业就业超过40%。在深化改革的进程中，城镇各类失业人员增多和农村剩余劳动力城镇化迁移的态势，客观上要求进一步扩大失业保险的覆盖面。同时，失业保险的本质属性也决定了要进一步扩大覆盖面。失业保险覆盖面是制度发挥功能的载体。一方面，失业保险运用大数法则抵御个人失业风险，较大范围的覆盖面有利于筹集丰裕的资金用于有效发挥制度效能，保障更大范围劳动者在失业时期的基本生活和技能提升。另一方面，失业保险是社会保险，属于政府调控社会利益格局的再分配体系，需要体现国家意志和公平原则，在本质上要求制度覆盖具有普遍性，将所有有劳动能力且愿意就业的劳动者纳入失业保险的保障范围内。党的十八大明确提出了把社会保障全民覆盖作为全面建成小康社会的重要目标。失业保险作为五险之一，把全覆盖作为当前和今后一段时期的重点工作，是题中之义。

8.4.5　扩大失业保险覆盖面的步骤

扩大失业保险覆盖面要统筹兼顾，循序渐进，总的要求是加快实现制度覆盖和人群覆盖，实现失业保险应保尽保。

一是加快制度建设进度，解决制度全覆盖问题。以建立劳动关系为标准，将失业保险覆盖范围扩大至所有建立劳动关系的用工单位和职工，并授权各地适当扩大覆盖范围。同步还要做的是，根据新就业形态和灵活就业特点，进一步研究失业保险覆盖灵活就业人员的制度与政策。

二是加大参保扩面力度。将更多的职业人群纳入失业保险范围，扩大和保持稳定的参保面，始终是失业保险制度的重要基础，是增强失业保险制度兜底作用的木之本、水之源。从近期看，各地要根据《条例》规定，确保应参尽参。各省份要查找失业保险参保人数与其他社会保险，尤其是城镇企业职工基本养老保险参保规模的差距，抓住"全民参保登记计划"实施的机遇，以五险统一征缴为抓手，进一步扩大现有失业保险制度覆盖面，促进应参未参人员参加失业保险，实现法定群体的全覆盖。

三是鼓励各地积极探索新就业形态参加失业保险。各地在工作中要突出扩面工作重点，将事业单位、民营企业、中小微企业等用人单位，建筑、餐饮等行业,以及农民工等群体,作为扩面工作的着力点和突破口,加快实现应保尽保。有条件的地方,可将社会团体、民办非企业单位、乡镇企业、有雇工的城镇个体工商户,纳入失业保险覆盖范围。针对当前网络就业、平台就业、创业群体等新就业形态人员,积极探索适合其特点的失业保险制度,各地可以做一些试点工作。

8.4.6 关于参保政策的建议

目前,新修订的《条例》扩大了覆盖范围,在地域上,打破城乡壁垒,将原来的"城镇"拓展为"城乡";在主体上,将社会团体、民办非企业单位、基金会、律师事务所、会计师事务所等组织及其职工纳入保障范围,基本覆盖与单位建立劳动关系的职业人群。这样修订基本符合我国当前经济社会发展的水平、趋势和要求。但在某些特殊群体的覆盖问题上,建议如下。

一是可以参照刘燕斌(2011)的建议,将完成职业培训或学业、服完义务兵役的青年求职者纳入覆盖范围。尽管大学毕业生等青年群体未曾就业,也未履行参保缴费的义务,不是普通意义上的失业者,但对于他们,失业保险可按照"先赋予权利,再履行义务"的原则,给予他们一定的求职补贴,预支一定的领金期限,毕竟,这部分群体迟早要就业,并参加失业保险并缴费的。这一举措与国际劳工组织《促进就业和失业保护公约》关于"新谋职人员特别条款"规定的精神相契合。目前,已有德国、比利时、丹麦、卢森堡等已经将完成培训或学业的人员纳入了失业保险覆盖范围。

二是统一农民工参保政策问题。目前《条例》已经统一了城镇职工与农民工的参保政策,但考虑到农民工的身份特殊,而且其流动性较强的特点,可以在享受待遇的领取方式上,给予其一定的选择权,即允许参加失业保险的农民工按照原《条例》规定的领取一次性生活补助的方式领取失业保险金,也可以选择同城镇职工一样的领取失业保险金。

三是逐步将公务员、参公管理事业单位纳入覆盖范围。

四是尽快出台关于灵活就业人员参加失业保险的政策体系,并制定阶段性工作方案。

8.5 费率政策

费率是失业保险制度设计的关键因素。从1986年我国建立失业保险制度至今，失业保险费率政策做过3次大的调整，逐步建立起"全国统一费率，地方自行决定水平和分担机制，随基金运行适时调整"的费率政策。为进一步完善失业保险费率政策，降低企业成本，增强企业活力，促进就业稳定，经国务院同意，人力资源和社会保障部会同财政部从2015年起连续三年三次降低失业保险费率。2018年4月20日，人力资源和社会保障部与财政部联合发文《关于继续阶段性降低社会保险费率的通知》（人社部发〔2018〕25号）规定，自2018年5月1日起，按照《人力资源社会保障部财政部关于阶段性降低失业保险费率的通知》（人社部发〔2017〕14号）实施失业保险总费率1%的省（区、市），延长阶段性降低费率的期限至2019年4月30日。具体方案由各省（区、市）研究确定。阶段性降费率政策执行到期，将按新修订的《条例》规定执行。

8.5.1 费率政策是失业保险制度运行的关键

费率政策直接影响失业保险制度的运行和功能发挥。一方面，费率政策直接决定了失业保险基金收入，为失业保险制度的功能发挥奠定经济基础。失业保险缴费是失业保险制度的主要融资方式，在现收现付模式下，失业保险基金收入取决于覆盖面和缴费水平，在一定的覆盖面下，基金收入主要由缴费基数和费率水平决定。另一方面，费率政策也影响企业的经营活动。费率水平与企业生产周期内产值和利润率的高低直接相关。企业缴纳的社会保险费以企业职工工资总额为征缴基数并且在税前列支，是劳动成本的重要组成部分。过高的费率水平会提高企业的运营成本，降低经济活力。同时，在强制参保体制下，劳动者的费率分担比例过高，会减少参保者的收入，降低参保积极性，对失业保险覆盖面产生消极影响。因此，过低的费率水平无法保证失业保险制度功能的发挥，企业和劳动者承载过高的费率负担，会影响其企业经营和收入水平，不利于经济发展和就业稳

8 建设具有中国特色的积极的失业保险政策体系

定,也对失业保险制度造成影响。合适的费率政策需要根据失业保险制度的功能定位和制度运行情况,尤其是失业保险基金的收支和结余情况进行调整,达到各方面的平衡。

值得注意的是,失业保险费率政策必须充分考虑失业保险的自身属性。任何保险都是建立在大数法则的保险原理基础之上的,通过对风险发生概率的预测确定合理的费率水平。失业保险不同于其他类型社会保险,它所保障的是失业风险,失业的原因归结为劳动者自身无法控制的社会经济因素,因此失业风险受大量的社会经济因素影响,如经济周期、产业结构调整、重大技术进步、国际贸易变动,甚至是企业制度、劳资关系、就业歧视等,虽然特定时期的社会平均失业率可以获知,但由于某些外生不确定因素对宏观经济的冲击,失业率及其变化规律很难准确预测。而失业保险是为了反失业,失业保险基金的支出规模要具有反经济周期特征,即经济越是处于衰退、萧条阶段,越需要失业保险基金扩大规模,这在客观上要求失业保险基金必须有相对充足的结余,以应对经济波动导致的规模性失业风险。这就决定了费率政策调整要充分考虑基金的结余情况,并结合基金统筹层次、经济运行情况、就业失业形势等因素适时调整。

从1986年我国建立失业保险制度至今,失业保险费率政策做过3次大的调整,第一次是1993年,第二次是1998年,第三次是2015~2017年连续三次降低费率。调整主要体现在三个方面:一是费率水平经历6次变动,由最初的1%提高到3%,之后逐渐恢复到全国统一的1%水平(见表8-16);二是费率分担机制由用人单位全部负担转变为由用人单位为主与劳动者共同分担;三是费率决策机制由全国统一决定变为全国统一决定与各省份自行调整相结合。

表8-16 我国费率政策变动情况

文件	政策执行期限	费率水平(%)		
		总费率	单位	个人
《国营企业职工待业保险暂行规定》	1986年7月~1993年4月	1.0	1.0	0
《国有企业职工待业保险规定》	1993年5月~1997年12月	0.6	0.6	0

237

续表

文件	政策执行期限	费率水平（%）		
		总费率	单位	个人
《关于切实做好国有企业下岗职工基本生活保障和再就业工作的通知》（中发〔1998〕10号）	1998年1月~2015年2月	3.0	2.0	1.0
阶段性降费率政策 《关于调整失业保险费率有关问题的通知》（人社部发〔2015〕24号）	2015年3月~2016年4月	2.0	1.5	0.5
《关于阶段性降低社会保险费率的通知》（人社部发〔2016〕36号）	2016年5月~2016年12月	1~1.5	≥1	≤0.5
《关于阶段性降低失业保险费率有关问题的通知》（人社部发〔2017〕14号）	2017年1月~2018年4月	1.0	0.5	0.5

8.5.2 我国费率政策的初步建立与调整

1986年颁布的《国营企业职工待业保险暂行规定》（以下简称《暂行规定》），标志着我国失业保险制度的初步建立，其最主要目的是配合当时的经济体制改革，增强国有企业的活力，改革企业的劳动用工制度。考虑到制度功能定位是保障基本生活，主要覆盖范围是国营企业及其职工[①]，《暂行规定》制定的费率政策是国营企业按照其全部职工标准工资总额的1%缴纳保险费（缴纳所得税前列支），个人不缴费。这一规定确立了我国失业保险费率政策的两项基本特征，一是国家实行统一费率政策，二是企业承担主要缴费责任。国家实行统一费率，主要是基于管理服务成本的考虑，制度建立初期，我国失业保险基金统筹层次和业务经办能力无法实行行业差别费率。企业承担主要职责，主要是基于经济结构和覆盖范围的考虑，当时国营（有）经济是主体，企业负担全部费率，体现了政府责任；参加失业保险的劳动者多是破产企业被清算的、终止劳动合同的、被辞退

---

① 《暂行规定》第一条：为适应劳动制度改革的需要，促进劳动力合理流动，保障国营企业（以下简称企业）职工在待业期间的基本生活需要，特制定本规定。第二条：本规定适用于：（一）宣告破产的企业的职工；（二）濒临破产的企业法定整顿期间被精减的职工；（三）企业终止、解除劳动合同的工人；（四）企业辞退的职工。

8 建设具有中国特色的积极的失业保险政策体系

的职工，收入较低，处于弱势地位，不承担费率责任，也是对参保职工的利益保护。

从1986年7月到1993年5月，近7年的费率政策为我国刚刚起步的失业保险制度奠定了运行基础，为制度功能发挥奠定了扎实的经济基础。1987年我国失业保险基金收入5.3亿元，到1992年底提高到11.7亿元，增长了121%，年均增长17.2%，基金累计结余由1987年的4.5亿元增加到1992年底的32.1亿元，年均增长48.1%。不同费率水平下基金运行基本情况见表8-17。

表8-17 不同费率水平下基金运行基本情况

单位：%

时间	费率水平	参保人群平均增速	基金收入平均增速	基金支出平均增速	基金结余增速
1988~1992年	0.6	5.2	19.2	29.7	38.6
1993~1997年	1.0	0.1	27.3	40.6	24.2
1998~2014年	3.0	4.9	20.7	16.7	24.5
2015~2016年	1.5	4.4	-10.2	31.9	4.9

1993年颁布的《国有企业职工待业保险规定》（以下简称《规定》）在进一步扩展失业保险制度功能和覆盖范围[①]的同时，第一次对费率政策进行了调整。一是降低了费率水平，规定企业按照全部职工工资总额的0.6%缴纳待业保险费。降低费率主要是基于以下几点考虑。首先，基金结余已经初具规模，备付能力较强。失业保险制度建立以来基金支出增长速度较快，由于制度功能集中于保障失业（待业）人员基本生活，基金支出规模较小，

---

① 《规定》第一条：为了完善国有企业的劳动制度，保障待业职工的基本生活，维护社会安全，制定本规定。第二条：本规定所称待业职工，是指因下列情形之一，失去工作的国有企业（以下简称企业）职工：（一）依法宣告破产的企业的职工；（二）濒临破产的企业在法定整顿期间被精简的职工；（三）按照国家有关规定被撤销、解散企业的职工；（四）按照国家有关规定停产整顿企业被精减的职工；（五）终止或者解除劳动合同的职工；（六）企业辞退、除名或者开除的职工；（七）依照法律、法规规定或者按照省、自治区、直辖市人民政府规定，享受待业保险的其他职工。第三条：待业保险工作应当与职业介绍、就业训练和生产自救等就业服务工作紧密结合，统筹安排。

1988年支出总额为1.8亿元,1992年增加到5.1亿元,基金结余的备付年数也由1988年的4.8年增加到1992年的6.3年,1991年曾高达8.6年。其次,将缴费基数由《暂行规定》的企业职工标准工资改为职工工资总额,大大提高了失业保险费缴费基数。在拟定《规定》的过程中,对1987～1989年的企业职工标准工资和工资总额进行了换算,结果发现标准工资的1%相当于工资总额的0.55%[1],如果费率仍停留在1%水平,企业负担较重。二是赋予地方权力根据实际可在一定范围内调整费率,规定保险基金不足或者结余较多的省份可以适当调整费率,但不得超过1%。允许地方根据实际调整费率,主要是考虑《规定》调整了基金统筹层次并在基金使用方面给予各省份一定的自主权,相应地,在决定基金收入的费率政策上,也应给予各省份一定的自主权。《暂行规定》规定的统筹层次是省级,由于财政体制等原因,直到1993年为止,除直辖市外几乎没有一个能够真正落实,《规定》从实际出发提出基金实行市县统筹,并规定各省、自治区和直辖市可以根据实际情况部分或全部使用调剂金[2]。给予各省份一定的自主权,是《规定》相比于《暂行规定》的一大特色,这些自主权不仅体现在费率政策上,更体现在基金支出相关的基金使用权限、基金支出项目、保险待遇标准等上,如《规定》进一步强调失业保险的保生活和促就业功能并重,提出"待业保险工作应当与职业介绍、就业训练和生产自救等就业服务工作紧密结合,统筹安排",并规定各省份可根据实际提取和使用相关费用[3],进一步调动地方政府和劳动就业服务部门加强就业服务工作,促进再就业;《规定》提出各省份可根据实际设立支出项目用以解决待业职工生活困难和帮助其促就业,费用可由待业保险基金支出;《规定》明确了各省份自行决定失业保险待遇标准的自主权,包括待业职工的待业救济金、医疗费、丧葬补助费和其供养的直系亲属的抚恤金、救济费的发放标准。

---

[1] 中国劳动和社会保障部组织组织编审《新中国劳动和社会保障事业》,中国劳动社会保障出版社,2007,第768页。
[2] 《规定》第七条:待业保险基金实行市、县统筹。省、自治区可以集中部分待业保险基金调剂使用。直辖市根据需要,可以统筹使用全部或部分待业保险基金。
[3] 《规定》第十五条:待业职工转业训练费和生产自救费,按照上年度筹集待业保险基金的一定比例提取。具体比例和使用办法,由省、自治区、直辖市人政府规定。

8 建设具有中国特色的积极的失业保险政策体系

　　《规定》的出台，标志着我国失业保险制度由初创阶段进入了发展阶段。《规定》颁布后，全国18个省份颁发了新的法规，扩大失业保险范围，改进基金的收缴管理，强化失业救济与再就业服务的联系。1993~1997年，失业保险参保规模增长缓慢，从7924万人增加到7961万人，年均增长0.12%；基金支出年均增长40.6%，高于基金收入增速13.3个百分点。随着基金支出规模的不断扩大，基金结余增速逐步放缓，由1988~1992年的38.2%降低到24.2%，基金备付期限逐步降低，由1992年的6.3年降至1997年的2.7年（见图8-23）。可见，全国0.6%~1%的费率水平无法保证失业保险基金的支付能力，需要进一步调整费率政策。

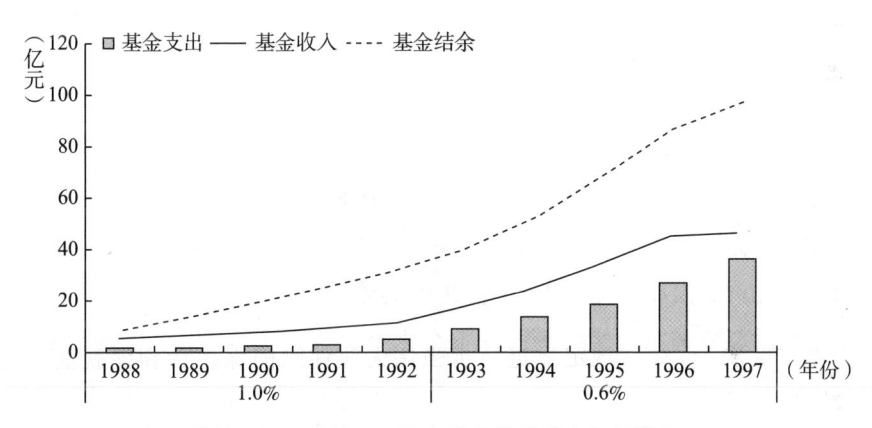

图8-21 1988~1997年失业保险基金运行情况

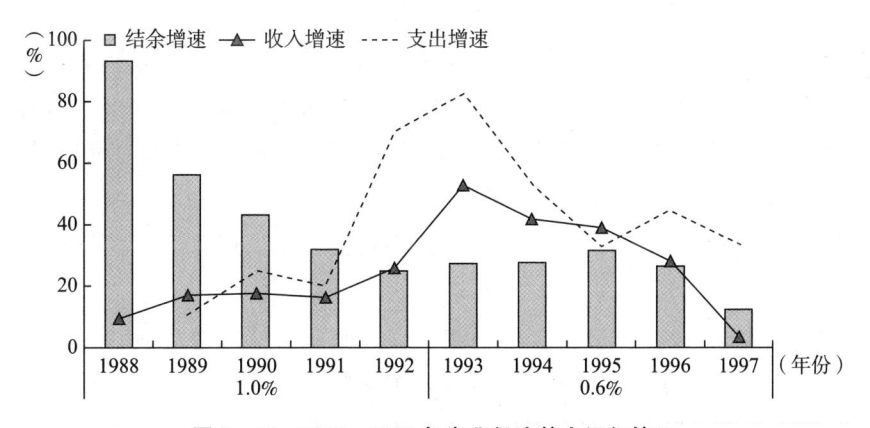

图8-22 1988~1997年失业保险基金运行情况

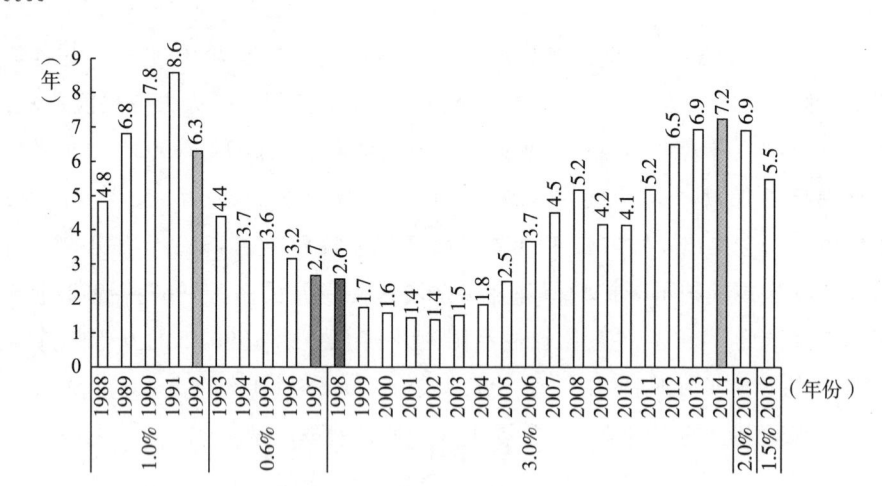

图 8-23 我国失业保险不同费率水平下的基金备付期限

8.5.3 《失业保险条例》中的费率政策

1998年10月，《关于切实做好国有企业下岗职工基本生活保障和再就业工作的通知》（中发〔1998〕10号）提出"普遍建立再就业服务中心，保障国有企业下岗职工基本生活"，并规定再就业服务中心用于保障下岗职工基本生活和缴纳社会保险费用的资金来源，原则上采取"三三制"的办法解决，即财政预算安排三分之一、企业负担三分之一、社会筹集（包括从失业保险基金中调剂）三分之一，具体比例各地可根据情况确定。为提高失业保险基金的支付能力，从1998年起，将失业保险基金的缴费比例由企业工资总额的1%提高到3%，由企业单方负担改为由企业和职工个人共同负担，其中个人缴纳1%，企业缴纳2%，提高比例部分主要用于调剂国有企业下岗职工基本生活保障。这项规定是失业保险费率政策的重大突破，不仅增加了基金的承受能力，而且更重要的是规定了参保职工缴费，真正实现了失业保险由国家、集体和个人三方负担，使失业保险制度得到进一步完善。

1999年颁布的《条例》，进一步扩展了失业保险的保生活和促就业功能，并将覆盖范围扩展到企事业单位及其职工，在费率政策上延续了中发〔1998〕10号文规定，即全国实行3%费率，企业和职工分别分担2%和1%。同时，进一步强调费率的灵活机制，即实行全国统一费率，地方可适当调整,并对农民工实行零费率政策,即农民工参保不缴纳失业保险费[①]。

从实施《条例》到2014年底,我国的失业保险制度面临的经济社会环境和就业失业形势发生了重大变化,经济规模不断扩大、经济结构不断调整、科技不断进步、就业形式不断创新、就业矛盾逐步从以总量矛盾为主向就业总量与结构性矛盾并存转变,但全国费率政策保持了总体稳定,只是若干省份按照《条例》规定,根据地方实际进行了微调,如湖北省于2002年在特殊群体参加失业保险方面,给予一定的费率优惠[②];北京市于2007年修订《北京市失业保险规定》后,费率水平调整为2%,其中单位承担1.5%,个人承担0.5%;江苏省于2011年在费率确定方面赋予统筹地区一定的权限[③]。费率水平之所以较为稳定,主要原因是我国失业保险制度功能不断扩展,尤其是2008年就业促进法提出了预防失业功能,失业保险功能逐步深化,由生活保障向就业保障拓展,由解决失业增量向稳定就业存量拓展,制度功能逐步由保生活和促就业并重,转变为保生活、防失业、促就业三位一体,基金支出项目增多,支出规模扩大,基金支出压力加大。一是失业保险保生活压力增大,失业保险金领金人数、人均领金水平、失业保险金支出分别由2000年的330万人、286元/月、56.2亿元增长到2015年的457万人、960元/月和269.8亿元,分别增长38.5%、236%和380%。

[①] 《条例》第六条:城镇企业事业单位按照本单位工资总额的百分之二缴纳失业保险费。城镇企业事业单位职工按照本人工资的百分之一缴纳失业保险费。城镇企业事业单位招用的农民合同制工人本人不缴纳失业保险费。第九条:省、自治区、直辖市人民政府根据本行政区域失业人员数量和失业保险基金数额,报经国务院批准,可以适当调整本行政区域失业保险费的费率。

[②] 《湖北失业保险实施办法》(2002年)第八条:无雇工的城镇个体工商户、自由职业者,自愿参加失业保险的,按不低于当地上年全部职工月平均工资的2%缴纳失业保险费。进入再就业服务中心下岗职工的失业保险费,由再就业服务中心按当地上年全部职工月平均工资2%的标准逐月缴纳,下岗职工本人不缴纳。

[③] 《江苏失业保险条例》(2011年)第十五条:在失业保险基金结余规模较大或者国家启动失业预警应急响应机制时,经省人民政府批准,统筹地区可以根据国家和省有关规定以及本地区实际情况,采取下浮失业保险基金费率、缓收失业保险费和拨付经批准的其他支出等措施,给予用人单位特别援助。具体条件和程序由省人力资源社会保障部门会同财政等有关部门制定,报省人民政府批准后执行。

中国积极的失业保险政策

二是失业保险预防失业、促进就业功能日益健全，支出总额加大。2015年失业保险基金支出达到736.4亿元，约是2000年支出总额123.4亿元的6倍，同时失业保险防失业、促就业支出比重加大，从2012年开始，防失业、促就业项目支出超过基金总支出的一半（见表8-18）。

表8-18　2012~2016年全国失业保险金支出结构

单位：%

年份	保生活 合计	用于保障失业人员基本生活资金	用于农民工一次性生活补助	防失业、促就业 合计	职业培训、职业介绍两项补贴	其他促进就业支出
2012	49.9	47.6	2.3	50.1	15.9	34.2
2013	49.0	46.3	2.7	50.9	15.3	35.6
2014	48.7	45.9	2.8	51.3	12.1	39.2
2015	48.9	45.8	3.1	51.1	10.2	40.9
2016	43.2	40.6	2.6	56.8	8.4	48.4

资料来源：根据《人力资源和社会保障年鉴》数据整理。

三是在此期间利用失业保险基金推出的一系列失业保险政策，积极发挥了保稳定、助改革、促发展作用，包括1998~2003年失业保险基金确保国有企业近3000万下岗职工进出再就业服务中心，为经济结构调整和国有企业深化改革提供了扎实保障；2008年四川汶川地震后，采取失业保险应急措施支持灾后重建；应对2008年国际金融危机，实施缓减企业失业保险费、支付企业的社保补贴、岗位补贴和培训补贴政策，减轻企业负担，稳住职工队伍。这些政策一方面增加了基金支出压力，另一方面缓减了失业保险费、发放稳岗补贴等政策，起到了与降费率类似的效果。

正是在此期间较为稳定的高水平费率的作用，使我国失业保险基金收入得到较高速度增长，年均增速20.7%，基金累计结余从2000年的196亿元增加到2015年的5083亿元（见图8-24），基金备付年限由1998年的2.6下降到2002年的1.4年后，逐步增加到2014年的7.2年，为失业保险制度运行奠定了坚实的经济基础。

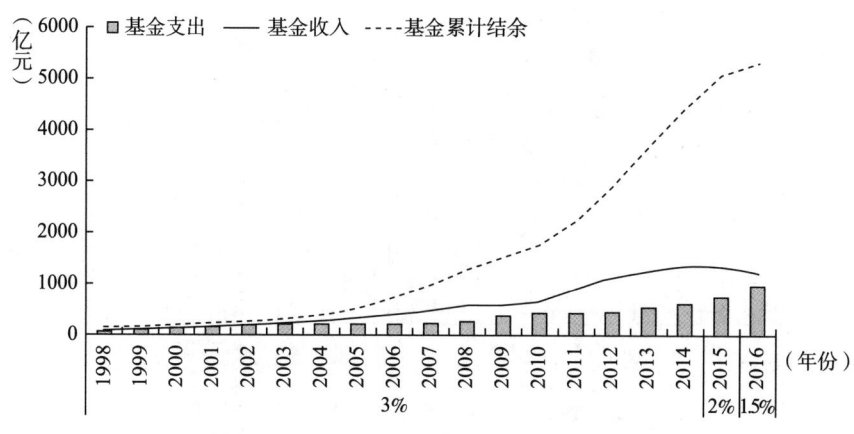

图 8-24 1998~2016 年失业保险基金情况

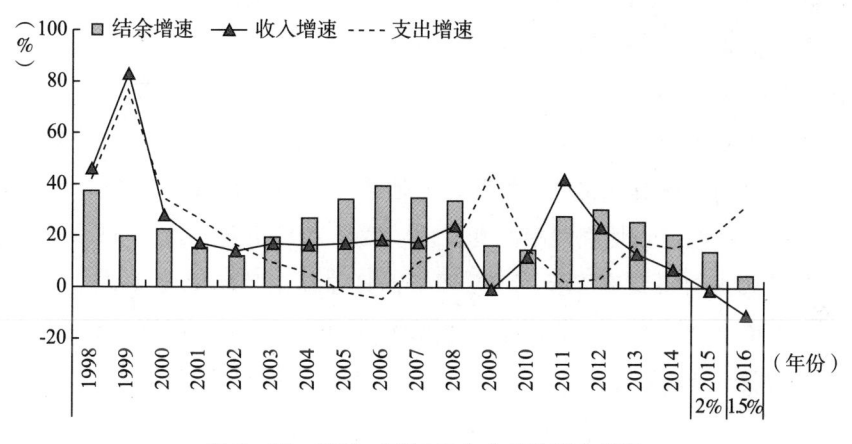

图 8-25 1998~2016 年失业保险基金情况

8.5.4 连续三次降低失业保险费率，促进实体经济发展

2008 年国际金融危机后，我国经济增速逐步放缓，经济下行压力加大，为进一步完善失业保险费率政策，降低企业成本，增强企业活力，促进就业稳定，经国务院同意，人力资源和社会保障部会同财政部从 2015 年起连续三年三次印发降低失业保险费率政策文件，将失业保险总费率由《条例》规定的 3% 阶段性降至 1%。

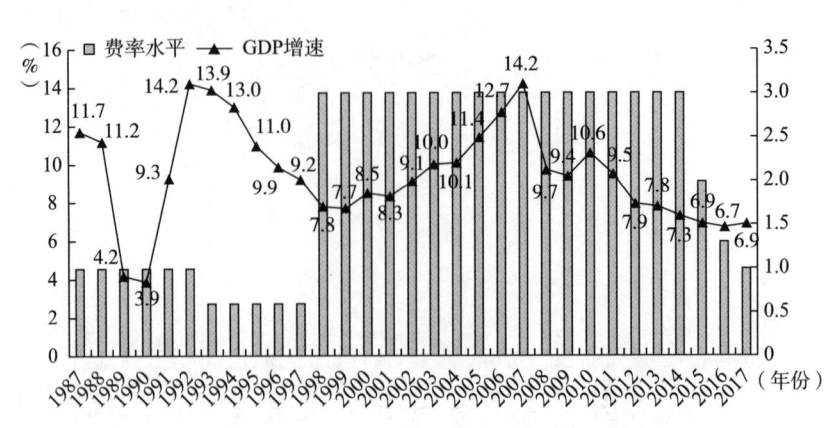

图 8-26　1987~2017 年我国费率政策和 GDP 增速

2015 年 2 月 27 日，《关于调整失业保险费率有关问题的通知》（人社部发〔2015〕24 号）规定，从 2015 年 3 月 1 日起，失业保险费率暂由现行《条例》规定的 3% 降至 2%，单位和个人缴费的具体比例由各省、自治区、直辖市人民政府确定。在省、自治区、直辖市行政区域内，单位及职工的费率应当统一。降费率文件下发后，各地按照"以支定收、收支基本平衡"的原则，积极制定当地降费率配套文件，截至 2015 年底，全国 31 个省份和新疆建设兵团均将费率降至不高于 2%，其中北京费率降至 1.2%，辽宁、山东、海南降至 1.5%，其余 28 个地区费率 2%。按照 2014 年全国失业保险费征缴收入 1285 亿元估算，2015 年降费率政策减收失业保险费约 357 亿元①。

2016 年 4 月 14 日，《关于阶段性降低社会保险费率的通知》（人社部发〔2016〕36 号）规定，从 2016 年 5 月 1 日起，失业保险总费率在 2015 年已降低 1 个百分点的基础上可以阶段性降至 1%~1.5%，其中个人费率不超过 0.5%，降低费率的期限暂按两年执行。具体方案由各省份确定。截至 2016 年底，全国各地均已将费率降至 1%~1.5%，其中北京、江西、湖北、广东、广西、海南、重庆、四川、陕西、青海 10 个省份费率为 1%，其余

---

① 本方法从静态的角度考察降费率政策在 2015 年的降成本效果，即不考虑参保人数和缴费基数增加的因素，以 2014 年实际征缴收入为测算基数，计算 2015 年 3 月至 12 月的失业保险费的相对减少，具体方法为：减收失业保险费 = 1285 × (1/3) × (10/12) ≈ 357 亿元。下同。

22个省份费率为1.5%。按照2014年全国失业保险费征缴收入1285亿元，全国总体费率降至1.5%进行估算，2016年降费率政策减收失业保险费约571亿元[=1285×(1/3)×(4/12)+1285×(1/2)×(8/12)]。

2017年2月16日，《关于阶段性降低失业保险费率有关问题的通知》（人社部发〔2017〕14号）规定，从2017年1月1日起，失业保险总费率为1.5%的省份，可以将总费率降至1%，降低费率的期限执行至2018年4月30日。在省份行政区域内，单位及个人的费率应当统一，个人费率不得超过单位费率。失业保险总费率已降至1%的省份仍按照《关于阶段性降低社会保险费率的通知》（人社部发〔2016〕36号）执行。

根据测算，如符合降费率条件的22个省份全部降费，2017年将比2016年减收失业保险费234亿元。如果按照2014年失业保险费征缴收入1285亿元计算，从2017年1月1日起执行1%费率至2018年4月30日，则全国共减收失业保险费率约1142亿元[=1285×(2/3)×(12+4)/12]。由此，相比于2014年全国实行《条例》规定的3%费率，三年三次降费率政策共减收失业保险费约2070（=357+571+1142）亿元。

总的来看，自2015年开始的降费率政策，最主要目的是降低企业成本，增强企业活力，是对经济下行压力加大的环境下采取的应急措施，政策传递出中央政府宏观调控经济、增强实体经济信心的强烈信号。但从长期看，低水平的、全国各地无差异的费率不利于失业保险事业的长远发展，一方面随着基金收入的减少支出增加，基金当期赤字动用大量的结余；另一方面，各地失业保险面临的环境差异性较大，失业保险面临的任务和功能定位也不同，失业保险基金支出压力差异性较大，应允许各地根据实际情况自行调整本地失业保险费率。

8.5.5 关于调整费率政策的建议

2019年4月30日，阶段性降费率政策执行到期，将恢复到《条例》规定。目前，《条例》正在修订过程中，需要提前做好费率政策的衔接工作。

（1）费率政策调整需要结合我国实际

根据我国费率政策的发展历史和失业保险工作面临的环境，失业保险费率政策的调整需要注意以下事项。

一是费率政策调整需要结合我国积极的失业保险制度建设情况。积极的失业保险制度建设，需要发挥其保生活、防失业、促就业的三位一体功能，并突出"保生活是基础、防失业是重点、促就业是目标"，这就需要一系列的失业保险政策共同发挥作用。因此费率政策必须和坚持广覆盖的参保政策、坚持保基本的待遇给付政策、坚持可持续的基金管理政策相联系，统筹兼顾，系统推进。

二是行业差别费率、企业浮动费率不适合我国基本国情。一方面，差别费率和浮动费率容易造成费率差距较大，引发一个地区内行业间、企业间社保成本负担的不平衡；在经济下行压力加大的环境下，浮动费率奖"优"罚"劣"的激励作用使企业费率差距进一步拉大，不利于企业发展。另一方面，我国当前基金的统筹层次和经办机构业务经办能力决定了不宜采取差别费率和浮动费率。从基金统筹层次看，目前只有4个直辖市和西藏、青海、宁夏、海南实现省级统筹，20个省份及新疆建设兵团的全部或部分地市已实行市级统筹；江苏、浙江和湖北实行县市统筹。在统筹层次较低的情况下，如果费率浮动频率大，将直接引起基金波动，影响基金收支平衡。从经办机构的经办能力看，目前还存在着失业保险机构设置多元、业务经办规范性不高、信息化程度较低、基层经办人员能力有待提高等问题，经办机构的综合能力无法提供差别费率或浮动费率所必需的行业或企业人员变动信息。

三是坚持实行"全国统一费率，地方自行决定水平和分担机制，随基金运行适时调整"的费率政策。"全国统一费率"保证了全国费率水平的公平性；"地方自行决定水平和分担机制"兼顾了地方经济社会发展和失业保险事业发展实际情况，与其他失业保险政策的地区属性相契合；"随基金运行适时调整"保证了费率政策的时效性，保证基金使用的高效率。历史证明，这样费率政策在我国的失业保险事业发展过程中发挥了积极作用，保障了基金供给，促进了各项功能发挥。

（2）全国实行不高于2%的费率，并在《条例》中予以明确

在费率水平上，建议实行全国水平不高于2%的统一费率。一方面，我

8 建设具有中国特色的积极的失业保险政策体系

国失业保险已经积累一定规模的结余基金,无须再次恢复实行3%的费率以增加基金收入,同时3%的费率也会额外增加企业和个人负担。另一方面,全国统一1%的费率政策无法保证基金当期的收支平衡,虽能减轻参保企业和个人负担,但不适宜长期执行。2017年以来全国实行1%的费率,基金当期出现赤字的省份逐渐增多。而从历史和未来两个视角的政策模拟测算显示,在全国实行2%的费率政策,能够兼顾企业负担和基金平衡两方面。

一是对历史上费率政策的模拟测算,即在其他政策保持不变的情况下,假设1998年1月到2015年2月全国实行2%水平的费率政策可以保证基金在这一较长周期的均衡运行。测算显示,失业保险基金在1998~2010年累计结余规模较小,甚至出现累计结余赤字,需要财政资金给予补充,主要原因是此期间失业保险基金支付了3000万下岗职工进出再就业服务中心、四川灾后重建以及应对国际金融危机的一系列政策,造成基金支出规模较大。从2011年开始,失业保险基金支出项目较为稳定,基金结余稳步增加,至2014年底失业保险基金结余接近1500亿元,备付期限达到2.4年,2015年底基金结余接近2000亿元,备付期限增加到2.7年(见表8-19)。由此可以看出,2%费率在长期内能够保持失业保险基金的收支平衡。

表8-19 1998~2015年全国实行2%费率的政策模拟

单位:亿元,年

年份	实际费率(3%)			假设实行2%费率			
	基金收入	基金支出	累计结余	基金收入	当期结余	累计结余	备付能力
1998	68.4	51.9	133.4	45.6	-6.3	127.1	2.4
1999	125.2	91.6	159.9	83.5	-8.2	119.0	1.3
2000	160.4	123.4	195.9	107.0	-16.5	102.5	0.8
2001	187.3	156.6	226.2	124.9	-31.7	70.8	0.5
2002	213.4	182.6	253.8	142.3	-40.3	30.5	0.2
2003	249.5	199.8	303.5	166.3	-33.5	-3.0	0.0
2004	290.8	211.3	385.8	193.9	-17.4	-20.4	-0.1
2005	340.3	206.9	519.0	226.9	20.0	-0.4	0.0
2006	402.4	198.0	724.8	268.3	70.3	69.8	0.4

249

续表

年份	实际费率（3%）			假设实行2%费率			
	基金收入	基金支出	累计结余	基金收入	当期结余	累计结余	备付能力
2007	471.7	217.7	979.1	314.5	96.8	166.6	0.8
2008	585.1	253.5	1310.1	390.1	136.6	303.2	1.2
2009	580.4	366.8	1523.6	386.9	20.1	323.3	0.9
2010	649.8	423.3	1749.8	433.2	9.9	333.3	0.8
2011	923.1	432.8	2240.2	615.4	182.6	515.9	1.2
2012	1138.9	450.6	2929.0	759.3	308.7	828	1.8
2013	1288.9	531.6	3685.9	859.3	327.6	1152.2	2.2
2014	1379.8	614.7	4451.5	919.8	305.1	1457.3	2.4
2015	1367.8	736.4	5083.0	1262.6	526.2	1983.5	2.7

二是从未来的视角，在全国实施积极的失业保险制度的背景下，2%的费率水平能够保证失业保险制度功能的全面发挥。从基金收支平衡的角度分析，费率水平与领金人员占参保人员的比重、失业保险金水平占缴费基数的比重呈正比，与保生活支出占总支出的比重成反比。实施积极的失业保险制度，必定要求在确保失业保险保生活待遇水平不降低的情况下，充分发挥失业保险制度的促就业和防失业功能，需要进一步扩大失业保险待遇受益面，提高领金人员规模以及在参保规模中的比重；需要适当提高失业保险金标准，即提高失业保险金发放水平与平均缴费基数的比例；需要提高预防失业和促进就业支出在基金总支出中的比重。根据测算，中长期内，1.94%的总费率能够保证失业保险基金在确保收支平衡的前提下，支持失业保险制度功能的全面发挥。

（3）在费率水平的分担机制上，坚持用人单位承担主要责任

坚持用人单位负担较大比例的费率，承担主要责任，突出的是用人单位对劳动者失业进行补偿的雇主责任，这也符合国际惯例，即在施行雇主雇员双方负担费率政策的国家中，绝大多数由雇主承担责任。不主张劳动者个人零费率政策，主要考虑劳动者参保必须遵循失业保险权利义务对等原则，个人缴费有益于增强劳动者本人的失业风险意识，防止把失业责任全部推由政府或企业承担。

（4）在调整机制上，给予地方自主权

建议授权省级人民政府，根据本省级基金备付期限变化情况调整费率。可参考国外成熟经验做法，计算我国失业保险基金累计结余的最佳规模，以此作为调整费率的条件。如日本根据长期经验，确定基金累计的最佳规模是当年基金收入的 1~2 倍，因此，当基金累计规模超过基金收入的 2 倍或低于基金收入的 1 倍，可以根据具体情况调整费率。考虑到我国的费率政策需要和失业保险制度功能紧密结合，而制度功能的发挥需要基金支出，因此可以将年度基金累计结余和当年基金支出总额的倍数关系作为判断失业保险基金累计结余是否处于最佳规模的依据，即根据基金备付期限变化情况决定是否调整费率。可以考虑将我国基金累计结余的最佳规模设定为当年基金支出总额的 2~4 倍，即基金备付期限的最佳区间为 2~4 年，当各省份基金累计结余与年度基金支出的倍数连续两年高于 4 年或连续两年低于 2 年，可以考虑在总费率不高于 2% 的前提下调整费率。

8.6 本章附录

8.6.1 全国各省份月最低工资标准情况（截至2016年底）

省份	标准实行日期	第一档	第二档	第三档	第四档	第五档	平均
北京	2016.09.01	1890					1890
天津	2016.07.01	1950					1950
河北	2016.07.01	1650	1590	1480	1380		1525
山西	2015.05.01	1620	1520	1420	1320		1470
内蒙古	2015.07.01	1640	1540	1440	1340		1490
辽宁	2016.01.01	1530	1320	1200	1020		1268
吉林	2015.12.01	1480	1380	1280			1380
黑龙江	2015.10.01	1480	1450	1270	1120	1030	1270
上海	2016.04.01	2190					2190
江苏	2016.01.01	1770	1600	1400			1590

251

续表

省份	标准实行日期	月最低工资标准					平均
		第一档	第二档	第三档	第四档	第五档	
浙江	2015.11.01	1860	1660	1530	1380		1608
安徽	2015.11.01	1520	1350	1250	1150		1318
福建	2015.08.01	1500	1350	1230	1130		1303
江西	2015.10.01	1530	1430	1340	1180		1370
山东	2016.06.01	1710	1550	1390			1550
河南	2015.07.01	1600	1450	1300			1450
湖北	2015.09.01	1550	1320	1225	1100		1299
湖南	2015.01.01	1390	1250	1130	1030		1200
广东	2015.05.01	1895	1510	1350	1210		1491
广西	2015.01.01	1400	1210	1085	1000		1174
海南	2016.05.01	1430	1330	1280			1347
重庆	2016.01.01	1500	1400				1450
四川	2015.07.01	1500	1380	1260			1380
贵州	2015.10.01	1600	1500	1400			1500
云南	2015.09.01	1570	1400	1180			1383
西藏	2015.01.01	1400					1400
陕西	2015.05.01	1480	1370	1260	1190		1325
甘肃	2015.04.01	1470	1420	1370	1320		1395
青海	2014.05.01	1270	1260	1250			1260
宁夏	2015.07.01	1480	1390	1320			1397
新疆	2015.07.01	1670	1470	1390	1310		1460
平均							1454

资料来源：人力资源和社会保障部网站，http://www.mohrss.gov.cn/ldgxs/LDGXqiyegongzi/LDGXzuidigongzibiaozhun/201612/t20161213_261789.html。

8.6.2 2006～2011年东7省（市）政策支出项目

北京市

1. 职业介绍补贴。包括推进城镇失业人员就业补贴、推进农村劳动力就业补贴、公共就业服务专项活动补贴、失业人员就业服务费；

2. 职业培训补贴。包括城镇失业人员职业培训补贴、农村转移劳动力培训补贴、职工职业技能培训补贴、国有破产企业转岗转业培训补贴、高技能人才实训经费补助、职业指导培训补贴；

3. 社会保险补贴。包括用人单位招用城镇失业人员社会保险补贴、用人单位招用本市农村就业困难人员社会保险补贴、自谋职业社会保险补贴、灵活就业人员社会保险补贴；

4. 岗位补贴。包括用人单位招用城镇失业人员、本市农村就业困难人员岗位补贴；

5. 劳务派遣企业营业税等额补贴；

6. 公益性就业组织专项补贴；

7. 就业困难地区帮扶资金补贴。

上海市

1. 困难人员就业援助支出项目：就业困难人员公益性岗位就业岗位补贴、社会保险补贴；灵活就业人员社会保险补贴；大龄协保人员就业补助和生活费补贴；大龄失业人员就业岗位补贴；单位吸纳就业困难人员一次性岗位补贴；丧失劳动能力失业人员社会保险补贴；困难企业稳定岗位补贴；

2. 创业带动就业支出项目：房租补贴、创业见习补贴、初创期创业组织吸纳就业困难人员社会保险补贴；非正规就业综合保险费、贷款评估和跟踪服务费、创业能力测评和开业指导服务费、宣传费；

3. 职业培训支出项目：公共实训基地建设和日常运行维护费，具体包括实训基地日常运行维护及管理费、实训基地物业管理及房屋维修费、培训和实训项目研究开发费、实训设备购置费、中国上海创业者公共实训基地在建项目建设费。

江苏省

1. 职业介绍补贴；

2. 职业培训补贴；

3. 社会保险补贴；

4. 岗位补贴；

5. 小额担保贷款贴息；

6. 困难企业稳定岗位补贴；

7. 吸纳就业困难人员岗位补贴；

8. 职业技能鉴定补贴；

9. 创业投资引导基金：用于创业培训、初次创业培训补贴、创业租金补贴、创业孵化基地建设和创业型城市等；

10. 创业（实训）生活补助；

11. 职工在岗培训和转岗培训补贴；

12. 经省级以上人民政府批准为失业人员服务设立的公共实训基地设备购置、网络建设、实训项目开发补助等。

浙江省

1. 职业介绍补贴；

2. 职业指导培训补贴、职业培训补贴、在岗转岗培训补贴；

3. 职业技能鉴定补贴；

4. 社会保险补贴（含用人单位稳定就业社会保险补贴）；

5. 政府购买公益性岗位补贴；

6. 用人单位、困难企业稳定岗位补贴；

7. 小额担保贷款贴息；

8. 创业培训补贴、创业补贴；

9. 档案代管补贴；

10. 高校毕业生见习补贴；

11. 人力资源市场信息网络建设补贴；

12. 经省级人民政府批准的与促进就业、预防失业有关的其他支出。

福建省

1. 职业介绍补贴；

2. 职业培训补贴；

3. 社会保险补贴；

4. 困难企业稳定岗位补贴；

5. 岗位补贴；

6. 小额担保贷款贴息；

7. 创业培训补贴。

山东省

1. 职业介绍补贴；

2. 职业培训补贴；

3. 社会保险补贴；

4. 岗位补贴；

5. 小额担保贷款贴息；

6. 职业技能鉴定补贴；

7. 困难企业社会保险补贴、岗位补贴；

8. 创业培训补贴、创业岗位开发补贴；

9. 失业动态监测所需软件开发维护、人员培训和监测企业信息采集补贴；

10. 县级以上人力资源和社会保障（劳动保障）部门设立的人力资源市场和基层公共就业服务平台信息网络及设施设备购置补贴。

广东省

1. 职业介绍补贴；

2. 职业培训补贴；

3. 创业培训补贴；

4. 社会保险补贴；

5. 援企稳岗补贴；

6. 岗位补贴；

7. 小额担保贷款贴息；

8. 职业技能鉴定补贴;

9. 高技能人才公共实训基地设备购置补贴。

8.6.3 基于收支平衡的失业保险费率水平测算方法

一、费率的决定因素

基金收入：$I = P \cdot W \cdot R$，其中 I 为基金收入，P 为参保人数，W 为平均缴费基数，R 为平均费率。

基金支出：$E = P \cdot r_1 \cdot W \cdot r_2 / r_3$，其中 r_1 为享受失业保险待遇人数与参保人数比例关系，r_2 为领金人员失业保险待遇水平（包括失业保险金与其他失业保险待遇）与平均缴费基数比例关系，r_3 为失业保险待遇支出在基金总支出中的比重。

基金结余率为 $J = (I - E) / E$，$1 - J$ 为基金（收入）利用率。

基金收支平衡，即 $I \cdot (1 - J) = E$。通过计算得到：$R = r_1 \cdot r_2 / [r_3 \cdot (1 - J)]$。由此可见，费率水平与待遇享受率 r_1 呈正比，与待遇水平率 r_2 呈正比，与保生活支出比重 r_3 成反比，与基金利用率 $(1 - J)$ 呈反比。

二、以 2016 年基金收支情况测算

2016 年 12 月，失业保险金参保人数 18089 万人，其中农民参保人数 4659 万人，领金人员 230 万人，$r_1 = 230 \div (18089 - 4659) = 0.172$。

2016 年领金人员月领取失业保险金 1051 元，月人均缴费 51 元，费率水平按 1.5% 计算，则平均缴费基数 3400 元，$r_2 = 1051 \div 3400 = 0.309$。

2016 年，全国用于保障失业人员基本生活的失业保险待遇支出 393.4 亿元，占基金总支出的 40.3%；农民合同制工人一次性生活补助支出 28.3 亿元，占基金总支出的 2.9%。若除去农民工支出费用，则 $r_3 = [40.3\% \div (1 - 2.9\%)] = 0.415$。

基金结余率 J 暂设定为 10%。

将上述数据带入计算公式，可得：

$$R = 0.172 \times 0.309 \div 0.415 \div 0.9 \approx 1.4。$$

三、积极的失业保险制度中的费率水平

实施积极的失业保险制度，必定要求在确保失业保险保生活待遇水平

不降低的情况下,充分发挥失业保险制度的促就业和防失业功能,具体体现:

一是进一步扩大失业保险待遇受益面,提高领金人员规模以及在参保规模中的比重,即提高 r_1。

二是适当提高失业保险金标准,即提高失业保险金发放水平与平均缴费基数的比例,即提高 r_2;

三是提高预防失业和促进就业支出在基金总支出中的比重,降低保生活支出在基金总支出中的比重,即降低 r_3。

假设上述数据在 2016 年基础上做逐步如下调整,r_1 从 0.172 提高至 0.2,r_2 从 0.309 提高至 0.35,r_3 从 0.415 降低至 0.4,$J=0.1$ 保持不变。则费率水平:

$$R = 0.2 \times 0.35 \div 0.4 \div 0.9 \approx 1.94\%$$

9
主要结论和政策建议

我国失业保险制度的发展为我国的经济社会发展做出了重要贡献，同时制度运行也存在一些关键问题，突出表现在制度的覆盖面较窄、制度的受益率较低，需要进一步完善；随着经济社会的发展和有关法律、政策的调整，1999年发布实施的《条例》已不能完全适应经济社会发展的需要，党的十八大、十八届三中全会提出要增强失业保险制度预防失业促进就业功能，十九大明确提出要完善失业保险制度，这些都为修订《条例》提出了明确要求，也为失业保险制度完善指明了方向。

本书对失业保险制度和失业保险政策的研究进行了综述，在研究综述的基础上，从失业保险的二重性入手，结合我国失业保险制度的演变历史和面临的形势，提出要建立积极的失业保险制度，在制度理念上必须变消极被动的事后保险思维为积极主动的事前预防，制度功能上必须坚持"保生活、防失业、促就业"三位一体功能，而制度功能的发挥必须依靠积极的失业保险政策的实施。建设具有中国特色的积极的失业保险政策，就是要将失业保险的保生活政策、促就业政策、防失业政策和参保政策、费率政策统筹考虑，并与积极的劳动力市场政策、积极的就业政策协同推进，在保障失业人员基本生活、提升参保职工职业能力、降低企业成本增强企业活力、促进就业形势总体稳定方面发挥积极作用。

9.1 关于2017年《条例》修订后的实施建议

9.1.1 关于修订的主要内容

2017年《条例》修订公布的《征求意见稿》，相比于1999年的《条例》，主要有八个方面的修改。

一是健全了制度功能。在立法目的中增加了"预防失业"，制度功能从现行《条例》的"保生活、促就业"两项增加到"保生活、防失业、促就业"三项，明确了失业保险制度"三位一体"功能。

二是扩大了制度覆盖范围。参保范围由"城镇企业、事业单位及其职工"扩大到"企业、事业单位、社会团体、民办非企业单位、基金会、律师事务所、会计师事务所等组织及其职工"，基本覆盖了与单位建立劳动关系的职业人群。

三是降低了失业保险费率。将3%的固定费率修改为不超过2%，落实了中央关于减税降费支持实体经济发展的决策部署，同时也授权各地在此限度下，结合本地区实际，根据经济形势变化、基金运行状况等灵活调整费率。

四是拓宽了基金支出范围。将基金支出范围扩大到预防失业领域，同时增强了保生活和促就业功能。在保生活方面，保留失业保险金、丧葬补助金和抚恤金，将医疗补助金调整为代缴基本医疗保险费，新增代缴基本养老保险费；在防失业方面，新增技能提升补贴、稳岗补贴；在促就业方面，保留职业培训补贴，取消职业介绍补贴，新增职业技能鉴定补贴和创业补贴。

五是丰富了失业保险待遇内容。对失业人员，在现有生活保障的基础上，增加了代缴基本养老保险费，保证领金期间不中断养老保险，保障更加全面。同时，加大促就业力度，在现有培训补贴的基础上，增加职业技能鉴定补贴和创业补贴，鼓励失业人员提升技能，发挥创业主动性，尽快再就业。

六是扩大了受益对象。将现行受益对象仅是失业人员扩大到参保职工和参保企业，向参保职工发放技能提升补贴，激励其学习技能，提升就业竞争力，降低失业风险；向参保企业发放稳岗补贴，鼓励不裁员或少裁员，尽量减少失业，从源头上稳定就业。

七是统一了农民工和城镇职工的参保办法。取消了现行《条例》农民合同制工人个人不缴费，失业后领取一次性生活补助的特殊规定，农民工和城镇职工参保缴费和待遇享受办法一致，在制度上实现了城乡统筹和公平。

八是完善了监督管理体系。进一步明确了个人、用人单位、社会保险经办机构及其工作人员、国家工作人员等主体的法律责任，为制度全面规范运行提供了坚实保障。

9.1.2 关于新修订《条例》需要完善的地方

新修订《条例》相比于1999年颁布的《条例》有较大改善，但相较于积极的失业保险制度的根本要求，还有需要完善的地方，突出表现在以下方面。

一是提高了失业保险待遇的总体水平，失业待遇的福利化趋势有可能影响领金人员的再就业。新修订的《条例》规定可使用失业保险基金为领取失业保险金人员代缴养老保险费，大大提高了领金人员的待遇总水平。以2016年为例，2016年底全国失业保险金为人均月领取1051元，每月为领金人员缴纳基本医疗保险费292元，按照2016年城镇非私营单位平均工资3569元/月计算，基本养老保险基数为平均工资的60%，按20%的费率缴费，则每月缴纳养老保险费约为428元（=3569×60%×20%），则领金人员每月领取的失业保险待遇为1771元（=1051+292+428），而2016年全国最低工资标准平均水平约为1454元（见附录8.6.1），失业保险待遇水平约为最低工资标准平均水平的121.8%，领金人员的待遇水平有福利化的趋势，这有可能影响领金人员再就业的积极性。

二是失业保险促就业功能相比于当前的失业保险促就业措施，大为收减，与积极的失业保险制度"以防失业为重点，以促就业为目标"的功能要求不匹配。2017年《条例》修订之前，虽然《条例》和《社会保险法》规定的基金支出范围较窄，但东7省（市）政策和其他地区参照东7省（市）政策的促就业措施，大大地扩展了基金的支出范围，部分地区形成了失业保险基金与就业补助资金相互补充促进就业的局面，促就业效果明显。新修订《条例》将促就业支出范围缩减为三项补贴，规定只为领金人员发放，势必会消减制度的促就业功能。

三是失业保险受益面窄的问题没有实质性改善。失业保险受益率是制约我国失业保险制度发展的重要因素。本次修改《条例》并没有涉及领金条件的修订，尤其是涉及非因本人意愿中断就业的条款，并没有任何放宽条件。

四是农民工的失业保险政策缺乏灵活性，新修订的《条例》统一了城镇职工与农民工的失业保险政策，规定农民工的参保与待遇享受与城镇职工等同对待，但这种统一的政策规定在某程度上消减了农民工的待遇权限，农民工的流动性较强，原《条例》允许农民工一次性领取生活补助的方式，有利于促进农民工流动性较强的就业方式。

五是可能造成失业保险基金当期赤字。随着新《条例》对失业保险基金支出范围的调整，为领金人员代缴基本养老保险费，农民工按月领取失业保险金，失业保险稳岗补贴"护航计划"的实施、技能提升补贴政策的全国范围推广，造成基金支出增加迅速，在费率水平不变的情况下，有可能造成基金当期赤字，考虑到我国当前基金统筹层次较低，将会有更多的统筹地区出现基金收不抵支，影响积极的就业政策的推行。

9.1.3 关于修订后的实施建议

2017年《条例》修订，是我国失业保险制度完善过程中的里程碑，《条例》修订后，在实施过程中，仍需不断完善，促进积极的失业保险制度功能不断健全：一是进一步扩大失业保险覆盖范围，将灵活就业人员纳入制度范围；二是进一步强化失业保险促进就业功能，通过增加促就业项目、设计灵活性的失业保险待遇方式来发挥促就业功能；三是进一步突出失业保险对于预防失业的作用，大力推进技能提升补贴政策的全国实施，通过中长期计划方案的方式推动政策落实；四是加强对失业保险金政策的试点和评估工作，鼓励各地积极探索失业保险政策的创新，加强对重点政策实施的效果评估，不断解决问题，总结经验，完善制度。

9.2 关于完善失业保险政策的建议

9.2.1 关于扩大制度覆盖范围

一是要进一步扩大失业保险覆盖范围至灵活就业人员。1999年《条例》

将城镇企事业单位及其职工纳入覆盖范围，并授权各省份根据实际将区域内的社会团体、民办非企业单位、有雇工的城镇个体工商户及其所雇人员纳入制度覆盖范围。从《条例》实施以来参保人数不断增加而对城镇单位就业人员的覆盖率逐渐降以及对城镇就业人员的低覆盖率看，《条例》规定的覆盖范围较窄，还需要进一步扩大。

党的十九大报告提出要全面建成覆盖全民、城乡统筹、权责清晰、保障适度、可持续的多层次社会保障体系。2017年《失业保险条例（修订草案征求意见稿）》将社会团体、民办非企业单位、基金会、律师事务所、会计师事务所等组织及其职工纳入覆盖范围，扩大了覆盖范围，但本次《条例》修订所依据的扩面原则依旧是以单位就业、清晰的劳动关系为前提，没有将灵活就业人员纳入制度覆盖范围。当前，一方面，经济下行压力加大，各类型企事业单位吸纳就业的能力下降，更多的劳动者选择灵活就业（或非正规就业）；另一方面，与信息技术飞速发展相伴随的是大量的新就业形态，就业方式更加灵活而充满弹性，就业和收入的稳定性较差，更需要失业保险制度的保障。国务院办公厅颁布的《关于创新管理优化服务培育壮大经济发展新动能加快新旧动能接续转换的意见》（国办发〔2017〕4号）明确提出，要"完善各类灵活就业人员参加社会保险的办法和管理措施，制定完善相应的个人申报登记办法、个人缴费办法和资格审查办法"。这需要我们深入研究，尽快制定适应新业态就业人员特点的失业保险制度。

二是要大力推动扩面工作促进特殊群体参保。失业保险参保规模的扩大，是就业规模扩大的结果，也是各地大力推动参保扩面工作的结果，尤其是在经济下行压力加大的情况下，企业吸纳就业能力下降，更需要加大扩面工作力度，保证制度覆盖范围内的参保对象应保尽保。

2008年金融危机后，我国经济增速逐步放缓，为稳定就业局势，中央和各级政府及时采取措施，积极采取措施促进就业增加，失业保险参保人数不减反增，如《关于采取积极措施减轻企业负担稳定就业局势有关问题的通知》（人社部发〔2008〕117号）允许困难企业在一定期限内缓缴社会保险费，阶段性降低社保费率，扩大失业保险基金使用范围，减轻企业负担，参保人数增幅达到6.5%。2011年各地以非公有制经济组织为重点加大扩面工作力度，参保人数增速达到7.0%；2013年深圳市开始将农民工纳入了失业保险的覆盖范围，参保人数增加到693.5万，全国参保人数增长7.8%（见图9-1）。

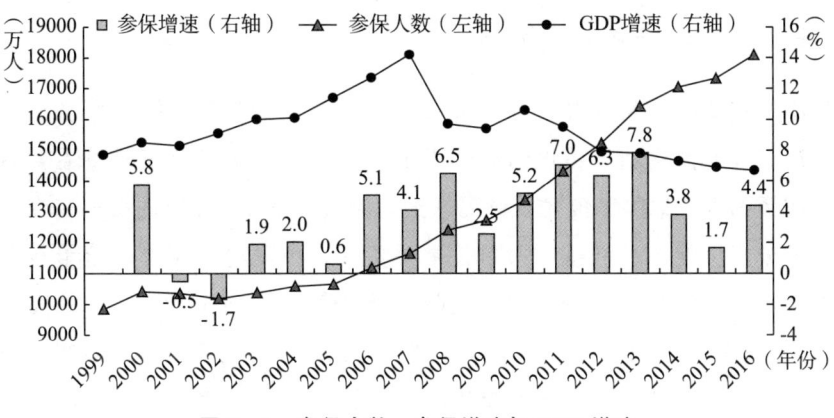

图9-1 参保人数、参保增速与GDP增速

考虑到失业保险已基本覆盖城镇非私营单位就业人员，扩面工作的重点对象在于私营单位及其从业人员以及其他特殊群体。一是私营企业及其从业人员，尤其促进中小型企业积极参保。二是事业单位就业人员，2015年事业单位从业人数为3250.1万，失业保险参保人数为2493.1万，参保率76.7%，仍有750多万的事业单位就业人员未参保，且部分地区事业单位参保率较低，如黑龙江、广东、重庆参保率仅为35.6%、47.2%和50.3%。三是农民工群体，根据国家统计局抽样调查结果，2009年全国农民工总量22978万人，但参加失业保险比重仅为3.9%。到2014年，全国农民工总量为27395万人，参保率为10.5%，外出农民工规模较大为16821万人，但参保率更低，仅为9.8%。2016全国农民工规模达到28171万人，《失业保险条例（修订草案征求意见稿）》已经统一了农民工和城镇职工的失业保险政策，促进规模庞大的农民工群体参加失业保险，是新《条例》实施后参保扩面的重中之重。四是个体工商户及其雇工，目前已有17个省份将其纳入失业保险覆盖范围，但参保积极性仍有待提高。

三是适当授权地方采取失业保险政策提高覆盖率。考虑到各地失业保险覆盖范围不同，经济社会发展水平和就业以及失业保险工作面临的环境差异性较大，应适当授权各地根据实际，在参保政策、费率政策、稳岗补贴政策、技能提升补贴政策以及防失业促就业政策方面采取积极措施，扩大参保规模，逐步实现失业保险制度对职业人群的全覆盖。

9.2.2 关于费率政策调整

本书对我国失业保险费率政策的发展历程进行梳理，结合经济社会发展情况和失业保险制度建设情况，提出以下建议：费率政策调整需要结合我国积极的失业保险制度建设情况；全国应实行不高于2%的费率；在费率水平的分担机制上，坚持用人单位主要责任；在调整机制上，给予地方自主权。而新修订的《条例》已经将原《条例》全国统一执行3%的固定费率修改为总费率不超过2%，具体比例由各省级人民政府规定。落实了中央关于减税降费支持实体经济发展的决策部署，同时也赋予了各地适度灵活把握自主权。有利于降低企业成本，促进企业发展。

9.2.3 关于保生活政策

将保生活政策与促就业政策密切结合，在保障失业人员基本生活的同时促进其积极从事职业搜寻，尽早实现再就业。一是对非本人意愿中断就业进行重新解释，进一步放宽领金条件，提高失业保险待遇受益率；二是确定合理的失业保险金期限，建立失业保险金水平随领金期限递减的发放机制，保障短期失业，抑制长期失业。

9.2.4 关于防失业政策

一是大力推动稳岗补贴政策和技能提升补贴政策的实施，在工作层面积极创新，允许各地根据就业失业形势、产业企业特征以及供给侧结构性改革的任务特点，采取灵活性、有针对性的工作措施，如进一步放宽部分行业享受稳岗补贴的门槛，提高享受补贴的比例；可以试点将技能提升补贴政策的享受对象扩大到事业单位和专业技术等级证书。二是要适当增加防失业支出项目，如在职培训补贴、岗位分享补贴、工时不足补贴等，增强防失业功能。

9.2.5 关于促就业政策

一是实施降费率政策，增加针对企业的促就业支出项目等，如社保补贴、大龄领金人员工资补贴、领金人员就业见习补贴等增强经济活力，提高企业吸纳就业的能力；二是通过调整失业保险待遇领取条件、增加针对领金人员的促就业支出项目（如求职交通补贴），促进领金人员尽快再就业。

10
附录　失业保险制度主要法规

10.1　救济失业工人暂行办法（1950，已失效）

（1950年6月17日经政务院批准，劳动部公布）

第一章　总　则

第一条　为减轻失业工人生活困难并帮助其逐渐就业转业起见，特制定本办法。

第二条　救济失业工人，应以以工代赈为主，同时采取生产自救、转业训练、帮助回乡生产及发放救济金等办法。

第三条　救济范围，原则上暂以原在各国营、私营的工商企业与码头运输事业中工作的工人和职员以及从事文化、艺术、教育事业的工作人员；在解放以后失业，现在尚无工作或其他收入者为限。在解放以前失业的职工，如有特殊困难请求救济者，须经各地失业工人救济委员会的批准。

第二章　执行救济工作的机构

第四条　凡举办失业工人救济的城市，应在市人民政府下设立失业工人救济委员会，计划并指导一切救济事宜。由市政府指派劳动局、建设局或工务局、民政局、公安局、总工会、工商联合会及其他有关机关团体的代表组成之。主任委员由市长或副市长兼任，副主任委员一人或二人，由市人民政府任命之。

第五条　在失业工人救济委员会之下，设立失业工人救济处为执行救济工作的机构，其组织如下：

（一）办公室　办理有关救济工作的一切日常行政事项；

（二）登记科　办理失业工人登记、审查事项；

（三）工赈科　办理以工代赈，筹办各项工程事项；

（四）救济科　办理救济金之审核、发放等事项；

（五）辅导科　办理生产自救、协助还乡、转业训练等事项。

失业工人救济处设处长一人，副处长一人或二人由市人民政府任命之，室设主任，科设科长，均由失业工人救济委员会委派之。其工作人员，除由有关机关调用外，应在失业员工中尽先选用。

第三章　救济基金

第六条　救济基金来源如下：

（一）凡举办失业工人救济的城市中，所有国营、私营的工厂、作坊、商店的行政方面或资方，均须按月缴纳所付实际工资总额百分之一。上述各种企业及码头运输等事业的在业工人和职员，亦应按月缴纳所得实际工资百分之一，作为救济失业工人基金；

（二）中央人民政府与地方人民政府拨给的救济基金；

（三）各界自愿捐助的救济金。

第七条　救济基金之保管：

（一）所有各项救济金，统由当地人民银行代收并保管之；

（二）政府拨给之救济粮，由当地粮食公司代为保管。

第八条　救济基金的支配和使用，由失业工人救济委员会决定之，不得移作救济失业工人以外的其他用途。

第九条　在执行救济事业中贪污舞弊者，由失业工人救济委员会送交司法机关惩办之。

第四章　失业工人的登记办法

第十条　凡符合本办法第三条规定的失业工人和职员，均可申请登记。但已还乡生产或已找到其他职业者，不予登记。

第十一条　失业工人的登记，由失业工人救济委员会委托市总工会所属各产业工会的基层组织办理之,如尚未建立工会基层组织者,由产业工会或市总工会直接办理之。

第十二条　失业职工申请登记时,须提交下列证件:

(一)申请人原来所属工会组织或原来作工的工厂、商店、学校等发给的证明文件,如因原企业歇业较久,无法取得工会组织或资方证件者,须有在业工人二人的证明;

(二)申请人现在居住地区的区政府或派出所发给的证件,证明确为住在该地的失业工人。发给失业工人证件的机关和人员对于所证明的事件,须负法律上的责任,如有不符事实之处须受法律制裁。

第十三条　曾在几个企业工作过的失业工人,只能在一处登记。

第十四条　失业工人申请登记时,必须填写失业工人登记表。

第十五条　申请登记的失业工人,由各工商企业中的工会组织审查合格后,造具名册连同证件送交各产业工会转市总工会复审。

第十六条　经市总工会审查合格的失业工人,统由失业工人救济处发给登记证。

第五章　以工代赈

第十七条　以工代赈的工程范围,首先为国家需要举办的工程,以及有益于市政建设的事业,如浚河、修堤、植树、修理码头、下水道、修建马路、公园等。

第十八条　各地失业工人救济处工赈科应协同市人民政府建设局或工务局,根据具体情况拟定以工代赈的各项工程计划,提出所需人工及经费预算,经失业工人救济委员会通过后,提请市人民政府批准实施。

第十九条　工赈工程所需经费,由中央人民政府或地方人民政府拨给的失业工人救济基金项下支付。其工资部分,原则上不得少于全部工程费用百分之八十;材料与工具部分,不得多于百分之二十,超过百分之二十者,由市政建设费内开支。

第二十条　工赈工程所需之工人,由失业工人救济处登记科协同市总工会动员已登记的失业工人参加,由工赈科编成工作队,并受工赈科委派的管理人员和技术人员的指挥。

第二十一条　工赈工资，一般均应采取计件制，在工资标准未确定前，每人每日发给当地主要食粮三市斤至五市斤，作为临时工资，但至迟须在开工半月内规定计件工资的标准。无法计件的工资，每日以三市斤至六市斤粮食为标准。技术人员与管理人员的工资，由工赈科拟定提交失业工人救济委员会通过后决定之。

第二十二条　工赈的工作时间，一般以八小时为原则。

第二十三条　在参加工赈工程的工人中，进行文化教育、娱乐等事项，统由辅导科负责筹划并举办之。

第二十四条　工赈工程结束时，参加工赈工程的失业工人之安置或救济办法，由失业工人救济委员会决定之。

第六章　生产自救

第二十五条　各地失业工人救济处应协同当地工会组织，根据工商业情况与人民生活的需要，拟具各种生产自救办法，并根据自愿原则，组织失业工人举办之。

第二十六条　生产自救应以举办农场及手工业工厂、作坊为主，并以不损害当地现有的工商业为原则。

第二十七条　每个举办生产自救事业的计划，经失业工人救济处审查批准后，得提请失业工人救济委员会从救济基金中酌量拨给一定数量的补助资金。

第二十八条　失业工人救济处对各种生产自救事业，应随时进行检查、指导，使其做到确能自给自足。

第七章　还乡生产

第二十九条　凡由乡村到城市不久或目前在乡村中有亲属可以回乡的失业工人，应由工会根据自愿原则，组织并鼓励他们回乡生产。由失业工人救济处发给本人及其家属所必需的旅费外，并酌量发给救济金作为生产资金的补助。

在失业工人中如发现有逃入城市的地主，应强制其回乡生产。

第三十条　自愿还乡之失业工人，由失业工人救济处发给证明文件，当地人民政府应在可能范围内给以帮助，使其能够在乡从事生产事业。

第八章　发给救济金的规定

第三十一条　凡符合本办法第三条规定的失业工人和职员，有工龄一年半以上，尚未参加以工代赈、生产自救工作者，得按本办法第三十五条之规定，领取救济金。

第三十二条　有下列情形之一者，不发救济金：

（一）在解雇时，已领取一定时期工资的解雇费，尚未满期者。

（二）本人或其家庭有其他收入能维持生活者。

（三）受其他机关救济者。

（四）业经回乡生产，为企图领取救济金而重返城市者。

（五）已领退休金或残废抚恤金者。

（六）不合第三十一条之规定者。

第三十三条　受救济之失业工人，有下列情形之一者，得停发其救济金：

（一）经劳动局介绍就业或自行就业和复工者，其救济金发至就业复工日为止。

（二）参加以工代赈或生产自救者，其救济金发至开始工作日为止。

（三）有就业机会而无故拒绝者，停发其救济金。

（四）有参加以工代赈或生产自救工作的机会而无故拒绝，或已参加而中途无故退出者，停发其救济金。

第三十四条　以欺诈方法或其他不合法行为领取救济金者，一经发觉即送司法机关予以惩处。

第三十五条　失业工人的救济金，按下列标准发给之：

（一）失业工人每月发给当地主要食粮四十五市斤至九十市斤，由工会基层组织根据每个失业工人的具体情况评定，提交失业工人救济处审核决定之；

（二）失业学徒每月发给三十市斤；

（三）半失业的工人，所得工资低于失业工人所领的救济金额而无法维持生活者，得按实际情况酌量予以临时救济。

第三十六条　发放救济金的手续如下：

（一）由工会基层组织评定每个失业工人应领救济金数额，转请上级产业工会组织审查；

（二）各产业工会应将审查合格的领取救济金人数，造具名册送交市总工会转请失业工人救济处批准后，按照名册签发粮票或支票，由失业工人救济处协同原工会组织发给已审查合格的失业工人本人。

第九章　失业工人的教育工作

第三十七条　失业工人救济处应会同市总工会及有关部门有计划地配合救济工作，对失业工人分别予以适当的教育，提高其文化、政治、技术水平，并尽可能根据社会需要，组织各种转业训练。

第三十八条　对失业工人进行教育的方法规定如下：

（一）对于参加以工代赈或生产自救的失业工人，组织业余学习；

（二）对于尚未参加以工代赈或生产自救的失业工人，尽可能在自愿原则下组织集体学习或转业训练；

（三）在失业工人中，选拔有革命斗争历史者，或过去在生产中、或在以工代赈中起积极作用并有相当文化程度者，开办干部训练班。

第三十九条　凡参加干部训练班学习的失业工人，由学校供给食宿，并根据各人情况酌量发给救济金。

第十章　附　则

第四十条　本办法所规定之以工代赈、工资标准及救济金额是根据各大城市的最低生活水准而制定的，在其他中小城市施行本办法时，得根据当地生活水准酌量减低。

第四十一条　各地失业工人救济委员会得根据本办法制定施行细则。

第四十二条　本办法经政务院批准公布，从本年七月一日起施行。

10.2 国营企业职工待业保险暂行规定（1986，已失效）

（1986年7月12日，国发〔1986〕77号）

第一章 总 则

第一条 为适应劳动制度改革的需要，促进劳动力合理流动，保障国营企业（以下简称企业）职工在待业期间的基本生活需要，特制定本规定。

第二条 本规定适用于：

（一）宣告破产的企业的职工；

（二）濒临破产的企业法定整顿期间被精减的职工；

（三）企业终止、解除劳动合同的工人；

（四）企业辞退的职工。

第二章 职工待业保险基金的筹集和管理

第三条 职工待业保险基金的来源：

（一）企业按照其全部职工标准工资总额的1%缴纳的待业保险基金（缴纳所得税前列支）；

（二）职工待业保险基金存入银行后，由银行按照国家规定支付的利息；

（三）地方财政补贴。

第四条 职工待业保险基金由省、自治区、直辖市统筹使用。不敷使用时，由地方财政补贴。职工待业保险基金的预算、决算和财务管理办法，由劳动人事部会同财政部制订。

第五条 职工待业保险基金，由企业开户银行按月代为扣缴，转入所在市、县主管职工待业救济机构在银行开设的"职工待业保险基金"专户。

第三章 职工待业保险基金的使用

第六条 职工待业保险基金的开支项目：

（一）宣告破产的企业职工和濒临破产的企业法定整顿期间被精减的职

工，在待业期间的待业救济金；

（二）宣告破产的企业职工和濒临破产的企业法定整顿期间被精减的职工，在待业期间的医疗费、死亡丧葬补助费、供养直系亲属抚恤费、救济费；

（三）宣告破产的企业离休、退休职工和濒临破产的企业法定整顿期间被精减而又符合离休、退休条件职工的离休、退休金；

（四）企业辞退的职工和终止、解除劳动合同的工人，在待业期间的待业救济金和医疗补助费；

（五）待业职工的转业训练费；

（六）扶持待业职工的生产自救费；

（七）待业职工和职工待业保险基金的管理费。

第七条 待业救济金，以职工离开企业前两年内本人月平均标准工资额为基数，按以下办法发放：

（一）宣告破产的企业职工和濒临破产的企业法定整顿期间被精减的职工，在宣告破产和宣告濒临破产法定整顿期以后，工龄在五年和五年以上的，最多发给二十四个月的待业救济金，其中：第一至十二个月，每月为本人标准工资的60%至75%，第十三至二十四个月，每月为本人标准工资的50%；工龄不足五年的，最多发给十二个月的待业救济金，每月为本人标准工资的60%至75%。

（二）终止、解除劳动合同的工人，在扣除已发给本人的生活补助费的月份后，按照本条（一）项规定领取待业救济金。

（三）企业辞退的职工，按照本条（一）项规定领取待业救济金。

第八条 宣告破产的企业职工和濒临破产的企业法定整顿期间被精减而又符合离休、退休条件职工的离休、退休金的支付办法为：

（一）在社会保障制度建立前，已实行退休金社会统筹的地区，按照统筹办法办理；未实行退休金社会统筹的地区，暂在待业保险基金中按照原规定的标准支付。

（二）距法定离休、退休年龄不足五年的职工，在待业期间符合离休、退休条件的，其离休、退休待遇按本条（一）项规定办理。已享受离休、退休待遇的，不再领取待业救济金。

第九条　发生下列情况之一的，停止享受待业救济待遇：

（一）领取待业救济金超过第七条（一）项规定期限的（其中符合社会救济条件的，按照有关规定领取社会救济金）；

（二）已重新就业（包括从事个体劳动）的；

（三）无正当理由，两次不接受有关部门介绍就业的；

（四）待业期间受劳动教养或被判刑的。

第十条　以非法手段获取待业救济待遇的，应当追回其全部非法所得的救济金。

第十一条　职工待业救济基金在保证用于第六条（一）、（二）、（三）、（四）项的前提下，可以用于转业训练和建立培训设施，扶持待业职工进行生产自救，开辟就业门路。

第四章　管理机构

第十二条　待业职工和职工待业保险基金的管理，由当地劳动行政主管部门所属的劳动服务公司负责，其职责是：

（一）负责待业职工的登记、建档、建卡、组织管理工作；

（二）负责职工待业保险基金的管理和发放工作；

（三）负责待业职工的就业指导、就业介绍工作；

（四）组织待业职工的转业训练，扶持、指导生产自救和自谋职业。

第十三条　各地劳动服务公司应当设立专职机构或配备专职管理人员，管理待业职工和职工待业保险基金。所需人员编制，由省、自治区、直辖市人民政府根据精简原则，列为事业编制。其经费可在职工待业保险基金的管理费中列支。

第五章　附　则

第十四条　省、自治区、直辖省人民政府，可以根据本规定制定实施细则，并报劳动人事部备案。

第十五条　本规定由劳动人事部负责解释。

第十六条　本规定自一九八六年十月一日起施行。

10.3 国有企业职工待业保险规定（1993，已失效）

（1993年4月12日国务院令第110号发布）

第一章 总 则

第一条 为了完善国有企业的劳动制度，保障待业职工的基本生活，维护社会安全，制定本规定。

第二条 本规定所称待业职工，是指因下列情形之一，失去工作的国有企业（以下简称企业）职工：

（一）依法宣告破产的企业的职工；

（二）濒临破产的企业在法定整顿期间被精减的职工；

（三）按照国家有关规定被撤销、解散企业的职工；

（四）按照国家有关规定停产整顿企业被精减的职工；

（五）终止或者解除劳动合同的职工；

（六）企业辞退、除名或者开除的职工；

（七）依照法律、法规规定或者按照省、自治区、直辖市人民政府规定，享受待业保险的其他职工。

第三条 待业保险工作应当与职业介绍、就业训练和生产自救等就业服务工作紧密结合，统筹安排。

第二章 待业保险基金的筹集和管理

第四条 待业保险基金的来源：

（一）企业缴纳的待业保险费；

（二）待业保险费的利息收入；

（三）财政补贴。

第五条 企业按照全部职工工资总额的百分之零点六缴纳待业保险费。待业保险基金不足或者结余较多的，经省、自治区、直辖市人民政府决定，可以适当增加或者减少企业缴纳的待业保险费，但是企业缴纳的待业保险费总额最多不得超过企业职工工资总额的百分之一。

企业缴纳的待业保险费在缴纳所得税前列支，由企业的开户银行按月代为扣缴。

第六条　企业缴纳的待业保险费转入企业所在地的待业保险机构在银行开设的"待业保险基金专户"，专项储存，专款专用，任何部门、单位和个人不得挪用。

待业保险基金存入银行后，按照城乡居民储蓄存款利率计息，所得利息纳入待业保险基金。

第七条　待业保险基金实行市、县统筹，省、自治区可以集中部分待业保险基金调剂使用。直辖市根据需要，可以统筹使用全部或者部分待业保险基金。

第八条　待业保险基金及其管理费收支的预算、决算，按照统筹范围，由劳动行政主管部门负责编制，经同级财政行政主管部门审核汇总后，纳入本级预算、决算，报本级人民政府审定，并且不得用于平衡财政收支。

财政行政主管部门、审计部门应当加强对待业保险基金及其管理费收支的监督。

第九条　待业保险基金及其管理费不计征税、费。

第三章　待业保险基金的使用

第十条　待业保险基金的开支项目：

（一）待业职工的待业救济金；

（二）待业职工在领取待业救济金期间的医疗费、丧葬补助费，其供养的直系亲属的抚恤费、救济费；

（三）待业职工的转业训练费；

（四）扶持待业职工的生产自救费；

（五）待业保险管理费；

（六）经省、自治区、直辖市人民政府批准，为解决待业职工生活困难和帮助其就业确需支付的其他费用。

第十一条　符合本规定第二条规定的待业职工，向企业所在地的待业保险机构办理待业登记后，方可领取待业救济金。

第十二条　待业职工领取待业救济金的期限，根据待业职工待业前在企业连续工作时间确定：

（一）待业职工待业前在企业连续工作一年以上不足五年的，领取待业救济金的期限最长为十二个月；

（二）待业职工待业前在企业连续工作五年以上的，领取待业救济金的期限最长为二十四个月。

第十三条　待业救济金由待业保险机构按月发给待业职工。

待业救济金的发放标准为相当于当地民政部门规定的社会救济金额的百分之一百二十至百分之一百五十。具体金额由省、自治区、直辖市人民政府规定。

第十四条　待业职工医疗费的发放标准，由省、自治区、直辖市人民政府规定。

待业职工丧葬补助费和其供养的直系亲属的抚恤费、救济费的发放标准，参照当地职工社会保险有关规定办理。

第十五条　待业职工转业训练费和生产自救费，按照上年度筹集待业保险基金的一定比例提取。具体提取比例和使用办法，由省、自治区、直辖市人民政府规定。

第十六条　待业职工有下列情况之一的，待业保险机构停止发给待业救济金及其他费用：

（一）领取待业救济金期限届满的；

（二）参军或者出国定居的；

（三）重新就业的；

（四）无正当理由，两次不接受劳动就业服务机构介绍就业的；

（五）在领取待业救济金期限内被劳动教养或者被判刑的。

第四章　组织管理机构的职责

第十七条　国务院劳动行政主管部门负责全国企业职工待业保险的管理工作。

县级以上地方各级人民政府过去行政主管部门负责本行政区域内企业职工待业保险的管理工作，负责待业职工的待业保险、职业介绍、就业训练和生产自救等项工作的统筹规划和组织实施，并指导待业保险机构做好待业保险基金的筹集、管理和发放以及待业职工的组织、管理等工作。

县级以上地方各级人民政府设立的待业保险基金委员会，实施对待业保险基金管理的指导和监督。委员会主任由本级人民政府负责人担任，劳动、财政、计（经）委、审计、银行等部门和本级总工会的负责人参加，办公室设在劳动行政主管部门。

第十八条 地方待业保险机构为非营利性的事业单位，具体经办待业保险业务。待业保险机构的人员编制，由省、自治区、直辖市人民政府根据实际需要确定。

待业保险机构的经费在待业保险管理费中列支。待业保险管理费的开支标准，由省、自治区、直辖市人民政府劳动行政主管部门提出，经同级财政行政主管部门审核，报本级人民政府批准。

第五章 罚 则

第十九条 以非法手段领取待业救济金和其他待业保险费用的，由待业保险机构追回其全部非法所得；构成犯罪的，依法追究刑事责任。

第二十条 任何单位和个人挪用待业保险基金的，对主管人员和直接责任人员，根据情节轻重，给予行政处分；构成犯罪的，依法追究刑事责任。

第二十一条 待业保险机构违反规定拖欠支付待业救济金和其他待业保险费的，由劳动行政主管部门责令改正；情节严重的，对主管人员和直接责任人员给予行政处分。

第六章 附 则

第二十二条 实行企业化管理的事业单位职工待业保险，依照本规定执行，待业保险费在事业单位自有资金中列支。

第二十三条 本规定不适用企业招用的农民合同制工人。

第二十四条 省、自治区、直辖市人民政府可以根据本规定制定实施办法。

第二十五条 本规定由国务院劳动行政主管部门负责解释。

第二十六条 本规定自一九九三年五月一日起施行。一九八六年七月十二日国务院发布的《国营企业职工待业保险暂行规定》同时废止。

10.4 失业保险条例（1999）

（1999年1月22日，中华人民共和国国务院令第258号）

第一章 总 则

第一条 为了保障失业人员失业期间的基本生活，促进其再就业，制定本条例。

第二条 城镇企业事业单位、城镇企业事业单位职工依照本条例的规定，缴纳失业保险费。

城镇企业事业单位失业人员依照本条例的规定，享受失业保险待遇。

本条例所称城镇企业，是指国有企业、城镇集体企业、外商投资企业、城镇私营企业以及其他城镇企业。

第三条 国务院劳动保障行政部门主管全国的失业保险工作。县级以上地方各级人民政府劳动保障行政部门主管本行政区域内的失业保险工作。劳动保障行政部门按照国务院规定设立的经办失业保险业务的社会保险经办机构依照本条例的规定，具体承办失业保险工作。

第四条 失业保险费按照国家有关规定征缴。

第二章 失业保险基金

第五条 失业保险基金由下列各项构成：

（一）城镇企业事业单位、城镇企业事业单位职工缴纳的失业保险费；

（二）失业保险基金的利息；

（三）财政补贴；

（四）依法纳入失业保险基金的其他资金。

第六条　城镇企业事业单位按照本单位工资总额的百分之二缴纳失业保险费。城镇企业事业单位职工按照本人工资的百分之一缴纳失业保险费。城镇企业事业单位招用的农民合同制工人本人不缴纳失业保险费。

第七条　失业保险基金在直辖市和设区的市实行全市统筹；其他地区的统筹层次由省、自治区人民政府规定。

第八条　省、自治区可以建立失业保险调剂金。

失业保险调剂金以统筹地区依法应当征收的失业保险费为基数，按照省、自治区人民政府规定的比例筹集。统筹地区的失业保险基金不敷使用时，由失业保险调剂金调剂、地方财政补贴。

失业保险调剂金的筹集、调剂使用以及地方财政补贴的具体办法，由省、自治区人民政府规定。

第九条　省、自治区、直辖市人民政府根据本行政区域失业人员数量和失业保险基金数额，报经国务院批准，可以适当调整本行政区域失业保险费的费率。

第十条　失业保险基金用于下列支出：

（一）失业保险金；

（二）领取失业保险金期间的医疗补助金；

（三）领取失业保险金期间死亡的失业人员的丧葬补助金和其供养的配偶、直系亲属的抚恤金；

（四）领取失业保险金期间接受职业培训、职业介绍的补贴，补贴的办法和标准由省、自治区、直辖市人民政府规定。

（五）国务院规定或者批准的与失业保险有关的其他费用。

第十一条　失业保险基金必须存入财政部门在国有商业银行开设的社会保障基金财政专户，实行收支两条线管理，由财政部门依法进行监督。

存入银行和按照国家规定购买国债的失业保险基金，分别按照城乡居民同期存款利率和国债利息计息。失业保险基金的利息并入失业保险基金。

失业保险基金专款专用，不得挪作他用，不得用于平衡财政收支。

第十二条　失业保险基金收支的预算、决算，由统筹地区社会保险经办机构编制，经同级劳动保障行政部门复核、同级财政部门审核，报同级人民政府审批。

第十三条　失业保险基金的财务制度和会计制度按照国家有关规定执行。

第三章　失业保险待遇

第十四条　具备下列条件的失业人员，可以领取失业保险金：

（一）按照规定参加失业保险，所在单位和本人已按照规定履行缴费义务满1年的；

（二）非因本人意愿中断就业的；

（三）已办理失业登记，并有求职要求的。

失业人员在领取失业保险金期间，按照规定同时享受其他失业保险待遇。

第十五条　失业人员在领取失业保险金期间有下列情形之一的，停止领取失业保险金，并同时停止享受其他失业保险待遇：

（一）重新就业的；

（二）应征服兵役的；

（三）移居境外的；

（四）享受基本养老保险待遇的；

（五）被判刑收监执行或者被劳动教养的；

（六）无正当理由，拒不接受当地人民政府指定的部门或者机构介绍的工作的；

（七）有法律、行政法规规定的其他情形的。

第十六条　城镇企业事业单位应当及时为失业人员出具终止或者解除劳动关系的证明，告知其按照规定享受失业保险待遇的权利，并将失业人员的名单自终止或者解除劳动关系之日起7日内报社会保险经办机构备案。

城镇企业事业单位职工失业后，应当持本单位为其出具的终止或者解除劳动关系的证明，及时到指定的社会保险经办机构办理失业登记。失业保险金自办理失业登记之日起计算。

失业保险金由社会保险经办机构按月发放。社会保险经办机构为失业人员开具领取失业保险金的单证，失业人员凭单证到指定银行领取失业保险金。

第十七条　失业人员失业前所在单位和本人按照规定累计缴费时间满1年不足5年的，领取失业保险金的期限最长为12个月；累计缴费时间满5年不足10年的，领取失业保险金的期限最长为18个月；累计缴费时间10年以上的，领取失业保险金的期限最长为24个月。重新就业后，再次失业的，缴费时间重新计算。再次失业领取失业保险金的期限可以与前次失业应领取而尚未领取的失业保险金的期限合并计算，但是最长不得超过24个月。

第十八条　失业保险金的标准，按照低于当地最低工资标准、高于城市居民最低生活保障标准的水平，由省、自治区、直辖市人民政府确定。

第十九条　失业人员在领取失业保险金期间患病就医的，可以按照规定向社会保险经办机构申请领取医疗补助金。医疗补助金的标准由省、自治区、直辖市人民政府规定。

第二十条　失业人员在领取失业保险金期间死亡的，参照当地对在职职工的规定，对其家属一次性发给丧葬补助金和抚恤金。

第二十一条　单位招用的农民合同制工人连续工作满1年，本单位并已缴纳失业保险费，劳动合同期满未续订或者提前解除劳动合同的，由社会保险经办机构根据其工作时间长短，对其支付一次性生活补助金。补助的办法和标准由省、自治区、直辖市人民政府规定。

第二十二条　城镇企业事业单位成建制跨统筹地区转移，失业人员跨统筹地区流动的，失业保险关系随之转迁。

第二十三条　失业人员符合城市居民最低生活保障条件的，按照规定享受城市居民最低生活保障待遇。

第四章　管理和监督

第二十四条　劳动保障行政部门管理失业保险工作，履行下列职责：

（一）贯彻实施失业保险法律、法规；

（二）指导社会保险经办机构的工作；

（三）对失业保险费的征收和失业保险待遇的支付进行监督检查。

第二十五条　社会保险经办机构具体承办失业保险工作，履行下列职责：

（一）负责失业人员的登记、调查、统计；

（二）按照规定负责失业保险基金的管理；

（三）按照规定核定失业保险待遇，开具失业人员在指定银行领取失业保险金和其他补助金的单证；

（四）拨付失业人员职业培训、职业介绍补贴费用；

（五）为失业人员提供免费咨询服务；

（六）国家规定由其履行的其他职责。

第二十六条　财政部门和审计部门依法对失业保险基金的收支、管理情况进行监督。

第二十七条　社会保险经办机构所需经费列入预算，由财政拨付。

第五章　罚　则

第二十八条　不符合享受失业保险待遇条件，骗取失业保险金和其他失业保险待遇的，由社会保险经办机构责令退还；情节严重的，由劳动保障行政部门处骗取金额1倍以上3倍以下的罚款。

第二十九条　社会保险经办机构工作人员违反规定向失业人员开具领取失业保险金或者享受其他失业保险待遇单证，致使失业保险基金损失的，由劳动保障行政部门责令追回；情节严重的，依法给予行政处分。

第三十条　劳动保障行政部门和社会保险经办机构的工作人员滥用职权、徇私舞弊、玩忽职守，造成失业保险基金损失的，由劳动保障行政部门追回损失的失业保险基金；构成犯罪的，依法追究刑事责任；尚不构成犯罪的，依法给予行政处分。

第三十一条　任何单位、个人挪用失业保险基金的，追回挪用的失业保险基金；有违法所得的，没收违法所得，并入失业保险基金；构成犯罪的，依法追究刑事责任；尚不构成犯罪的，对直接负责的主管人员和其他直接责任人员依法给予行政处分。

第六章　附　则

第三十二条　省、自治区、直辖市人民政府根据当地实际情况，可以决定本条例适用于本行政区域内的社会团体及其专职人员、民办非企业单位及其职工、有雇工的城镇个体工商户及其雇工。

第三十三条　本条例自发布之日起施行。1993年4月12日国务院发布的《国有企业职工待业保险规定》同时废止。

10.5　失业保险条例（2017修订稿）

《失业保险条例（修订草案征求意见稿）》[①]

第一章　总　则

第一条　为了保障失业人员的基本生活，预防失业，促进就业，制定本条例。

第二条　中华人民共和国境内的企业、事业单位、社会团体、民办非企业单位、基金会、律师事务所、会计师事务所等组织（以下称用人单位）及其职工应当依照本条例规定参加失业保险，缴纳失业保险费。

失业人员依照本条例的规定，享受失业保险待遇。

第三条　国务院人力资源社会保障行政部门负责全国的失业保险工作。县级以上地方各级人民政府人力资源社会保障行政部门负责本行政区域内的失业保险工作。

人力资源社会保障行政部门按照国务院规定设立的经办失业保险业务的社会保险经办机构依照本条例的规定，具体承办失业保险工作。

第四条　失业保险费按照国家有关规定征缴。

---

① 摘自《人力资源社会保障部关于〈失业保险条例（修订草案征求意见稿）〉公开征求意见的通知》，http://www.mohrss.gov.cn/SYrlzyhshbzb/zcfg/SYzhengqiuyijian/zq_fgs/201711/t20171110_281451.html。

第二章　失业保险基金

第五条　失业保险基金由下列各项构成：

（一）用人单位和职工缴纳的失业保险费；

（二）失业保险基金的利息；

（三）财政补贴；

（四）依法纳入失业保险基金的其他资金。

第六条　失业保险费由用人单位和职工分别按照本单位工资总额和本人工资的一定比例缴纳，用人单位和职工的缴费比例之和不得超过2%，具体缴费比例由省、自治区、直辖市人民政府规定。在省、自治区、直辖市行政区域内，用人单位和职工的缴费比例应当统一。

第七条　失业保险基金在直辖市实行全市统筹，在省、自治区逐步实行省级统筹。

第八条　省、自治区可以建立失业保险调剂金。

失业保险调剂金以统筹地区依法应当征收的失业保险费为基数，按照省、自治区人民政府规定的比例筹集。

统筹地区的失业保险基金不敷使用时，由失业保险调剂金调剂、地方财政补贴。

失业保险调剂金的筹集、调剂使用以及地方财政补贴的具体办法，由省、自治区人民政府规定。

第九条　失业保险基金用于下列支出：

（一）失业保险金；

（二）领取失业保险金期间失业人员应当缴纳的基本养老保险费和基本医疗保险费；

（三）技能提升补贴；

（四）在上年失业保险基金滚存结余具备12个月以上支付能力的统筹地区，失业人员领取失业保险金期间可以享受职业培训补贴、职业技能鉴定补贴、创业补贴；

（五）领取失业保险金期间死亡的失业人员的丧葬补助金和其供养的配

偶、直系亲属的抚恤金；

（六）稳定岗位补贴；

（七）国务院规定或者批准的与失业保险有关的其他费用。

技能提升补贴、职业培训补贴、职业技能鉴定补贴、创业补贴的标准和办法，由国务院人力资源社会保障行政部门会同国务院财政部门规定。

第十条　失业保险基金应当存入财政部门在银行开设的社会保障基金财政专户，实行收支两条线管理。

失业保险基金银行存款实行统一计息办法。对存入收入户和支出户的活期存款实行优惠利率，按三个月整存整取定期存款基准利率计息。对存入财政专户的存款，利率比照同期居民储蓄存款利率管理。失业保险基金管理和投资运营按照国务院有关规定执行。

失业保险基金专款专用，不得挪作他用，不得用于平衡财政收支。

第十一条　失业保险基金预算、决算草案的编制、审核和批准，依照法律行政法规执行。

第十二条　失业保险基金的财务管理和会计核算按照国家有关规定执行。

第三章　失业保险待遇

第十三条　具备下列条件的失业人员，可以领取失业保险金：

（一）按照规定参加失业保险，用人单位和本人已按照规定履行缴费义务满1年的；

（二）非因本人意愿中断就业的；

（三）已办理失业登记，并有求职要求的。

失业人员在领取失业保险金期间，按照规定同时享受其他失业保险待遇。

第十四条　失业人员在领取失业保险金期间有下列情形之一的，停止领取失业保险金，并同时停止享受其他失业保险待遇：

（一）重新就业的；

（二）应征服兵役的；

（三）移居境外的；

（四）享受基本养老保险待遇的；

（五）无正当理由，拒不接受当地人民政府指定的部门或者机构介绍的适当工作或者提供的培训的。

失业人员在领取失业保险金期间被判刑收监执行的，中止领取失业保险金。中止情形消除后，失业人员可以按照现行标准继续领取其应当领取而尚未领取的失业保险金。

第十五条　用人单位应当及时为失业人员出具终止或者解除劳动关系的证明，告知其按照规定享受失业保险待遇的权利，并将失业人员的名单自终止或者解除劳动关系之日起 15 日内告知社会保险经办机构。

职工失业后，应当持本单位为其出具的终止或者解除劳动关系的证明，及时到指定的公共就业服务机构办理失业登记。失业保险金领取期限自办理失业登记之日起计算。

失业人员凭失业登记证明和个人身份证明，到参保地社会保险经办机构办理领取失业保险金的手续。失业保险金由社会保险经办机构通过银行按月发放。

第十六条　失业人员失业前用人单位和本人按照规定累计缴费时间满 1 年不足 5 年的，领取失业保险金的期限最长为 12 个月；累计缴费满 5 年不足 10 年的，领取失业保险金的期限最长为 18 个月；累计缴费满 10 年以上的，领取失业保险金的期限最长为 24 个月。重新就业后，再次失业的，缴费时间重新计算。再次失业领取失业保险金的期限与前次失业应当领取而尚未领取的失业保险金的期限合并计算，但是最长不得超过 24 个月。

第十七条　失业保险金的标准，按照低于当地最低工资标准、高于城市居民最低生活保障标准的水平，由省、自治区、直辖市人民政府确定。

第十八条　失业人员在领取失业保险金期间，以个人身份自愿参加基本养老保险。

失业人员在领取失业保险金期间，参加职工基本医疗保险，享受基本医疗保险待遇。

失业人员应当缴纳的基本养老保险费和基本医疗保险费从失业保险基

金中支付，个人不缴纳基本养老保险费和基本医疗保险费。

第十九条 失业人员在领取失业保险金期间死亡的，参照当地对在职职工的规定，向其遗属发给一次性丧葬补助金和抚恤金。

第二十条 用人单位依法参加失业保险并缴纳失业保险费的，当出现劳动合同法第四十一条规定情形，或者因重大突发事件、自然灾害等原因造成阶段性停工停产时，采取措施稳定岗位，不裁员或者少裁员的，可以享受稳定岗位补贴，具体办法由省、自治区、直辖市人民政府规定。

第二十一条 职工跨统筹地区就业的，其失业保险关系随本人转移，缴费年限累计计算。其中，跨省、自治区、直辖市就业的，失业保险基金随本人转移；在省、自治区范围内跨统筹地区就业的，失业保险基金的处理办法，由省、自治区人民政府人力资源社会保障行政部门规定。

第二十二条 失业人员符合最低生活保障条件的，按照规定享受最低生活保障待遇。

第四章 管理和监督

第二十三条 人力资源社会保障行政部门管理失业保险工作，履行下列职责：

（一）贯彻实施失业保险法律、法规；

（二）指导社会保险经办机构的工作；

（三）对失业保险费的征收和失业保险待遇的支付以及失业保险基金管理和投资运营情况进行监督检查。

第二十四条 社会保险经办机构具体承办失业保险工作，按照规定履行下列职责：

（一）负责失业人员的登记、调查、统计；

（二）负责失业保险基金的管理；

（三）负责核定并支付失业保险待遇；

（四）为失业人员提供免费的咨询服务；

（五）建立用人单位和职工缴费、失业保险待遇领取情况等权益记录；

（六）发放技能提升补贴、职业培训补贴、职业技能鉴定补贴、创业补贴、稳定岗位补贴；

（七）负责失业监测预警数据的采集、汇总、分析；

（八）国家规定的与失业保险有关的其他职责。

第二十五条　财政部门和审计机关依法对失业保险基金的收支、管理和投资运营情况进行监督。

第二十六条　社会保险经办机构经办失业保险业务的支出通过政府预算安排。

第五章　罚　则

第二十七条　以欺诈、伪造证明材料或者其他手段骗取失业保险待遇的，由人力资源社会保障行政部门责令退回，处骗取金额2倍以上5倍以下的罚款。

第二十八条　社会保险经办机构及其工作人员有下列行为之一的，由人力资源社会保障行政部门责令改正；给失业保险基金、用人单位或者个人造成损失的，依法承担赔偿责任；对直接负责的主管人员和其他直接责任人员依法给予处分：

（一）未履行失业保险法定职责的；

（二）未将失业保险基金存入财政专户的；

（三）克扣或者拒不按时支付失业保险待遇的；

（四）丢失或者篡改缴费记录、享受失业保险待遇记录等失业保险数据、个人权益记录的；

（五）有违反失业保险法律、法规的其他行为的。

第二十九条　用人单位未按时足额缴纳失业保险费的，由社会保险费征收机构责令限期缴纳或者补足，并自欠缴之日起，按日加收万分之五的滞纳金；逾期仍不缴纳的，由有关行政部门处欠缴数额1倍以上3倍以下的罚款。

第三十条　国家工作人员在失业保险管理、监督工作中滥用职权、玩忽职守、徇私舞弊的，依法给予处分。

第三十一条　隐匿、转移、侵占、挪用失业保险基金的，由人力资源社会保障行政部门、财政部门、审计机关责令追回；有违法所得的，没收违法所得；对直接负责的主管人员和其他直接责任人员依法给予处分。

第三十二条　违反本条例规定，构成犯罪的，依法追究刑事责任。

第六章　附　则

第三十三条　省、自治区、直辖市人民政府根据当地实际情况，可以决定本条例适用于本行政区域内的有雇工的个体工商户及其雇工。

第三十四条　本条例自发布之日起施行。1999年1月22日国务院发布的《失业保险条例》同时废止。

参考文献

[1] Card, David and Levine, Phillip B., 1994, "Unemployment Insurance Taxes and the Cyclical and Seasonal Properties of Unemployment," *Journal of Public Economics*, vol. 53 (1).

[2] Feldstein, Martin S, 1976, "Temporary Layoffs in the Theory of Unemployment," *Journal of Political Economy*, vol. 84 (5).

[3] Florence Lefresne, "Unemployment Benefit Systems in Europe and North America: Reforms and Crisis," ETUI, 2010.

[4] Hamermesh, Daniel S., 1982, "Social Insurance and Consumption: An Empirical Inquiry," *The American Economic Review*, vol. 72 (1).

[5] Hopenhayn, Hugo A. and Nicolini, Juan Pablo, 1997, "Optimal Unemployment Insurance," *Journal of Political Economy*, vol. 105 (2).

[6] ILO, 1984, "Introduction to Social Security," Geneva: International Labour Office.

[7] Lin Yifu, 1989, " An Economic Theory of Institutional Change: Induced and Imposed Change." *Cato Journal*, vol. (1).

[8] Woodbury S. A., Murray R., "The Duration of Benefits," http://research.upjohn.org/up_bookchapters/534, 2013.10.2.

[9] 安锦:《失业保险制度的就业促进效果评估——以内蒙古自治区为例》,《财经理论研究》2013年第1期。

[10] 安锦:《我国失业保险制度的改革及发展取向》,《社会科学论坛》(学术研究卷) 2008年第10期。

[11] 白澎等:《法国社会保障制度》,上海人民出版社,2012。

[12] 白维军:《金融危机背景下我国失业保险制度的功能缺失与制度优化》,《技术经济与管理研究》2009年第6期。

[13] 陈丰元：《失业保险基金大量结余问题分析》，《河南社会科学》2011年第3期。

[14] 陈世金、李佳：《我国失业保险金待遇调整探索——以河北省为例》，《人口与经济》2011年第4期。

[15] 陈天红：《中国失业保险基金研究述评》，《岭南学刊》2016年第6期。

[16] 陈银娥：《美国的失业保险制度及其对我国的启示》，《华中师范大学学报》（人文社会科学版）1999年第3期。

[17] 陈媛：《浅谈国外失业保险制度的特点及对我国的启示》，《劳动保障世界》（理论版）2011年第10期。

[18] 陈志强：《我国失业保险政策变迁的公共政策分析——渐进主义模式的应用》，《中国劳动关系学院学报》2010年第3期。

[19] 丁煜：《完善我国失业保险制度的政策研究——以促进就业为导向》，《经济理论与经济管理》2008年第2期。

[20] 丁煜：《我国失业保险制度的演变、评估与发展建议》，《中国软科学》2005年第4期。

[21] 董保华、孔令明：《经济补偿与失业保险之制度重塑》，《学术界》2017年第1期。

[22] 杜选、高和荣：《典型国家失业保险制度功能完善对中国的启示》，《金融与经济》2015年第9期。

[23] 杜选、高和荣：《失业保险制度研究述评》，《河北工业大学学报》（社会科学版）2016年第2期。

[24] 段美枝：《构建我国大学生就业导向型失业保险制度研究》，《中国劳动关系学院学报》2014年第1期。

[25] 樊晓燕：《农民工失业保险需求影响因素研究——基于深圳市农民工调查的分析》，《西北人口》2010年第3期。

[26] 冯琦、丁勇：《论中国失业保险制度改革及国际经验借鉴》，《经济问题探索》2004年第10期。

[27] 冯宪芬、赵文龙：《论我国失业保险制度中的问题及完善》，《延安大学学报》（社会科学版）2000年第2期。

[28] 弗朗西斯·凯斯勒：《法国社会保障制度》，于秀丽等译，中国劳动社会保障出版社，2016。

[29] 高和荣、廖小航：《我国失业保险制度的实施与普遍整合》，《西北人口》2012年第1期。

[30] 高中华：《中国共产党的社会保障观：发展与演变》，《人民论坛·学术前沿》2017年第1期。

[31] 郜玉红、丁晓莉：《浅谈我国失业保险制度的几个问题》，《新西部》（理论版）2012年第13期。

[32] 耿晋娟：《美国失业保险制度的变革及其对我国的启示》，《资治文摘》（管理版）2009年第4期。

[33] 巩春秋：《关于失业保险制度功能转型问题的思考》，《山东社会科学》2014年第11期。

[34] 苟兴朝：《我国失业保险制度的反经济周期功能研究》，《求实》2015年第8期。

[35] 古钺：《既保障又预防——适时转行积极的社会保障政策》，《中国社会保障》2016年第12期。

[36] 顾昕：《通向普遍主义的艰难之路：中国城镇失业保险制度的覆盖面分析》，《东岳论丛》2006年第3期。

[37] 桂桢：《失业保险服务经济社会发展大局才有生命力》，载中国就业促进会组织编写《与中国就业一路前行》，中国劳动社会保障出版社，2017。

[38] 郭士征：《国外失业保险的实施经验》，《外国经济与管理》1998年第3期。

[39] 郭文静、万淼：《试析我国现行城市农民工失业保险政策及其完善思路》，《工会论坛》（山东省工会管理干部学院学报）2011年第1期。

[40] 郭席四：《我国失业保险制度存在的问题与完善》，《当代经济研究》2001年第10期。

[41] 国务院研究室课题组：《中国农民工调研报告》，中国言实出版社，2006。

[42] 韩伟、徐蕾等：《农民工失业保险制度研究》，《中国软科学》2010年

第 8 期。

[43] 韩伟、朱晓玲:《农民工对失业保险的潜在需求研究——基于河北省的社会调查》,《人口学刊》2011 年第 1 期。

[44] 何灵、郭士征:《完善失业保险制度应对国际金融危机冲击——以上海市失业保险制度为例》,《经济纵横》2010 年第 3 期。

[45] 何平、华迎放:《非正规就业群体社会保障问题研究》,中国劳动社会保障出版社,2008。

[46] 何平等:《灵活就业群体社会保险研究报告》,载《两岸三地"变革中的就业环境与社会保障"国际研讨会论文集》,2002。

[47] 贺满林:《中国城市灵活就业发展研究——以上海为例》,硕士学位论文,华东师范大学,2004。

[48] 洪萍:《对灵活就业人员实施失业保险制度的思考》,《经济师》2008 年第 8 期。

[49] 胡长静:《我国失业保险制度的发展及反思》,《特区经济》2012 年第 3 期。

[50] 胡舒、潘峰:《大学生失业保险制度建设初探》,《当代经济》2008 年第 3 期。

[51] 胡颖:《中日失业保险制度之比较》,《学习与实践》2006 年第 1 期。

[52] 黄涧秋:《失业保险制度的工作激励政策——中美失业保险法的比较》,《江南大学学报》(人文社会科学版) 2012 年第 6 期。

[53] 姜丽美:《灵活就业人员失业保险制度出台难原因剖析及对策建议》,《石家庄经济学院学报》2010 年第 4 期。

[54] 蒋万庚:《论失业保险制度模式创新》,《经济与社会发展》2006 年第 1 期。

[55] 金钟范:《韩国社会保障制度》,上海人民出版社,2011。

[56] 瞿喜宝、袁庆明:《制度的功能问题研究》,《云梦学刊》2006 年第 4 期。

[57] 劳动科学研究所课题组:《制定〈促进就业法〉若干问题研究》,《中国劳动》2005 年第 3 期。

[58] 劳科所专题研究小组：《保生活促就业防失业——失业保险制度改革方向》，《中国劳动》2008年第4期。

[59] 乐章、陈璇：《并轨过程中失业保险基金的支撑能力研究》，《中国人口科学》2002年第5期。

[60] 黎大有、张荣芳：《从失业保险到就业保险——中国失业保险制度改革的新路径》，《中南民族大学学报》（人文社会科学版）2015年第2期。

[61] 黎民、卢敏：《我国城镇失业保险制度评估体系设计探究》，《福建论坛》（人文社会科学版）2012年第3期。

[62] 李超民：《美国社会保障制度》，上海人民出版社，2009。

[63] 李飞：《灵活就业人员生活保障与就业促进联动机制构建研究》，硕士学位论文，燕山大学，2013。

[64] 李会欣：《发达国家的灵活就业政策及对我国的启示》，《管理科学》2003年第6期。

[65] 李娟：《美国就业导向型失业保险政策》，《兰州学刊》2006年第12期。

[66] 李莉：《德国失业保险制度的调整及其依据》，《辽宁工程技术大学学报》（社会科学版）2005年第5期。

[67] 李淑红、路艳杰、路振东：《试论失业保险制度存在问题及应对之策》，《辽宁经济》2017年第2期。

[68] 李通、刘慧侠、史蓉娟：《中国大学生失业保险的需求与供给研究》，《西北大学学报》（哲学社会科学版）2010年第6期。

[69] 李文琦：《日本失业保险制度的运行及对中国的借鉴》，《陕西行政学院学报》2010年第1期。

[70] 李益民：《河南省失业保险制度存在的问题及对策》，《南都学坛》2009年第4期。

[71] 李颖：《昆明市灵活就业人员失业保险问题研究》，硕士学位论文，云南大学，2011。

[72] 李珍、王海东：《完善失业保险之微观保障及宏观管理功能研究——基于金融危机的启示》，《保险研究》2010年第2期。

[73] 梁书毓、薛惠元：《费率降低背景下失业保险保障水平的确定——基于基金平衡的视角》，《西北人口》2016年第1期。

[74] 刘博因：《关于我国灵活就业人员的失业保险问题分析》，《商》2013年第14期。

[75] 刘昌平：《可持续发展的中国城镇基本养老保险制度研究》，中国社会科学出版社，2008。

[76] 刘燕斌：《充分发挥失业保险制度功能去产能稳就业》，《中国人力资源社会保障》2017年第1期。

[77] 刘燕斌：《构建积极的失业保险制度》，《中国人事报》2010年10月25日，第005版。

[78] 刘燕斌：《着力破解就业的结构性矛盾》，《中国组织人事报》2011年5月13日，第006版。

[79] 刘渝琳、李俊强：《中国农民工失业保险制度的构建及方案设计》，《重庆大学学报》（社会科学版）2008年第6期。

[80] 刘媛媛：《灵活就业人员基本医疗保险问题研究》，硕士学位论文，辽宁大学，2006。

[81] 柳清瑞、于婷婷：《中国失业保险支出水平的测度模型与实证分析》，《社会保障研究》2009年第1期。

[82] 吕丹、曲展：《典型国家失业保险制度》，《中国劳动》2014年第10期。

[83] 吕红：《转型期中国灵活就业及其制度创新问题研究》，博士学位论文，东北师范大学，2008。

[84] 吕红、金喜在：《灵活就业与劳动力市场分割的关系研究》，《经济纵横》2010年第7期。

[85] 吕学静：《各国失业保险与再就业》，经济管理出版社，2000。

[86] 吕学静：《中国失业保险的稳定就业促进就业政策——从临时措施到长效机制的思考》，《社会保障研究》2010年第6期。

[87] 吕学静：《中国失业保险面临大考》，《中国社会保障》2009年第1期。

[88] 罗立满：《大学生就业问题与大学生失业保险制度的构建》，《闽南师范大学学报》（哲学社会科学版）2016年第2期。

[89] 马永堂：《国外失业保险制度改革及对我国完善失业保险制度的启示》，《中国劳动》2015年第7期。

[90] 马兆柱、陈琪、叶灵艳：《衢州市农村青年就业问题调查与思考》，《政策瞭望》2015年第3期。

[91] 孟卫军：《借鉴国际经验发挥失业保险制度的主要功能》，《财会研究》2008年第2期。

[92] 莫荣：《失业保险促进就业的好做法》，《中国劳动保障报》2017年5月23日，第003版。

[93] 聂爱霞：《失业保险对失业持续时间影响研究综述》，《人口与发展》2008年第3期。

[94] 聂爱霞：《中国失业保险制度与再就业问题研究》，中国社会科学出版社，2014。

[95] 彭璧玉：《论我国失业保险的费率制度创新》，《华南师范大学学报》（社会科学版）2000年第5期。

[96] 彭璧玉：《试论我国失业保险政策的调整方向》，《岭南学刊》2000年第2期。

[97] 彭璧玉：《效率工资条件下失业保险政策的矫正》，《经济问题探索》2000年第3期。

[98] 亓名杰、朱海伦：《我国灵活就业人员社会保障问题研究现状述评》，《嘉兴学院学报》2004年第9期。

[99] 齐秋瑾、俞来德：《浅论我国失业保险制度存在的不足与对策》，《法制与社会》2010年第15期。

[100] 乔雪、陈济冬：《失业保险政策对隐性就业规模和社会产出的影响》，《世界经济》2011年第2期。

[101] 任辉、汪艳仙：《我国大学毕业生失业保险制度缺失问题研究》，《教育与经济》2009年第3期。

[102] 史册、杨怀印：《构建我国就业型失业保险制度的策略建议》，《经济视角》（下）2013年第10期。

[103] 宋健敏：《日本社会保障制度》，上海人民出版社，2012。

[104] 粟芳：《瑞典社会保障制度》，上海人民出版社，2010。

[105] 苏素琼：《我国失业保险制度促进就业功能探微——基于发达国家的经验回顾与制度增补》，《劳动保障世界》2009年第8期。

[106] 孙洁：《我国灵活就业群体的社会保障政策探讨》，《开发研究》2006年第2期。

[107] 孙洁、高博：《我国失业保险制度存在的问题和改革的思路》，《西北师大学报》（社会科学版）2011年第1期。

[108] 孙磊、杨舸：《不同地区农民工失业保险政策分析》，《农村工作通讯》2010年第12期。

[109] 孙立：《失业保险制度与就业的关系及现实分析》，《湖北社会科学》2004年第7期。

[110] 孙曼娇：《保障生活·预防失业·促进就业——失业保险制度的改革与完善》，《安庆师范学院学报》（社会科学版）2010年第8期。

[111] 谭金可：《我国劳动力市场灵活性与安全性的法制平衡》，《中州学刊》2013年第6期。

[112] 谭金可、王全兴：《论失业保险法的就业保障目标扩展》，《中州学刊》2012年第1期。

[113] 谭中和、刘卫红：《建立更加公平可持续的社会保障体系——谈社会保险公平的着眼点》，《天津社会保险》2014年第3期。

[114] 汪泽英：《关于调整社会保险费率的思考》，《中国劳动保障报》2014年12月日，第004版。

[115] 王爱文、张军：《全国失业保险理论研讨会综述》，《经济科学》1990年第4期。

[116] 王国洪、杨翠迎：《我国失业保险金标准的空间差异与影响因素分析——省级面板数据的空间计量》，《现代财经》（天津财经大学学报）2015年第1期。

[117] 王继远：《失业保险制度发展的国际经验及对我国立法的启示》，《温州大学学报》（社会科学版）2014年第5期。

[118] 王丽华、许春淑：《德国失业保险制度的改革及对我国的启示》，《天

津商学院学报》2007年第5期。

[119] 王立剑:《加拿大社会保障制度》,中国劳动社会保障出版社,2017。

[120] 王乔、李春根、杨珊等:《我国失业保险金标准比较分析及科学确定》,《财政研究》2013年第1期。

[121] 王元月、马驰骋:《失业保险给付期限差异下的失业持续时间研究》,《中国管理科学》2005年第6期。

[122] 卫功琦:《德国失业保险制度及其启示》,《外国经济与管理》1993年第5期。

[123] 卫松、周江涛:《我国失业保险制度与就业联动机制研究述评》,《改革与战略》2011年第3期。

[124] 翁仁木:《国外失业保险制度覆盖范围研究》,《人事天地》2014年第9期。

[125] 奚洁人主编《科学发展观百科辞典》,上海辞书出版社,2007。

[126] 谢金芳:《关于完善我国失业保险制度的几点思考》,《中国集体经济》2014年第34期。

[127] 熊寿伟:《一体化进程中灵活就业人员工伤、失业保险研究》,硕士学位论文,上海工程技术大学,2010。

[128] 徐悦、李志明:《从失业补偿到就业促进:发展型社会政策视角下中国失业保险制度的改革与发展》,《社会保障研究》2011年第3期。

[129] 薛彬:《浅析建立公务员失业保险制度的必要性》,《就业与保障》2016年第11期。

[130] 薛惠元:《新型农村社会养老保险财政支持能力——基于长期动态视角的研究》,《经济管理》2012年第4期。

[131] 鄢圣文:《北京市就业专项资金政策问题分析与建议》,《中国财政》2016年第23期。

[132] 颜妙娟:《灵活就业人员社会保险问题研究》,硕士学位论文,湖南农业大学,2014。

[133] 杨翠迎、王国洪:《我国失业保险金标准影响因素研究》,《商业研究》2014年第4期。

[134] 杨方方：《中国失业保险制度的回顾与展望》，《北京行政学院学报》2003年第3期。

[135] 杨洁：《灵活就业人员及其社会保障对策研究》，硕士学位论文，武汉大学，2005。

[136] 杨思斌：《我国失业保险制度的重大发展与实施挑战》，《前沿》2011年第11期。

[137] 杨体仁、蒋琢：《日本的雇佣保险制度及其对我国的启示》，《外国经济与管理》1998年第4期。

[138] 杨艳琳、兰荣蓉：《我国就业结构变化与失业保险制度创新》，《华中师范大学学报》（人文社会科学版）2003年第2期。

[139] 杨勇：《中英失业保险制度比较分析》，《兰州大学学报》2006年第6期。

[140] 姚玲珍：《德国社会保障制度》，上海人民出版社，2011。

[141] 殷俊、陈天红：《失地农民失业保险制度需求影响因素以及方案设计——基于武汉市城郊的调查数据》，《当代经济管理》2014年第8期。

[142] 殷志芳：《灵活就业人员的社会保险关系转移接续问题研究》，硕士学位论文，吉林大学，2010。

[143] 尹蔚民：《全面建成多层次社会保障体系》，《人民日报》2018年1月9日，第007版。

[144] 应永胜：《美国失业保险制度解析及启示》，《福建商业高等专科学校学报》2005年第5期。

[145] 于洪：《加拿大社会保障制度》，上海人民出版社，2010。

[146] 袁忍强：《论我国失业保险制度中的问题及完善》，《太原大学学报》2004年第4期。

[147] 翟新花：《均等化视角下的失业保险制度优化设计》，《中国行政管理》2014年第10期。

[148] 张波：《北京市灵活就业人员的社会保险问题研究》，硕士学位论文，首都经济贸易大学，2006。

[149] 张洁:《关于完善我国失业保险制度的思考》,《中国乡镇企业会计》2013年第11期。

[150] 张瑾:《完善失业保险制度着力保障改善民生——〈天津市失业保险条例〉解读》,《天津人大》2015年第1期。

[151] 张娟:《新时期灵活就业人员社会保障问题研究》,硕士学位论文,武汉大学,2004。

[152] 张俊程:《我国目前失业保险政策存在的缺陷及修改建议》,《企业技术开发》2007年第5期。

[153] 张莉:《我国失业保险制度中存在的问题及思考》,《新疆社科论坛》2005年第3期。

[154] 张丽宾:《我国积极就业政策存在问题的原因及下一步的政策需求分析》,《人事天地》2016年第1期。

[155] 张敏:《美国的失业保险制度及其对我国的启示》,《经济研究导刊》2015年第11期。

[156] 张新文、李修康:《英中两国失业保险制度比较研究》,《湖南行政学院学报》2011年第3期。

[157] 张妍:《关于中国失业问题的讨论综述》,《经济评论》2000年第2期。

[158] 张燕、王元月、车翼等:《失业保险支付序列的变化对促进就业的影响》,《人口与经济》2008年第1期。

[159] 张占力:《失业保险新发展:拉美失业保险储蓄账户制度》,《中国社会保障》2012年第2期。

[160] 赵超:《灵活就业人员社会保险参保现状和参保行为影响因素研究》,硕士学位论文,浙江财经大学,2013。

[161] 赵军、龚明:《国外失业保险制度的最新发展及启示》,《消费导刊》2009年第3期。

[162] 郑秉文:《供给侧:降费对社会保险结构性改革的意义》,《中国人口科学》2016年第3期。

[163] 郑秉文:《失业保险条例亟待修订》,《中国证券报》2015年4月27期,第A12版。

[164] 郑秉文：《中国失业保险基金增长原因分析及其政策选择——从中外比较的角度兼论投资体制改革》，《经济社会体制比较》2010年第6期。

[165] 郑秉文：《中国失业保险制度存在的问题及其改革方向——国际比较的角度》，《中国经贸导刊》2011年第5期。

[166] 郑春荣：《英国社会保障制度》，上海人民出版社，2012。

[167] 郑功成：《坚持走中国特色的社会保障道路》，《求是》2012年第13期。

[168] 郑功成：《全面建成小康社会中的社会保障——2020年前社会保障体系改革的主要目标与措施》，载《中国经济改革研究基金会2011年研究课题汇编》，2012。

[169] 郑功成：《中国社会保障三十年的回顾与展望》，《群言》2009年第1期。

[170] 郑新业、王晗：《失业保险金标准的决定因素》，《世界经济》2011年第2期。

后　记

我第一次接触"失业保险",是在 2001 年春天。那时我即将大学毕业,已经确定要攻读劳动经济学专业硕士研究生,为做准备,到新华书店买了一本《劳动经济学前沿问题》。在这本书关于职位搜寻的相关篇幅中,了解到失业保险较高的福利待遇水平对就业具有阻碍作用,而且这种影响在青年失业群体中更为明显。

在首都经济贸易大学硕士研究生学习期间,听吕学静教授讲授社会保障,认识到了失业保险的特殊性以及我国失业保险制度框架,吕老师还结合当时(2002 年)实行的"三三制"政策讲解失业保险如何为国有企业再就业服务中心提供资金支持,在就业领域发挥预防失业的重要作用。2007 年我再一次进入首都经贸大学攻读博士学位时,社会保障课程仍由吕老师主讲,她在课堂上带领我们讨论失业保险基金在应对国际金融危机时采取的应急措施。2007 年到 2010 年国际国内经济形势、就业失业形势日趋严峻复杂,为此失业保险基金从多方面扩大支出,失业保险政策频出以应对形势变化,为就业形势稳定、社会安定发挥了重要作用。正如吕老师在 2010 年的文章《中国失业保险的稳定就业促进就业政策——从临时措施到长效机制的思考》中写到的:"在 2008 年的汶川大地震、2009 年的国际金融危机面前,中国创造性地实施了一系列稳定就业和促进就业的临时措施并取得很好的效果……面对中国长期的就业压力,急需将这些行之有效的稳定就业促进就业的应急措施,形成制度化的长效机制。"

2015 年,我因研究中国青年创业现状的课题项目到河南、四川等地实地调研,与青年创业人员座谈,其中有一些创业者是在失业期间开创项目,当他们谈到失业经历以及期间的情绪变化时,叙事的言语夹杂着郁闷、不幸、遭遇、慨叹、放弃、残酷、无望、苦闷、沮丧、无助、无能、懊悔、吵架、哭闹等一系列词汇,可见失业对一个人甚至是对失业家庭带来的负面影响。当问及为何不去领取失业保险金时，对方的回答是没有参加失业保险，不符合领金规定，没办法领取。

2016年，我因工作需要被借调至人力资源和社会保障部失业保险司，辅助修订《失业保险条例》的相关事宜，有机会全方位研究失业保险制度。在研究我国失业保险制度的历史时，惊叹于在1950年实行的失业救济制度就采取了诸如以工代赈、生产自救、还乡生产等一系列的促就业政策；在调研失业保险政策效果的过程中，深切感受到领金人员对于失业保险制度的感激与谢意；在具体经办失业保险的公文函件的过程中，深刻理解了当前失业保险制度面临的内外部环境、存在的关键问题；在研究失业保险降费率政策、东7省（市）试点政策、技能提升补贴政策、失业保险待遇支付政策的过程中，更加坚信了失业保险应该坚持保生活、防失业、促就业的三位一体功能。

2017年是我国失业保险制度发展历史过程中意义重大的一年，在春节刚过去的2月，出台失业保险降费率政策，这是连续三年第三次降费率，将费率水平从《条例》规定的3%逐步降低至全国统一的1%水平；3月在北京日坛宾馆召开了全国失业保险座谈会，会上提出我国的失业保险制度功能要以"保生活为基础，防失业为重点，促就业为目标"，在此基础上要建立具有中国特色的失业保险制度；5月出台失业保险基金可用于参保职工的技能提升补贴政策，极大地拓展了失业保险预防失业的功能作用；6月召开《失业保险条例》修订座谈会，讨论东7省（市）试点政策等关键问题；9月出台政策建立失业保险金标准的增长机制，同月启动了推动稳岗补贴政策的"护航行动"计划；11月《失业保险条例》修订稿正式对外公开征求意见稿，本次修订势必为中长期内失业保险制度的发展与完善奠定坚实基础。这些重大政策和重要举措的密集出台，充分体现了失业保险司领导同仁对于失业保险事业的担当与责任、坚持与热爱。也正是在失业保险司这一年多的工作和研究经历，使我逐渐形成了完善中国失业保险制度的基本理念、政策体系和配套措施，逐渐意识到使积极的失业保险制度发挥作用需要通过一系列的积极的失业保险政策的实施。在本书里，我将失业保险政策定义为积极的失业保险制度发挥三位一体功能的政策平台，并且将其

后 记

定义为一个"政策束",即通过一束政策的合力作用共同发挥"保生活、防失业和促就业"的制度功能。在制度功能和政策对接上,本书借鉴战略地图的思维方式,将失业保险的三位一体功能一步步分解到五个方面的政策:一是与经济发展水平相适应的保生活政策;二是以提高职工职业技能、降低企业运营成本为手段,以稳定就业存量、减少失业增量为目的防失业政策;三是以增加就业数量、提高就业质量为目的的促就业政策;四是以扩大制度覆盖面为主要目标的参保政策;五是兼顾稳定性与灵活性的费率政策。

本书是我主持的中国劳动和社会保障科学研究院基本业务科研经费项目"积极的失业保险政策研究"的研究成果。项目能够立项并顺利开展离不开院领导的支持,感谢刘燕斌院长、金维刚院长、莫荣副院长对于课题项目的支持,三位都是研究失业保险的顶级专家,在课题研究过程中的指导使我受益良多。感谢郑东亮书记、张丽宾研究员对课题研究的指导和支持。同时感谢孙洁教授、褚福灵教授、于保法教授、吕学静教授、仇雨临教授、吴光主任、房连泉研究员、汪泽英研究员、华迎放研究员、李红岚研究员在课题研究过程中所提的意见。感谢科研处李艺处长在本书出版过程中的督促和支持。同时感谢社会科学文献出版社的关少华、田康同志的关心和帮助。

我在失业保险司借调工作的一年是收获颇丰的一年,感谢各位司领导和同事以及各地失业保险系统的同仁在工作中给予的指导和帮助。

这本书是我近两年来关于失业保险领域研究的一次总结,因能力有限,错误难免,希望各位读者能够给予批评指正,同时也希望和各位专家、研究同仁进行交流。如果您对这本书有任何意见或建议,都可以通过tiandazhou@163.com联系,希望我们可以共同为中国的失业保险事业发展贡献力量。

田大洲

于中国劳动和社会保障科学研究院

2018年2月18日

图书在版编目(CIP)数据

中国积极的失业保险政策/田大洲著. -- 北京：社会科学文献出版社，2018.8
 ISBN 978 - 7 - 5201 - 3061 - 5

Ⅰ.①中… Ⅱ.①田… Ⅲ.①失业保险 - 政策 - 研究 - 中国 Ⅳ.①F842.61

中国版本图书馆 CIP 数据核字（2018）第 155117 号

中国积极的失业保险政策

著　者 / 田大洲

出 版 人 / 谢寿光
项目统筹 / 恽　薇　田　康
责任编辑 / 关少华

出　版 / 社会科学文献出版社·经济与管理分社（010）59367226
　　　　　地址：北京市北三环中路甲 29 号院华龙大厦　邮编：100029
　　　　　网址：www.ssap.com.cn
发　行 / 市场营销中心（010）59367081　59367018
印　装 / 天津千鹤文化传播有限公司
规　格 / 开　本：787mm × 1092mm　1/16
　　　　　印　张：20　字　数：306 千字
版　次 / 2018 年 8 月第 1 版　2018 年 8 月第 1 次印刷
书　号 / ISBN 978 - 7 - 5201 - 3061 - 5
定　价 / 99.00 元

本书如有印装质量问题，请与读者服务中心（010 - 59367028）联系

▲ 版权所有 翻印必究